SEATTLE

Karl Lemay

ÉDITIONS ULYSSE

Le plaisir... de mieux voyager

Auteur Karl Lemay	*Metteures en pages* Caroline Béliveau Elyse Leconte	*Photographes* *Page couverture* Sean O'Neill
Éditeurs Daniel Desjardins Claude Morneau	*Cartographes* Patrick Thivierge Yanik Landreville	*Pages intérieures* Nick Gunderson Seattle-King County Convention & Visitors Bureau
Directeur de *production* André Duchesne	*Infographe* Stéphanie Routhier	Camirique
Chargée de projet Caroline Béliveau	*Illustratrices* Lorette Pierson Myriam Gagné	*Directeur artistique* Patrick Farei (Atoll)
Correcteurs Pierre Daveluy Pierre Corbeil	Marie-Annick Viatour	

Distribution

Canada : Distribution Ulysse, 4176, St-Denis, Montréal (Québec)
H2W 2M5, ☎ (514) 843-9882, poste 2232, ☎ 800-748-9171,
fax : (514) 843-9448, www.ulysse.ca, guiduly@ulysse.ca

États-Unis : Distribooks, 8120 N. Ridgeway, Skokie,
IL 60076-2911, ☎ (847) 676-1596, fax : (847) 676-1195

Belgique-Luxembourg : Vander, 321, avenue des Volontaires,
B-1150 Bruxelles, ☎ (02) 762 98 04, fax : (02) 762 06 62

France : Vilo, 25, rue Ginoux, 75737 Paris Cedex 15,
☎ 01 45 77 08 05, fax : 01 45 79 97 15

Espagne : Altaïr, Balmes 69, E-08007 Barcelona, ☎ (3) 323-3062,
fax : (3) 451-2559

Italie : Centro cartografico Del Riccio, Via di Soffiano 164/A,
50143 Firenze, ☎ (055) 71 33 33, fax : (055) 71 63 50

Suisse : Diffusion Payot SA, p.a. OLF S.A., Case postale 1061,
CH-1701 Fribourg, ☎ (26) 467 51 11, fax : (26) 467 54 66

Pour tout autre pays, contactez Distribution Ulysse (Montréal).

Données de catalogage avant publication (Canada). (Voir p 8)

© Éditions Ulysse
Tous droits réservés
Bibliothèque nationale du Québec
Dépôt légal - Quatrième trimestre 1999
ISBN 2-89464-201-6

If the Pope came to Seattle and went to Green Lake, and his hat blew off his head and went into the lake, and I walked on water, got the hat and slapped it back on his head, Seattle's headlines would read "Piniella Can't Swim".

Lou Piniella, gérant des Mariners de Seattle, après que son équipe eut perdu le premier match des séries éliminatoires en 1995.

Si le pape visitait Seattle et allait au Green Lake, et que sa calotte s'envolait au vent et plongeait dans les eaux du lac, et que je marchais sur l'eau, récupérais la calotte et la lui remettais sur le chef, les manchettes de Seattle s'exclameraient : «Piniella ne sait pas nager.»

SOMMAIRE

Portrait 11
    Géographie 13
    Histoire 14
    Économie 35
    Population 38
    Architecture 41
    Art public 45
    Sports
      professionnels . . 47

**Renseignements
généraux** 55
    Formalités d'entrée 55
    Douane 55
    Accès à la ville . . . 58
    Ambassades et
    consulats des
      États-Unis 64
    Consulats étrangers 65
    Renseignements
    touristiques 65
    Excursions et tours
      guidés 66
    Déplacements dans la
    ville et les
      environs 67
    Assurances 73
    Santé 74
    Sécurité 74
    Femmes voyageant
      seules 75
    Climat 75
    Préparation des
      valises 75
    Poste et
    télécommunication 77
    Services financiers . 77
    Achats 79
    Hébergement 79
    Restaurants 81
    Enfants 82
    Aînés 83
    Personnes
      handicapées 83
    Divers 83
    Plein air 87

    Quelques parcs . . . 87
    Activités de
      plein air 90

Attraits touristiques 99
    Pioneer Square . . 102
    Waterfront 111
    Pike Place Market 124
    International
      District 131
    Belltown (Denny
    Regrade) et
      Seattle Center . . 145
    Quartier des affaires 137
    De First Hill à
      Capitol Hill 155
    Quartier
    universitaire 167
    Environs de Seattle 171

Hébergement 177
    Pioneer Square . . 179
    Waterfront 180
    Pike Place Market 182
    Centre-ville 183
    Belltown (Denny
    Regrade) et
    Seattle Center . . . 192
    Queen Anne 197
    First Hill 199
    Quartier
    universitaire . . . 199
    Près de l'aéroport 202

Restaurants 207
    Pioneer Square . . 211
    Waterfront 213
    Pike Place Market 214
    Centre-ville 223
    Belltown et Seattle
    Center 225
    Lower Queen
    Anne 231
    First Hill 233
    Quartier
    universitaire . . . 234

Sorties 237
    Musique classique,
    théâtre et cinéma   240
    Bars et pubs 245
    Sports
      professionnels . 261
    Festivals et
    événements
      annuels 262

Achats 269
    Centres
    commerciaux . . . 269
    Galeries d'art . . . 271
    Articles de voyage 273
    Antiquités et
      curiosités 273
    Bijoux et accessoires
    de luxe 274
    Chapeaux 274
    Chaussures 275
    Chocolatier 275
    Cigares 275
    Préservatifs et
      sex-shops 275
    Dépanneur
      (magasin général) 276
    Éclectique 276

Fleuriste 276
Jouets et jeux de
société 277
Journaux 277
Lampes 278
Librairies et
  disquaires 278
Montres 282
Musique 282
Planches à neige . 283
Salon de coiffure . 283
Souvenirs 283
Sport 283
Vêtements pour
  enfants 284
Vêtements pour
  femmes 284
Vêtements pour
  hommes 285
Vêtements unisexes 285
Vêtements
  branchés 287
Vins et spiritueux 287

Lexique 286

Index 295

REMERCIEMENTS

Antonin et Gwladys; Amy, Madelaine et Eric; Jerry, Nick et Phil; Tina Beacher (Ned's); Kasey Brown, Hope Hayney, Alison McKeon et Kristine Richards (Mayflower Park Hotel); June Balli (Holiday Inn Express); David Blanford, Rochelle L. Adams et Margaret Monfort (Seattle-King County News Bureau); Brad Jones (Seattle-King County Convention & Visitors Bureau).

«Les éditions Ulysse reconnaissent l'aide financière du gouvernement du Canada par l'entremise du Programme d'Aide au Développement de l'Industrie de l'Édition (PADIÉ) pour ses activités d'édition.»

Canadä

Les éditions Ulysse tiennent également à remercier la SODEC pour son soutien financier.

LISTE DES CARTES

Accès à l'aéroport 59
Belltown et Seattle Center 146, 147
First Hill, Capitol Hill 156
International District
        attraits et restaurants 130
Le nord-ouest de Seattle 172
Les États-Unis 10
Les transports en commun 68
Les environs de Seattle 56, 57
Localisation des circuits 101
Lower Queen Anne
        hébergement et restaurants 198
Pike Place Market
        attraits et hébergement 125
        restaurants 213
Pioneer Square
        attraits 103
        hébergement 180
Quartier universitaire
        attraits 168
        hébergement et restaurants 200
Quartier des affaires et centre-ville
        attraits 138
        hébergement 184
        restaurants 222
Situation géographique dans le monde 9
Waterfront
        attraits 112
        hébergement et restaurants 181

SYMBOLES

≡	Air conditionné
⊛	Baignoire à remous
⊘	Centre de conditionnement physique
🛥	Coup de cœur Ulysse pour les qualités particulières d'un établissement
C	Cuisinette
pdj	Petit déjeuner inclus dans le prix de la chambre
≈	Piscine
R	Réfrigérateur
ℛ	Restaurant
△	Sauna
⊨	Télécopieur
☎	Téléphone
tlj	Tous les jours
⊗	Ventilateur
℥	Foyer
S	Stationnement
♿	Accessible aux handicapés
🐕	Chiens admis

CLASSIFICATION DES ATTRAITS

★	Intéressant
★★	Vaut le détour
★★★	À ne pas manquer

CLASSIFICATION DES RESTAURANTS

Les tarifs mentionnés dans ce guide s'appliquent,
sauf indication contraire, à un dîner pour une personne,
excluant le service et les boissons.

$	moins de 10$US
$$	de 11$US à 20$US
$$$	de 21$US à 30$US
$$$$	plus de 30$US

Tous les prix mentionnés dans ce guide sont en dollars américains.

ÉCRIVEZ-NOUS

Tous les moyens possibles ont été pris pour que les renseignements con-
tenus dans ce guide soient exacts au moment de mettre sous presse.
Toutefois, des erreurs peuvent toujours se glisser, des omissions sont
toujours possibles, des adresses peuvent disparaître, etc.; la responsabilité
de l'éditeur ou des auteurs ne pourrait s'engager en cas de perte ou de
dommage qui serait causé par une erreur ou une omission.

Nous apprécions au plus haut point vos commentaires, précisions et
suggestions, qui permettent l'amélioration constante de nos publications.
Il nous fera plaisir d'offrir un de nos guides aux auteurs des meilleures
contributions. Écrivez-nous à l'adresse qui suit, et indiquez le titre qu'il
vous plairait de recevoir (voir la liste à la fin du présent ouvrage).

Éditions Ulysse
4176, rue Saint-Denis
Montréal (Québec)
Canada H2W 2M5
www.ulysse.ca
guiduly@ulysse.ca

CATALOGAGE

Lemay, Karl

    Seattle

    1e éd.
    (Guide de ville Ulysse)
    Comprend un index.

    ISBN 2-89464-201-6

1. Seattle (Wash.) - Guides. I. Titre. II. Collection.

F899.S43L46 1999   917.97'7720443   C99-940870-4

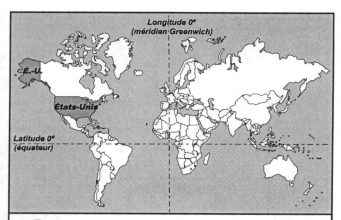

Longitude 0°
(méridien Greenwich)

É.-U.

États-Unis

Latitude 0°
(équateur)

Situation géographique dans le monde

Seattle
(47°N 122°O)

État de Washington

Population : 5 757 400 hab.
Capitale : Olympia
Superficie : 176 617 km²
Monnaie : dollar américain

Population de Seattle

Agglomération : 3 000 000 hab.
Ville : 534 700 hab.

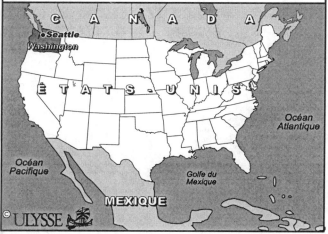

CANADA

Seattle
Washington

ÉTATS-UNIS

Océan
Atlantique

Océan
Pacifique

Golfe du
Mexique

MEXIQUE

© ULYSSE

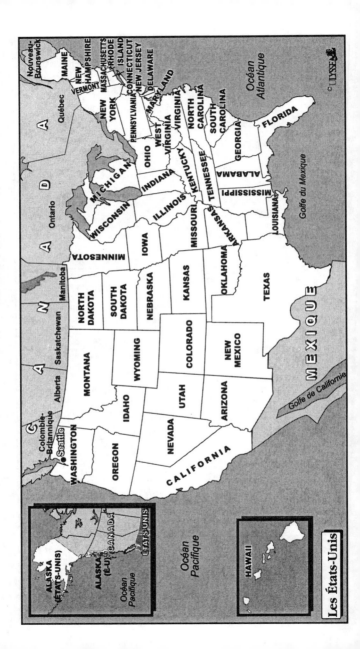

Les États-Unis

Portrait

Seattle, pour plusieurs, c'est la ville où il fait bon vivre; c'est la capitale du *caffè lattè* (café au lait), comme en témoigne la panoplie de cafés Starbucks sur le territoire de la «duchesse du Pacific Northwest»; pour certains, c'est la ville de la gentillesse; c'est également ici que la vague rock du Seattle Sound a pris son envol grâce à des groupes comme Nirvana et Pearl Jam.

Mais qu'en est-il vraiment du visage de Seattle? Seattle, qui doit son nom au chef amérindien Sealth, a connu d'humbles débuts. Une poignée seulement d'Américains s'y installent d'abord et vivent laborieusement. Et, au fil des années, avec l'apport du réseau de chemins de fer, et grâce à l'imagination créatrice des habitants, Seattle s'est transformée en une ville aujourd'hui grandement appréciée, comme l'évoquent deux des innombrables prix qu'elle a remportés pour la qualité de vie qu'elle offre : «Best Big Place to Live in the US» (magazine *Money*, 1995) et «Best City for Work and Family» (magazine *Fortune*, 1996). Bref, il fait bon vivre à Seattle.

Seattle, ville où la nature se trouve toujours à quelques pas, où le Puget Sound, ce vaste plan d'eau, mène vers le nord à Vancouver Island et, plus au nord encore, à Vancouver même. À l'est du quartier universitaire se trouve l'immense lac Washington; au nord s'étend le lac Union, relié au Puget Sound par les Chittenden Locks. Et, parmi cet impressionnant réseau hydrographique, sept collines qui ponctuent la ville; ce qui nous fait immédiatement penser à Rome. Mais cette capitale de l'Ouest n'aspire pas à la démesure, ne fait pas dans le gigantisme. On pourrait la résumer par le mot «simplicité», comme celle, entre autres, d'Arthur Denny, un des fondateurs mythiques de la cité à venir. Il s'établit à Seattle en 1851 avec 21 autres personnes, faisant le voyage depuis Portland à bord de l'*Exact*. Regardant vers l'infinie nature à travers sa fenêtre, longtemps il imagine le train entrer en gare dans sa ville. Ce n'est que beaucoup plus tard que sa vision se concrétise, mais ce sont ces rêves d'enfants jeunes et moins jeunes qui font de Seattle la ville qu'elle est aujourd'hui.

Malgré cette humilité première, Seattle se déboise et devient la ville de rêve du Nord-Ouest étasunien grâce, entre autres, à la ruée vers l'or de 1896, puis à des expositions comme celle de 1909, appelée Alaska-Yukon-Pacific. Cinquante-trois ans plus tard, l'exposition dénommée Century 21 concrétise la réputation de Seattle en tant que ville paisible, résolument tournée vers l'avenir. Aujourd'hui, on peut dire qu'elle a confirmé ces dires : les entreprises Boeing et Microsoft sont à la fine pointe de la technologie, déclassant la plupart de leurs compétiteurs; les cafés Starbucks font un tabac à travers les États-Unis; et le fantôme du *Seattle Sound* résonne et inspire encore les groupes rock d'aujourd'hui, malgré la disparition du chanteur Kurt Cobain en avril 1994.

Géographie

La ville de Seattle, située au nord-ouest de l'État de Washington, se trouve à 47°39' de latitude Nord et à 122°17' de longitude Ouest. Tout autour, l'impression qu'il y a toujours un plan d'eau à proximité est inévitable : à l'est, le lac Washington s'étend sur 22 km; à l'ouest complètement, une mer intérieure d'eau salée dénommée Puget Sound mène, par l'entremise du canal de Juan de Fuca, jusqu'à l'océan Pacifique; plus au nord, le lac Union est relié aux deux autres plans d'eau par des canaux construits par l'homme, entre autres les Chittenden Locks; trois autres lacs composent le paysage géographique des environs de Seattle, soit les lacs Green, Haller et Bitter, au

Tous les chemins mènent à... Seattle!

On dit qu'il y a «sept collines» à Seattle. Mais, un peu comme les «100 clochers de Montréal», le nombre de ces collines se veut symbolique. Certes, à l'est, au nord et au sud du centre-ville, la Queen Anne Hill, la First Hill, la Capitol Hill et la Beacon Hill se dressent pour ennuyer les urbanistes. Cependant, toute la ville est parsemée de montagnes et de dénivellations soudaines, ce qui peut parfois donner lieu à de malencontreuses montées et descentes s'apparentant aux montagnes russes...

De visu, il semble que, partout où l'on regarde, une vue splendide s'offre à nos yeux. Lorsque l'on s'aventure dans n'importe quelle direction hors du centreville, le paysage s'élève et nous laisse bouche bée devant l'infini de la nature, ou estomaqué devant un lac aux limites hasardeuses.

nord du lac Union, alors que la rivière Duwamish se déverse dans le Puget Sound depuis le sud.

Un petit mot sur l'urbanisme particulièrement excentrique des rues de Seattle. Un plan de la ville pourrait vous induire en erreur, car vous croirez que tout est plus ou moins disposé en damier dans la «Ville-Émeraude». Or, rien n'est plus faux. Les fortes dénivellations (la Queen Anne Hill atteint 140 m alors que le centre-ville est au niveau de la mer) provoquent des détours inattendus; certaines rues de la vieille partie de la ville, au sud, ne s'étalent que sur la distance de une ou deux rues, pour s'arrêter brusquement; d'autres font de véritables zigzags aériens, l'altitude variant entre le niveau de la mer et le sommet le plus haut de la ville, la Queen Anne Hill.

Histoire

Il y a 25 000 ans, pour des raisons que nous ignorons, des peuples d'Asie du Nord-Est pourchassent peut-être des troupeaux au-delà des limites de leur continent, traversent l'actuel détroit de Béring et se retrouvent en Amérique. Ce nouveau territoire se peuple graduellement et très lentement. Ces peuples de nomades à la recherche d'un territoire à la température plus clémente passent par l'Alaska et la Colombie-Britannique en devenir, et ils s'établissent progressivement autour des sites actuels des villes que l'on nomme aujourd'hui Olympia, Everett, Snohomish et Bellevue. Le continent tout entier allait connaître ses premiers conquistadors, car il était alors dépourvu de présence humaine. Du moins le croyons-nous.

Il faut attendre jusqu'au XVIe siècle pour que d'autres hommes s'intéressent à cette terre inatteignable. C'est le Grec Juan de Fuca qui «découvre» cette nouvelle contrée, pour

Européens vs autochtones : une guerre gagnée d'avance

Inévitablement, l'arrivée des Européens en territoire autochtone allait provoquer plus d'un bouleversement. Le système immunitaire des autochtones en prendra pour son rhume, alors que les maladies comme la varicelle ravageront plus d'une tribu amérindienne. On dit aussi que les premiers habitants de l'État de Washington actuel ne connaissaient pas le cheval et que les Espagnols l'auraient introduit chez eux. Fable ou réalité? Personne ne le sait puisqu'aucun document manuscrit n'en certifie l'authenticité. Mais, qu'à cela ne tienne, le fait est que les Européens chambarde-ront considérablement le train de vie des autochtones. La présence de nombreux animaux engendrera la traite des fourrures. Le troc sera érigé en système et l'alcool servira de monnaie d'échange; les autochtones ne s'en remettront pas et l'alcoolisme anéantira plus d'un Duwamish. Toutefois, les armes à feu qu'ils obtiennent en échange des fourrures feront d'eux de redoutables chasseurs, et ils pourront maintenir leur emprise sur «leur» territoire... pour ce qui ne représente, dans le grand tourbillon historique, que quelques misérables secondes.

le compte de la couronne d'Espagne; il utilise un pseudonyme. Il est censé trouver le passage qui unit les deux grands océans, le Pacifique et l'Atlantique. Mais ne sachant pas que cette voie n'est que chimère, lorsqu'il arrive dans la gueule du Puget Sound, il crie malencontreusement «eurêka».

Comme il fallait s'y attendre, il ne sera pas le seul à s'intéresser à cette contrée dès lors mythique. En effet, les Russes tentent eux aussi d'annexer des territoires jusqu'alors inconnus, et c'est Vitus Behring, celui-là même qui honore le détroit de son nom, qui est envoyé par deux fois pour trouver la même voie que de Fuca a cherchée mais en vain. S'ensuit alors l'installation de divers campements sur la côte ouest des États-Unis actuels, entre l'Alaska et le nord de la Californie. Et, ignorant que d'autres peuples s'intéressent à ce territoire sans fin, les Russes se l'approprient sans trop se casser la tête.

Lorsque Russes et Espagnols se rendent compte de l'imbroglio territorial dans lequel ils se sont plongés, une guerre plus diplomatique qu'autre chose éclate, sans provoquer de grandes étincelles. En effet, un tiers parti s'est joint à la conquête de cette terre d'abondance : l'Angleterre, qui, en envoyant successivement James Cook (1778) et George Vancouver (1792) conquérir l'*Ameriga* de Vespucci, signifie aux belligérants déjà en place qu'ils seront aussi de la partie. Les descendants de Fuca et de Behring ne peuvent résister bien longtemps, car la flotte anglaise, véritable machine de guerre incontestée, n'aurait fait qu'une bouchée de ces deux peuples à l'esprit aventurier. Comme de Fuca l'avait fait deux siècles auparavant, Vancouver a le mandat de trouver le passage qui relie les deux vases océaniques. Et, faute de le trouver, il attribue le nom de plusieurs de ses compagnons d'équipage aux villes, baies et autres lieux géographiques qu'il croise.

Puis l'inévitable arriva. La conquête économique réalisée, il restait aux colons britanniques une autre traditionnelle mission à accomplir pour enfin se déclarer rois et maîtres de cet espace jusqu'à récemment vierge : la conquête spirituelle. Plusieurs missionnaires sont dépêchés et leur but avoué est fort simple : évangéliser les «sauvages». Les *preachers* n'auront pas la tâche facile et certains périront. C'est entre autres le cas du clan Whitman, installé à Walla Walla. Les cobayes de ce clan, les

Cayuses, se révoltent assez violemment. Alors que le bon docteur Whitman croit assainir la santé de ces athées, il se trompe de fiole et intoxique involontairement les Cayuses avec... des laxatifs et des poisons insectifuges! La vengeance du sauvage sera terrible, et une bonne partie du clan se fera scalper par les victimes cayuses. Non mais qui pourrait leur reprocher...

Autochtones et pionniers

Comme nous l'avons dit plus haut, les premiers hommes à habiter la région contemporaine de Seattle se composent de divers peuples amérindiens, plus précisément les Duwamish et les Suquamish. C'est autour d'un détroit et d'un golfe s'étendant sur 560 km² que ces nations s'agglomèrent; les autochtones dénomment cette étendue d'eau *Whulge* en langue suquamish, et ils vaquent à leurs occupations quotidiennes, se nourrissant de saumons et exploitant les fonds marins du réseau hydrographique. Le capitaine George Vancouver, dans un élan d'amitié, renommera plus tard le *Whulge* «Puget Sound», honorant du fait même la mémoire de Peter Puget, un compagnon de galère. Et la lente mais certaine coloni-

sation de cette région allait éradiquer rapidement le mode de vie ancestral, soit nomade, de ces peuples malheureusement voués à la constante dérive.

Toute cette histoire ô combien dramatique n'empêchera pas une poignée de braves de s'aventurer au milieu de nulle part, dans l'espoir d'une vie meilleure. Déjà le fantôme de New York ou de Boston plane au-dessus des têtes de ces hommes que ni le froid ni le travail n'effraie. C'est le cas de David Denny et de Lee Terry, 2 des 21 aventuriers qui tentent leur chance à l'autre bout des États-Unis en 1851 en délaissant Cherry Grove, dans l'Illinois. Leur destination est Portland, dans l'Oregon, alors la ville-phare de l'Ouest étasunien; ils l'approchent à bord de wagons puis s'acheminent vers Seattle sur le traversier *Exact*. Les émigrants de Cherry Grove sont considérés comme les premiers hommes ayant habité Seattle, mais en fait, et depuis quelque temps, seuls quelques intrépides élisaient domicile dans les environs, sans toutefois créer une communauté en tant que telle. C'est ainsi que la bande à Denny et Terry navigue jusqu'à Alki Point, située aux abords du

Sealth, d'où Seattle

L'héritage culturel des premiers peuples à habiter la région, les Amérindiens, résonne maintenant à tout jamais, puisque Seattle emprunte son nom à un leader autochtone, le chef Sealth, que la langue de Byron aura rapidement défiguré en lui rajoutant quelques consonnes et une voyelle afin de mieux seoir à l'oreille anglaise. Et qui aurait pu mieux représenter ces peuples minoritaires qu'un descendant de souche suquamish et duwamish? Ce personnage historique rappelle même Louis Riel, le célèbre père spirituel du Manitoba, lynché injustement pour éviter une révolte autochtone. Alors tout jeune, le chef Sealth témoigne du passage de Vancouver en 1792. Puis plus tard, en 1810, il prend les rênes des deux tribus et nul ne saurait défier son autorité.

Les efforts du chef ne seront pas vains, mais nous ne pourrions affirmer que les autochtones aient gagné quoique ce soit dans cette bataille de territoire injustement menée. Malgré les efforts soutenus de Sealth en tant que diplomate et médiateur entre les tribus autochtones et les nouveaux venus d'outre-Atlantique, un fait demeure: les Suquamish se résignent à élire domicile sur la péninsule de Kitsap et les Duwamish sont contraints d'errer là où nul Européen ne peut les poursuivre. La réserve amérindienne ·donnée· aux Suquamish témoigne de l'intolérance latente des Européens et de leur mentalité colonisatrice frisant l'hégémonie.

Le chef Sealth connaît sensiblement le même sort que son compère du Manitoba, Louis Riel; on lui concocte un procès de pacotille et il est lynché tout juste après s'être converti à la religion anglicane. Il est enterré sur la péninsule de Kitsap surplombant les gratte-ciel de Seattle. Tout comme Riel, on lui érige une statue de bronze de façon posthume (à l'angle de 5th Avenue et de Denny Way). Plusieurs théories, aussi dénuées d'intérêt les unes que les autres, avancent l'hypothèse de la corruption de Sealth quant au choix du vocable de ·New Duwamps·, nom peu élégant alors attribué à Seattle. Encore une fois, les documents manquent et toute hypothèse aussi plausible soit-elle n'est que fumisterie. Un fait demeure toutefois : Sealth est mort pour ses pairs tandis que ses ennemis ont tenté de racheter leur faute en immortalisant son nom en plein milieu du *Whulge* de ses ancêtres.

Puget Sound, plus précisément à West Seattle.

Rapidement, ces hommes exploreront les environs et se raviseront quant au choix de l'emplacement de leur centre-ville : les eaux les plus profondes de la région se concentrent dans l'Elliot Bay, ce qui facilite l'amarrage des navires et des traversiers. Mais, pour que cette bande d'hommes puissent survivre, il leur faut établir un certain marché commercial. Leurs prières sont exaucées lorsque le *Leonesa*, en provenance de San Francisco, jette l'ancre à Seattle. Le capitaine du bateau constate rapidement que le bois de construction ne manque pas et qu'il peut faire des affaires avec ces intrépides au cœur haletant. Trente-cinq mille pieds (10 770 m) de bois de construction lui seront vendus, ce qui augure fort bien en cette année 1852.

Un premier homme d'affaires s'établit à Seattle, soit Henri Yesler, qui, avec sa scierie, se remplira les poches. En effet, l'exportation de bois de construction vers les villes de San Francisco et de Portland résume l'essentiel de la production commerciale. La «Skid Road» est créée : un genre de glissoir sur lequel les billes de bois sont transportées. Ici, il ne faudrait pas confondre «Skid Road» avec «Skid Row», cette dernière expression rappelant à l'imaginaire collectif une agglomération de saloons où vagabonds et ivrognes se rencontraient... Les nouveaux travailleurs ne se font pas prier pour s'installer tout près de la scierie de Yesler, et le quartier prend le vocable de «Yesler Wharf». Ainsi, bordels, saloons, résidences et bureaux s'étendent sur 300 m² au-dessus des étangs de boue, et ce quartier participe active-ment au premier boom économique que connaît Seattle. Pendant 20 ans, ce quartier sera au cœur des activités commerciales et sociales, et l'on ira même jusqu'à renommer Skid Road «Yesler Way» en l'honneur de ce tycoon d'acabit peu commun.

Un autre des premiers héros de cette ville aux balbutiements encore incertains est Asa Mercer, qui fait aussi partie des 21 pionniers à avoir foulé le territoire de la Seattle moderne. Son but était fort simple : il se devait de dénicher des femmes instruites, raffinées et célibataires pour que ce bastion de l'Ouest puisse prospérer et, surtout, se multiplier. Car les condi-tions ardues, sans parler des installations déficientes, n'incitaient guère les jeunes femmes instruites à s'aventurer à l'autre bout d'un continent très jeune et, tout comme l'Ouest étasunien, en manque d'histoire. La Nouvelle-Angleterre accueille Mercer à bras ouverts pour lui offrir 13 jeunes femmes (serait-ce un chiffre symbolique?) qui acceptent de le suivre aveuglément à l'extrême ouest du continent. Un certain caractère était nécessaire pour survivre dans des condi-

tions si primaires. Il faudrait bien évidemment se retrousser les manches, ne pas rouspéter et accepter son petit pain quotidien. Le pari sera gagné : ces 13 «filles du roi» prendront mari en moins d'un mois.

Le chemin de fer : tout le monde en voiture...

Une rivalité s'installe dès lors entre Tacoma et Seattle quant à l'obtention de la prochaine voie ferrée. L'arrivée des «filles» de Mercer stimule l'engouement qu'a provoqué l'annonce, peut-être vide de sens, de ce chemin de fer qui faciliterait tant les choses. Mais le destin en décida autrement, et Tacoma sortit gagnante de ce derby perdu d'avance pour les Seattleois. La Northern Pacific Railroad, désireuse d'agrandir ses horizons, choisit Tacoma au grand dam des habitants de Seattle. Mais qui aurait pu leur reprocher leur choix : le sol de Seattle étant tellement sujet aux glissements, Tacoma remporte la première manche, un peu par défaut. Plusieurs rêves s'estompent dans ces cœurs fragiles avides de simplicité. Mais ce sera pour une prochaine fois. Les Seattleois marchent sur leur orgueil et souffrent le transport depuis et vers Seattle... en bateau.

Un vent d'espoir balaie la ville tout entière lorsqu'une rumeur veut que James J. Hill étende sa ligne de chemin de fer, la Great Northern Line, vers la Ville-Émeraude, ainsi appelée à cause des nombreux espaces verts qui l'entourent. L'impatience atteint son comble à une vitesse inimaginable et, en 1883, rien ne va plus : la folie s'en prend à cette minuscule ville. Les Seattleois sont de plus en plus insatisfaits du service proposé par Tacoma, située au sud-ouest de Seattle; ils ne veulent plus quémander le chemin de fer d'une voisine généreuse, ils veulent le leur! Pendant 10 ans, Seattle connaît un essor démographique impressionnant, la seule rumeur de la venue d'un chemin de fer en étant la cause. Mais ce n'est pourtant qu'en 1893 que se confirme ledit cancan et que Seattle, grâce à James J. Hill, peut se targuer d'être traversée par des voies ferrées.

La seule rumeur de l'avènement d'un chemin de fer aura été bénéfique à Seattle, pour employer un euphémisme. En l'espace de seulement 10 ans, la population de Seattle augmente de façon démesurée, passant de 3 500 habitants en 1880 à 43 000 personnes en 1890. De ce fait découlent nombre de réussites économiques : l'exportation de bois de construction ainsi que l'exploitation de mines de charbon donnent du travail à plus d'un courageux.

Inutile de dire qu'avec une telle croissance démographique, la ville doit s'ajuster, et très vite, aux nouvelles exigences de sa population. L'un des problèmes à enrayer, celui de l'accumulation d'étangs de boue, doit être réglé dans les plus brefs délais : on construit de véritables rues et trottoirs. Les wagons tirés par les chevaux se révèlent peu rapides et désuets : on les remplace par des wagons électriques. Il ne faudrait surtout pas négliger l'implantation d'un système d'égouts efficace, qui enraye du même coup les senteurs nauséabondes qui émanent d'un peu partout à travers la ville. Seattle prend rapidement de l'expansion et s'apprête à emboîter le XXe siècle, le regard perçant et le cœur rempli d'espoir.

Seattle et Tacoma : une concurrence sans répit

Revenons en arrière et attardons-nous à la rivalité opposant les villes de Seattle et de Tacoma. L'avènement du chemin de fer à Seattle enlève tout avantage que pouvait avoir Tacoma sur sa voisine du nord. C'est alors que débute une guerre symbolique à finir entre ces deux belligérantes de l'État de Washington. En effet, les populations de ces deux villes grandissent à

Great Seattle Fire : tout feu tout flamme

Dans ces temps pas si lointains, une seule étincelle devenait le symbole d'une catastrophe difficilement réparable. Et, pour ajouter au malheur des Seattlelois, fiers et débrouillards, les dieux s'acharnent sur leur sort. Expliquons-nous. Comme vous avez pu le deviner, un incendie majeur sévit en l'an 1889. Il ne faut qu'un pot de colle enflammé et un entrepôt d'alcool pour qu'un bastion fondé sur des rêves de simplicité s'envole en fumée. Rien de plus démoralisant.

Il est 14 heures lorsque le drame éclate. À des kilomètres à la ronde, la fumée annonce que le feu rage quelque part aux environs du Puget Sound. Le 6 juin 1889, 58 pâtés de maisons disparaissent comme par magie. C'est alors que l'on s'empresse de limiter les dégâts. Mais quelqu'un au ciel désire sûrement éprouver les nerfs fragiles de ces aventuriers devenus citoyens : les réserves d'eau s'épuisent! On s'acharne pour arrêter ce malheur tombé du ciel. Mais rien n'y fait. On tente même de mettre fin au calvaire en y projetant des bouts de trottoir (!), sans pour autant que l'effet escompté ne se produise.

Le lendemain, on ne peut que constater les dégâts. L'heure est grave et l'on n'y va pas avec le dos de la cuiller. Dorénavant, les structures de bois seront interdites dans le centre-ville : tout sera reconstruit en brique et en pierre. Et pourtant la vie continue. *Business as usual...* Des tentes sont érigées afin que les commerçants poursuivent leurs activités comme si de rien n'était. L'incendie dura six heures, et gageons que le diable rageait de voir ce «bel» incendie s'estomper. Dans le même ordre d'idées, on décide de remédier au problème embarrassant des trottoirs inondés de boue. La *Seattle Underground* est alors créée, et jamais plus les habitants de Seattle ne souilleront-ils le bout de leurs chaussures.

vue d'œil et sont très comparables : comme nous l'avons vu plus haut, Seattle passe de 3 500 habitants en 1880 à 43 000 en 1890. Pendant ce temps, au sud de la Ville-Émeraude, on s'agglutine tout aussi bien à Tacoma : sa population d'un millier d'habitants en 1880 atteint le nombre de 36 000 en 1890. Mais la popularité de Seattle aura raison de Tacoma alors que, pendant 20 ans, la population de cette dernière ville stagne (1890-1910).

En effet, l'incendie de 1889, paradoxalement, aura donné des ailes à Seattle. Jusqu'en 1910, elle connaît une croissance comparable aux métropoles que sont Los Angeles et Chicago. En concertant leurs efforts, les plombiers, forgerons, maçons et électriciens de Seattle l'équipent de travailleurs parfaitement adaptés aux défis que présente le XXe siècle. Tacoma, quant à elle, ne pourra se sortir du marasme économique de 1893, et Seattle sera proclamée «reine du Nord-Ouest étasunien».

Après avoir lutté chaudement contre Tacoma pendant une décennie, Seattle se voit envahir par de nouveaux riches qui désirent repousser du revers de la main la simplicité qui a fait de Seattle ce qu'elle est à cette époque. Ces gens préconisent un look moderne, car, les moyens aidant, la rusticité devient «dépassée». Comme ils disent dans la langue de Shakespeare: *Money is no object*.

C'est alors que l'on décide d'engager le fils du célèbre paysagiste Frederick Law Olmsted, l'auteur, entre autres, du Central Park de New York et du parc du Mont-Royal à Montréal, soit J.C. Olmsted. Une tangente jamais prise auparavant semble se dessiner sous les yeux des moins nantis des Seattlois : Olmsted imagine une suite d'avenues qui relieraient les différents parcs présents et à venir de la cité. Il préconise même une ségrégation des quartiers, un précédent dans l'histoire de la ville. En effet, il souhaite séparer drastique-ment les quartiers riches des pauvres pour donner une allure moderne à la Ville-Émeraude. L'austérité de la ville est alors balayée aveuglément pour faire place aux grands espaces dénués de nature.

Tous ces changements urbanisants n'auraient pu avoir lieu sans que Seattle supplante une autre rivale de toujours : Portland, en Oregon. Ces deux villes suivent une courbe de croissance pratiquement similaire, sauf qu'en 1880 Portland abrite déjà 17 000 résidants. Les facteurs économiques et industriels mentionnés plus haut font en sorte que Seattle progresse plus rapidement que Portland et, en 1910, elle compte 237 000 habitants, soit 30 000 de plus que Portland.

La ruée vers l'or ou l'inaccessible rêve

Le 16 août 1896, George Washington Carmack et deux de ses amis autochtones, Shookum Jim et Tagish Charley, découvrent de l'or au fin fond du territoire du Yukon, au Canada, aux abords de la rivière Klondike, tout près de la confluence avec le fleuve Yukon. La rumeur s'est propagée jusqu'à Fortymile, un petit village adjacent au fleuve Yukon; la ville se transforme immédiatement en véritable exploitation minière alors que nombre d'hommes s'y précipitent dans le but de faire fortune. Un an plus tard, alors que 68 riches prospecteurs arrivent au 48e parallèle, la ruée vers l'or du Klondike commence.

Le premier bateau qui quitte cet antre d'arrivisme est l'*Excelsior*, abordant à San Francisco le 15 juillet 1897, ce qui provoque un certain engoûment. Mais les Californiens connaissent ce genre d'escapade et les conséquences parfois désastreuses de ces aventures, ils ne s'excitent guère à l'idée de creuser le sol de l'Alaska pour quelques pépites d'or.

Puis le bateau à vapeur *Portland* accoste à Seattle deux jours plus tard. À bord, un journaliste du *Post-Intelligencer*, Beriah Brown, s'étonne de la quantité d'or rapportée. Dans un article, il s'extasie devant la tonne d'or que ces téméraires rapportent. En fait, plus de deux tonnes d'or sont confortablement installées sur le *Portland*. Néanmoins, son article provoque une véritable frénésie à travers Seattle. Même le maire de l'époque démissionne pour participer à cet épisode de l'histoire américaine!

L'enthousiasme de ces nouveaux riches en devenir (du moins le croient-ils) est toutefois contraint par certaines exigences : le périple jusqu'en Alaska étant des plus difficiles, les organisateurs de cette ruée vers l'or exigent que les prospecteurs se munissent de denrées et de vêtements pouvant les faire survivre au moins un an, d'où le slogan «*a ton of gold, a ton of*

La folie du Klondike

Portrait

Seattle voit son premier véritable boom grâce à Erastus Brainerd, un ancien journaliste, qui organise un comité de publicité pour la Seattle Chamber of Commerce visant à attirer les aventuriers du Klondike à s'équiper à Seatlle. Plusieurs villes se disputent le ·prestige· de ce privilège, notamment Vancouver, Portland, Tacoma, mais Brainerd s'est assuré que Seattle recevrait cinq fois plus de publicité que les autres villes. Ainsi, il écrit des articles qu'il envoie aux grands journaux d'Amérique, provoquant un exode massif vers Seattle, ce qui fait sa fortune.

Brainerd gagne son pari : Seattle est reconnue comme LA ville où l'on peut se procurer des denrées et des articles de toutes sortes, des vêtements chauds au lait condensé, en passant par les pommes de terre déshydratées. Plusieurs commerçants profitent de cette occasion en or : les rues deviennent congestionnées comme jamais auparavant et des montagnes d'aliments de première qualité à l'effigie du ·Klondike· (ceux-ci remportant un vif succès) sont pratiquement ·dévalisées· à la vitesse de l'éclair. Comme dans tout commerce, certains usurpateurs profitent de la naïveté des clients; certains vendent des écureuils ou des huskies de Sibérie supposément entraînés pour trouver de l'or. Rapidement, tous ces chiens deviennent des pièces de collection et les commerçants les vendent très rapidement. La nuit, alors que tout le monde est censé dormir, quelques vaillants veillent sur les rôdeurs qui voudraient subtiliser ces animaux tant recherchés...

goods» (une tonne d'or, une tonne de denrées).

Oui, plusieurs prospecteurs reviennent riches de cette expédition casse-cou, mais évidemment les plus grandes récoltes d'or s'effectuent avant que les milliers d'opportunistes ne se présentent en Alaska par l'entremise des *boom towns* que sont Seattle, Vancouver, Portland et Tacoma. Plus d'un homme perd tous ses avoirs dans cette déplorable aventure, ce dont Seattle profite bien malgré elle. Beaucoup de ceux qui découvrent de l'or s'installent à Seattle et établissent des commerces lucratifs; Seattle, elle, s'enrichit grâce à la razzia des denrées et des vêtements, laissant sans le sou la plupart des aventuriers avides de gloire et de richesse. Officieusement, la rumeur veut que la moitié des 200 millions qu'a rapportés cette escapade vers l'Alaska soient réinvestis à Seattle. C'est grâce aux richesses récoltées lors de cette ruée vers l'or que Seattle s'assure du titre de capitale du Nord-Ouest étasunien.

Prospérité et gloire... temporaires

Les frères Olmsted sont toujours au centre de la «reconstruction» de Seattle,

alors qu'ils participent activement au mouvement *City Beautiful* en 1903. Ce projet pompeux consiste en l'érection de somptueuses villas aptes à satisfaire les nantis de la région, ce qui se fait en un tournemain, le talent des frères s'avérant incontestable. Mais n'eût été de la ruée vers l'or de 1896, tous ces beaux projets n'auraient jamais vu le jour. Et, depuis l'élaboration du premier plan de J.C. Olmsted, plusieurs choses ont changé : la ville de Ballard a été annexée, une grande région du sud de Seattle fait maintenant partie de la métropole du Pacific Northwest, et la banlieue ouest s'est également intégrée à la ville. De plus, la banlieue ne cesse de grandir, et quelques hommes d'affaires frondeurs établissent leurs entreprises à l'extérieur des limites du centre-ville. Toute cette nouvelle population doit se déplacer. C'est alors que l'on mit en place un réseau de tramways qui déambulent dans les environs du lac Union, de Capitol Hill, de First Hill et de Queen Anne Hill. Par la même occasion, de nouveaux quartiers sont créés aux alentours du lac Washington puisque le tramway y passe allègrement.

Les nantis de la ville continuent à dépenser leur

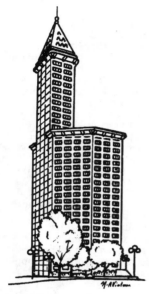

Smith Tower

Nous savons que les frères Olmsted sont revenus terminer leur plan très relevé. Mais Virgil Bogue, un résidant occasionnel de Seattle célébré pour ses talents d'ingénieur et d'architecte, présente son *Plan of Seattle*. Il s'inspire de la tradition Beaux-Arts : boulevards parsemés d'arbres, avenues croisées débouchant sur des édifices néoclassiques et centres commerciaux à l'appui.

Bref, Bogue veut faire de Seattle un Paris du Nouveau Monde. Tout cela sans parler du chef-d'œuvre que prévoit bâtir Bogue, soit le centre civique, tout comme l'avaient déjà fait des villes telles que Denver, Cleveland et San Francisco.

argent à qui mieux mieux et décident de mettre leur nouveau chez-soi en valeur. L'exposition Alaska-Yukon-Pacific est organisée et Seattle en ressort grandie et connue à travers l'Amérique. Puis, en 1911, la ville se dote d'une quatrième voie ferrée lorsque l'Union Pacific and Milwaukee Road arrive en ville. De plus en plus, Seattle prend l'allure d'une ville moderne et s'éloigne de son passé immémorial mais quelque peu rustre.

L'élection de 1912 vient tout gâcher pour Bogue, alors que ses rêves de grandeur s'estompent sous le poids du peuple qui dit «non». Tout n'est pas pour autant perdu car, grâce à l'aide de gens d'affaires bien informés et influents, Bogue réussit à faire passer l'idée du front de mer, le Waterfront. Paradoxalement, on érige en 1914 la Smith Tower, le plus haut édifice à l'ouest du Mississippi...

Aux armes

Le premier conflit mondial aide considérablement

l'économie et la vie de tous les jours de la plupart des Seattleois. Comme en témoignent les chiffres éloquents qui suivent, autant le nombre d'industries que le nombre de travailleurs, le coût du matériel et la valeur des produits grimpent frénétiquement : en 1909, 753 entreprises emploient 11 523 employés, moyennant des coûts de l'ordre de 28 millions et générant des ventes de 50 millions; en 1919, ces chiffres ont quasiment sextuplé, alors que 40 000 travailleurs sont employés par 1 229 entreprises, ce qui engendre des coûts de 149 millions et des ventes de 274 millions. Toutefois, la construction, en 1917, du Ship Canal, qui relie les lacs Washington et Union au Puget Sound, représente le pinacle de cette fin de décennie.

Mais l'agrandissement de la ville ne se limite pas à cette réalisation déterminante. La ville acquiert aussi les droits du réseau de tramways Stone & Webster en 1918, ce qui facilite les déplacements dans cette ville en pleine expansion. Puis, dans les années suivantes, d'autres lignes de chemin de fer raccordent Everett et Tacoma à la Ville-Émeraude.

Les changements ne cessent de troubler l'équilibre social qui, jusqu'alors, était le symbole d'une petite ville plus soucieuse de régularité que de modernité. Le centre-ville déménage, le Pioneer Square étant jugé inapte aux activités commerciales quotidiennes. C'est alors qu'il trimballe ses pénates vers l'ancien site de l'université de Washington, affectueusement appelé «Metropolitan Tract».

C'est alors l'occasion pour bon nombre d'architectes locaux et nationaux de mettre leur talent à projet. Et que peut-on demander de mieux qu'un environnement où plaines et montagnes aveuglent le regard, où un clin d'œil distrait fait que l'on oublie la beauté immanente d'un site qui ne demande qu'à être bâti!

Les
Henry Bittman, Charles
Bebb, Carl Gould, Abraham

Albertson et tant d'autres s'affairent et songent longtemps aux bâtiments qui donneront un nouveau visage à cette Seattle résolument tournée vers l'an 2000.

Nous avons parlé plus haut du toponyme «Skid Row», terme peu élogieux, où arnaqueurs et bandits de passage se rencontraient entre deux bières et une partouze. Ce vocable englobe toute la notion de décadence dans les années vingt, alors que le chômage est à la hausse et que, comme partout à travers le monde, le krash boursier de 1929 fait nombre de malheureux. Pourtant, le début des années vingt semblait tout à fait indiquer le contraire, alors que le déploiement d'une économie diversifiée et la hausse substantielle du nombre de travailleurs amenaient les habitants de Seattle à croire que l'Éden se rapprochait. Or, rien de plus faux. Les années folles qui suivent la Première Guerre mondiale sont plutôt synonyme de mises à pied.

Si nous remontons encore dans le temps, la grève nationale de 1919 sévit de plein fouet à Seattle; les Teamsters de Dave Beck s'opposent au contrôle despotique du Waterfront par un dénommé Harry Bridge. Bref, tout porte à croire que c'est la fin d'un bon rêve, et que le réveil sera fort brutal.

Les politiciens servent alors de boucs émissaires, comme c'est souvent le cas, et en particulier le président Hoover, qui, bien malgré lui, voit son nom emprunté par une bande de chômeurs qui se regroupent en marge de Seattle, et qui créent «Hooverville», soit un vaste campement délabré au sud du Pioneer Square, là même où se dresse aujourd'hui le domicile des Mariners de Seattle (équipe de base-ball) : le Safeco Field (voir p 110, 260).

Mais l'espoir semble toujours être au rendez-vous dans cette ville où la simplicité, malgré les envolées bourgeoises du début du siècle, demeure bien ancrée dans la mentalité des Seattleois.

Les jardins privés et publics fleurissent toujours, on y cultive légumes et autresproduits agricoles, et tout semble aller pour le mieux dans le meilleur des mondes. En fait, cette crise économique sans précédent dans l'histoire étasunienne bénéficie aux banlieues et aux quartiers moins populaires de la Ville-Émeraude. La vie simple est prônée et les vagues capitalistes engendrées par les nouveaux riches de la Ruée vers l'or semblent bien terminées.

Toutefois, malgré cette vision bien «petit peuple», le centre-ville de Seattle ne retrouve pas son élan d'antan et ne s'agrandit que bien peu. C'est ainsi qu'un nouveau quartier de commerces de détail est créé, qui relance quelque peu l'économie déficiente de la métropole. Et, contrairement au début du siècle, alors que les idées de grandeur régnaient sauvagement, Seattle ne peut plus se comparer aux grandes villes étasuniennes que sont San Francisco, Los Angeles et Boston.

Après cette sombre période, la joie de vivre renaît tranquillement de ses cendres et la culture devient le nouveau point de mire de Seattle. Le travail commencé par les Albertson, Bebb, Bittman et Gould est savamment perpétué par d'autres architectes d'une génération plus jeune et, peut-être, plus enthousiaste.

On peut déjà entrevoir le visage que prendra la Seat-tle moderne, c'est-à-dire celle de l'après-guerre de 1939-1945. Cette nouvelle génération d'architectes, dont font partie Fred Bassetti, Paul Hayden Kirk, Roland Terry et Victor Steinbrueck, débute modestement quelques pièces architecturales qui prendront leur visage final vers 1946. Ils affectionneront particulièrement les styles Craftsman, Prairie et Shingle, les modèles japonais de Yeon et Belluschi (particulièrement dans la région de Portland). Paul Thirty, un finissant de l'University of Washington, se démarquera par ses résidences de style international qu'il introduira dans l'État de Washington.

La plupart de ces architectes sont de fiers Seattleois, ou des résidants de l'État de Washington, donnant une saveur locale aux constructions, sans pour autant que le terme «local» se veuille péjoratif. En fait, leur réputation n'est plus à faire, du moins sur la Côte Ouest.

Un peu comme en Californie, l'érection de théâtres et de salles de concerts révèle une conscientisation du peu de goût que pouvaient déployer ces villes de l'Ouest, souvent des *boom towns* devenues des cités matures. Plusieurs magnats et mécènes donnent généreusement à l'art, pour le bien commun des Seattleois, plus réalistes qu'artistes.

Toute cette surenchère architecturale suscite toutefois quelques problèmes grandissants, entre autres celui de l'impossible financement du réseau de tramways de la ville, qui, depuis longtemps, n'est plus rentable. L'ancêtre du «Metro Bus System» d'aujourd'hui voit alors le jour (voir p 110, 260).

Mis à part les différents peuples autochtones qui vivaient paisiblement aux abords du Puget Sound au XIXe siècle, nous n'avons pas encore parlé des différentes ethnies qui peuplent Seattle. Eh bien, parlons-en!

Malheureusement, quelques affreux épisodes racistes ont lieu à Seattle, alors que la population se diversifie de plus en plus. La Deuxième Guerre mondiale engendre une xénophobie sans pareille à l'égard des Japonais de la ville, certaines familles nippones y résidant depuis des générations. À la nazie, on les incarcère dans des camps de concentration; certains d'entre eux réussissent à s'enfuir et, malgré tous les coûts que cela implique, d'autres décident de retourner dans leur Japon natal.

Les Afro-Américains n'ont pas plus de chance, quoique le racisme à leur égard soit plus discret. Ils viennent en grande partie travailler dans les manufactures pour y gagner leur pain quotidien. Mais, comme l'ont démontré les années soixante, la ghettoïsation rapide des Afro-Américains les confine à un quartier tout près de l'actuelle Highway 5, que l'on surnomme sans trop d'imagination «Central Area».

Fly like an eagle : l'avènement de Boeing

Entre les deux guerres, la faible activité économique devient un précurseur du boom de l'après-guerre de 1939-1945.

L'entreprise qui se démarque lors de cette période est certes Boeing, qui grandit au gré des guerres de ce siècle. En matière d'aéronautique, elle se développe tellement qu'elle figure rapidement parmi les entreprises les plus importantes et novatrices des États-Unis. Avec le temps, on peut affirmer que Boeing s'est installée au sommet de l'économie du Pacific Northwest. Mais elle n'était pas seule à fleurir de la sorte.

À l'instar de la prospérité de Boeing, le réarmement naval des années trente fait revivre pour un temps l'industrie marine du Puget Sound. Et, dans le secteur public, la Seattle City Light développe son pouvoir hydroélectrique grâce, entre autres, à la rivière Skagit, qui l'approvisionne.

La Seconde Guerre mondiale alimente directement le boom que connaît Seattle. Cette croissance économique qui se poursuit encore aujourd'hui, quoique de façon inégale, met au premier plan la construction d'avions et de bateaux; de plus, l'installation dans la région d'une ribambelle d'installations navales (ou de l'Armée américaine) ne fait qu'aider à la prospérité de Boeing. Une immigration importante se manifeste alors, engendrant la construction d'édifices sommaires où nombre de travailleurs sont hébergés. On ne peut pas dire que l'entre-deux-guerres soit synonyme de développement architectural notable, mais il a tout de même permis aux Seattleois ordinaires de profiter des services proposés par cette ville en plein ébullition économique : l'expansion de l'après-guerre de 1939-1945 commençait à peine.

En effet, l'État de Washington, tout comme la ville de Seattle, voit sa population doubler. William Boeing, qui fonde sa propre entreprise en 1916 sur les abords du lac Union, accapare par la suite un territoire adjacent à la Duwamish River, où il installe les bases de son entreprise qui règne encore sur le Puget Sound. Mais il n'a malheureusement qu'un seul client : le gouvernement fédéral. Il décide en 1952 de se lancer dans le marché commercial. En effet, la construction du Boeing 707 rapporte des dividendes inimaginables. C'est en 1959 que le Boeing 707 est mis en service, et rapidement Boeing récolte une panoplie de contrats à travers le monde, ce qui en fait le pionnier et le maître de l'industrie aéronautique commerciale. En quelques années, l'aviation est au centre de la fine technologie étasunienne; Boeing se lance ensuite dans l'aventure du Boeing 727, un avion de moindre dimension, du Boeing 737 et, finalement, de l'immense Boeing 747.

Décentralisation résidentielle : la banlieue

Entre 1950 et 1965, les habitants de Seattle se dispersent au nord et à l'est du lac Washington, et la mentalité anti-urbaine du début du siècle se concrétise. Paradoxalement, certains critiques affirment haut et fort que cette tendance à la «banlieusardise» n'engendre que non-sens, provincialisme et anti-intellectualisme : les ranchs s'alignent à perte de vue, les avenues commerciales sans cachet s'accumulent, bref le profit et l'inertie qui ne semblent pas dominer les têtes pensantes des pionniers de Seattle rattrapent finalement la jeune ville. Mais malgré tout, la monotonie que reflète ce genre d'urbanisme réussit quand même à se régénérer et à créer des quartiers résidentiels agréables, rappelant justement la Seattle parcourue par les tramways au début du XXe siècle, maintenant remplacés par l'automobile.

Cette expansion démesurée affole les autochtones, qui ne comprennent plus où s'en vont leurs terres et la beauté naturelle de leur environnement de toujours. La croissance de Boeing entraîne des problèmes écologiques, faisant du lac Washington et du Puget Sound de véritables mers de pollution.

Certains ponts, dont celui qui surplombe le lac Washington et qui relie Seattle et la banlieue à l'est du lac, ne suffisent plus, la circulation frôlant la frénésie. Plusieurs propositions sont étudiées. James Ellis entame des démarches visant à unir plusieurs villes dans les environs de Seattle pour créer une Seattle métropolitaine, d'où le nom de son projet, Metro. Mais les élections de 1952 freinent la lancée d'Ellis, et sa vision n'est pas prise en compte. Ellis modifie alors son plan et décide d'exclure quelques villes qu'il avait a priori incluses; situées au sud de Seattle, ces villes n'avaient que faire de l'assainissement des étendues d'eau au nord de leur chez-soi... Le plan est finalement accepté en 1958, alors que la banlieue se dit favorable à ce genre de projet, plus enthousiaste même que les résidants de Seattle.

Le Metro est toutefois grandement changé : il a le mandat de créer des égouts à travers la ville ainsi que dans les nouvelles parties de la métropole. En effet, peu de temps après la Seconde Guerre mondiale, Seattle annexe Mercer Island, Lake Hills, Lake Forest Oark, Kenmore, Juanita, Medina, Hunt's Point, Clyde Hill, Bellevue, Newport et Bryn Mawr. Dix ans après le début de cette importante rénovation en matière d'urbanisme, les résidants apprécient beaucoup plus les beautés du lac Washington; les plages du Puget Sound recèlent du sable fin et ne sont plus les hôtes involontaires de détritus à perte de vue.

Entrepreneurs et célébrités version «fin de millénaire»

Pendant quelque temps, on a cru que l'entrepreneuriat et le radicalisme du passé se volatiseraient. Quelques événements expliquent que Seattle ne s'est pas bornée à vivre de ses exploits déjà ancrés dans un passé mémorial. Une brève récession du trafic aérien sonne le glas dans la région du Puget Sound, alors que, tout comme à la fin de la Deuxième Guerre, Boeing se départit d'employés jugés superflus. Le restant des États-Unis vit, quant à lui, au rythme de la nouvelle guerre de l'heure, celle du Vietnam, et l'activité économique ne cesse d'engendrer des profits dignes de mention.

Seattle, pour sa part, se remet peu à peu de cette crise et, en 1973 et 1974, alors que la récession frappe les États-Unis d'ouest en est, la ville a déjà remonté la pente ardue et est prête à reconquérir le terrain perdu. C'est à cette époque que la reine du Nord-Ouest étasunien se plonge dans des causes environnementales. De nombreux Seattlois issus de la nouvelle génération et à l'esprit plus «vert» remettent en cause plusieurs préceptes d'aliénation écologique pour faire de leur ville la pierre angulaire d'un renouveau social.

Depuis cette époque, Seattle connaît un boom interne, alors que des quartiers alors en complète désolation revivent de leurs cendres par l'entremise de cette nouvelle génération qui a grandi en banlieue et s'immisce tranquillement mais sûrement dans l'urbanité de cette ville-phare de la fin du XXe siècle. C'est cette conscientisation qui fait naître (ou plutôt renaître) l'intérêt pour les quartiers historiques que sont Pike Place Market et Pioneer Square.

La peur de l'absence d'entrepreneuriat est vite reléguée aux oubliettes lorsqu'un consortium de gens d'affaires et d'hommes politiques s'affirme en mettant sur pied l'exposition Century 21 de 1962. Comme l'avait fait précédemment l'exposition de 1909, cette grande fête ouvre à Seattle plusieurs portes et la fait connaître à travers le monde. En effet, elle attire plus de 9 millions de visiteurs, et plusieurs des bâtiments construits pour cette exposition sont toujours en place aujourd'hui, comme le nouveau «totem» de Seattle, la Space Needle, le Monorail, etc. Les événements des années soixante et soixante-dix ont provoqué un climat où la diversité culturelle, la sensibilité environnementale et le dynamisme économique cohabitent en harmonie quasi totale. Mais c'est surtout l'apport d'entreprises internationales comme Microsoft, Weyerhaeuser, Nordstrom et Price Costco, sans oublier les fameux cafés Starbucks, qui fait la renommée de la Seattle moderne, en plus de la librairie virtuelle Amazon.com, qui règne en maître sur l'Internet. Mais ce qui a surtout remis Seattle au centre de l'actualité,

c'est l'émergence des groupes punk-rock comme Nirvana et Pearl Jam, qui ont redéfini le rock des années quatre-vingt-dix.

Économie

La grande force de Seattle, depuis ses débuts, aura été de savoir diversifier son économie. Ainsi, lorsque la ville est officiellement fondée en 1869, le premier matériau exploité est le charbon que l'on retrouve en grande quantité dans les environs de Seattle, son exportation vers des villes comme San Francisco et Portland justifiant le bon fonctionnement de cette industrie. Au deuxième rang vient le chemin de fer, qui permet aux entreprises d'exporter rapidement leurs produits vers les villes environnantes. Au tout début de la jeune histoire de Seattle, le bois de construction est le point culminant de l'économie, la région étant encore fortement boisée. Mais tranquillement, les forêts sont dépeuplées, et aujourd'hui le bois de construction ne représente pas plus de 1% des retombées économiques de la ville.

Le charbon et le chemin de fer ont dû céder leur place à des moyens plus modernes, comme la technologie informatique, la

Bill Gates

Bill Gates (1955-): l'enfant prodige, fondateur de Microsoft, fait ses débuts dans le monde de l'informatique à l'âge de 13 ans, alors qu'il réalise un programme pour jouer au tic-tac-to. Il entre par la grande porte à Harvard, en 1973, où il effectue ses études avec Steve Ballmer. Il développe alors le langage informatique BASIC, inventé par John Kemeny et Thomas Kurtz dans les années soixante, pour le premier micro-ordinateur, soit le MITS Altair. Puis, à mi-chemin dans ses études universitaires, il abandonne pour se consacrer corps et âme à la compagnie qu'il fonde en 1975 avec son ami d'enfance Paul Allen. Le leadership de Gates s'impose dans le logiciel parce qu'il garde en tête le plaisir et la facilité d'accès à l'informatique. En 1980, alors que Microsoft n'est encore qu'une petite entreprise, IBM, qui veut lancer rapidement son ordinateur personnel, lui confie le soin de développer le logiciel d'exploitation DOS. Bill Gates accepte mais se réserve le droit de vendre aussi ce logiciel à d'autres manufacturiers. IBM accepte, se croyant invincible... et quelques années plus tard, Microsoft devient plus importante que IBM!

En 1995, Gates écrit en collaboration avec Nathan Myhrvold et Peter Rinearson *The Road Ahead*, où il y va de ses prédictions quant à l'avenir de l'informatique et de son impact sur la société. Puis, l'année suivante, il réédite et repense ce livre en y intégrant le phénomène de l'interactivité des réseaux informatiques et les nouveaux moyens de communication. La biotechnologie figure aussi sur la liste des sujets qui l'intéressent vivement. C'est pourquoi il s'investit dans ICOS Corporation; il détient également des parts dans l'entreprise Chiroscience Group. Un autre de ses projets est celui de Corbis Corporation, qui concentre ses efforts autour d'une entreprise d'archives de photos et d'archives d'art visuel qu'il puise parmi nombre de collections privées et publiques à travers le monde.

Coup de théâtre : en mai 1998, le gouvernement fédéral ainsi que 20 États américains intentent une poursuite contre Microsoft, accusant la méga-entreprise de violer la loi antitrust. Netscape, un des pionniers dans le domaine des fureteurs Internet, se feraient couper l'herbe sous le pied par Microsoft puisque ce dernier intègre son propre fureteur personnalisé, Internet Explorer, au désormais célèbre système d'exploitation Windows, qui fait fonctionner près de 90% des ordinateurs personnels à l'heure actuelle à travers le monde. Le procès a débuté à la mi-octobre 1998 et se déroulait encore au moment de publier cet ouvrage.

biotechnologie, l'équipement médical et l'ingénierie environnementale. En fait, ces différents milieux d'emploi ont fait en sorte que le taux de chômage, en 1990, n'atteignait que 9,5%. La biotechnologie affiche des chiffres impressionnants: à elle seule, elle génère des revenus de 1,6 milliard de dollars et crée 10 000 emplois répartis à travers une centaine d'entreprises dans la région. L'entreprise Boeing, fondée en 1958, fournit du travail à un grand nombre de Seattlelois. Bill Gates, quant à lui, savoure le succès que remporte son entreprise connue mondialement, Microsoft. Mais, dans la région de Seattle, on retrouve pas moins de 1 500 autres entreprises qui créent des programmes informatiques et fabriquent des ordinateurs personnels.

Depuis quelques années, Seattle accueille de plus en plus d'entreprises puisque la main-d'oeuvre est qualifiée selon les normes maintenant en vigueur, que l'éducation et la recherche sont adaptées aux besoins d'aujourd'hui et que les infrastructures et le système de transport moderne fonctionnent à plein régime. En outre, le secteur des services remporte la palme du «meilleur employeur» puisque 28%

des salariés de la ville travaillent dans ce milieu. Vient au second rang la vente au détail et au gros (24%), alors que les employés du gouvernement (16%), le secteur des produits non périssables (11%) et le transport, incluant l'aviation (6,3%), représentent les autres principaux secteurs d'activité de la ville. Parmi les entreprises qui ont pignon sur rue à Seattle, les plus importantes rapportent annuellement des sommes plus qu'astronomiques : en 1995, Boeing, le manufacturier aérospatial, déclare des revenus de l'ordre de 19 milliards de dollars; Price Costco, une chaîne d'entrepôts à rabais propriétaire des Club Price (Price Club), 18 milliards; Weyerhaeuser, un producteur de pâtes et papiers, 12 milliards; et Microsoft, le géant du logiciel informatique, 6 milliards.

Infrastructure touristique

La région de Seattle et du King County possède une infrastructure touristique qui génère beaucoup d'emplois et attire quelque 24 millions de visiteurs chaque année. La région métropolitaine est ainsi desservie par plus de 46 000 ardents travailleurs

Portrait

du voyage qui conseillent, hébergent et restaurent autant les Japonais que les Québécois. En effet, on retrouve beaucoup de services et d'installations pour les voyageurs, comme le Meydenbauer Center et le Bell Harbor International Conference Center, qui reçoivent moult conférenciers, et le Washington State Convention and Trade Center, qui peut accueillir jusqu'à 11 000 congressistes. Plus de 8 000 chambres d'hôtel, 2 200 restaurants et une panoplie d'attraits touristiques notables, comme la célèbre Space Needle, rendent le séjour à Seattle délectable.

Commerce international

Depuis quelques années, Seattle est l'hôte de plusieurs conférences et événements internationaux qui font la renommée de cette ville plus ou moins méconnue. En 1990, elle accueille les Goodwill Games; en 1993, l'Asia Pacific Economic Cooperation (APEC) a lieu dans la Ville-Émeraude; le président russe Boris Yeltsine visite la capitale culturelle du Pacific Northwest en 1994; en 1995, une conférence traitant de technologie attire même le roi Harald V de Norvège; et en 1996, Seattle reçoit la conférence du Quadrilateral Trade Ministerial.

L'État de Washington, malgré sa faible population (elle ne représente que 2% de la population totale des États-Unis, soit 4,9 millions d'habitants), est l'un des meneurs étasuniens au chapitre de l'exportation. En fait, un emploi sur quatre dépend directement de ce secteur d'activité. On exporte majoritairement de l'équipement de transport, du bois de construction, du papier et du matériel d'édition ainsi que de l'équipement électronique, ses principaux partenaires internationaux étant le Japon, le Canada, la Chine, la Corée du Sud et Taiwan.

Population

Le recensement de 1996 démontre que la population de la ville de Seattle n'a guère augmenté depuis une trentaine d'années. En effet, alors que celle-ci se situait autour de 530 000 habitants en 1970, elle a subi une baisse de quelques milliers d'habitants : en 1980, la population de la ville était de 494 000 habitants. Aujourd'hui, elle atteint 534 700 habitants, soit environ le même nombre qu'en 1970. La différence se situe au niveau de la grande région métropolitaine. Un peu comme dans toutes les grandes villes américaines, c'est la banlieue qui se développe et non le cœur de la ville. En 1970, elle était constituée de près de 2 millions d'âmes. Elle a fait un bond d'un million d'habitants en un peu moins de 30 ans, ce qui n'est pas peu dire.

Seattle, fondée par des immigrants étasuniens, n'est pas une ville que l'on pourrait qualifier de multiethnique. Certes, on y retrouve le traditionnel quartier du Chinatown (ou International District), mais la diversité ethnique de Seattle s'arrête presque là. Contrairement aux mégalopoles étasuniennes, Seattle est constituée à 75% de personnes de race blanche (Européens et Américains confondus), ce qui ne laisse qu'un faible pourcentage d'ethnies visibles. Au nord de Seattle,

toutefois, on retrouve une communauté scandinave qui a émigré entre les années 1890 et 1910.

Le Chinatown, ou International District, situé au sud-est du centre-ville, accueille la plupart des Asiatiques qui se sont établis dans la Ville-Émeraude. Le quartier a souvent changé de nom, passant de Chinatown à Japantown et Manilatown, pour prendre récemment le vocable plus *politically correct* d'International District. Dans ce quartier, on retrouve en effet une mosaïque de peuples issus de l'Asie et des îles du Pacifique. C'est ainsi que vous retrouverez nombre

de Chinois, de natifs de Philippins, de Japonais, de Vietnamiens, de Coréens, etc. Ces groupes ethniques plus ou moins uniformes (pour ne pas dire variés) représentent 11% de la population de la ville.

Les Afro-Américains constituent, quant à eux, un peu plus de 10% de la population seattleoise. Ils se regroupent principalement dans le quartier du Central Area (South Seattle), où de grands noms du jazz, du blues et du rock ont vu le jour. C'est entre autres le cas de Ray Charles, ce formidable pianiste de rhythm-and-blues, de jazz et de musique populaire; de Quincy Jones, l'auteur-compositeur-interprète et surtout producteur de Michael Jackson dans les années quatre-vingt; et de l'enfant terrible des années soixante, Jimi Hendrix, que les circonvolutions mêlées de blues, de distorsion abusive et d'acide ont tôt fait d'influencer une génération entière.

L'histoire du Central Area remonte aux premières années de la fondation de la ville, soit en 1883, alors que William Grose, un entrepreneur, achète 5 ha à l'est de First Hill, le premier quartier de Seattle. Au cours de la troisième décennie du vingtième siècle, les boîtes de jazz et de blues accueillent les nombreux amateurs de cette musique rafraîchissante pour l'époque. Ce quartier, grâce aux institutions qui s'y sont établies, a su garder en mémoire son histoire. C'est ici que l'on retrouve le Langston Hughes Cultural Arts Center ainsi que la Mount Zion Baptist Church, les fidèles assistant aux différents offices étant majoritairement des Afro-Américains. C'est aussi dans ce quartier que l'on honore la mémoire du révérend Martin Luther King, Jr., alors qu'un parc qui porte son nom rend hommage au défunt défenseur des droits des Afro-Américains aux États-Unis. Ce parc de 1,5 ha est orné de différentes plaques commentant les événements représentatifs de la vie de Luther King, Jr., et une sculpture haute de 10 m se dresse au milieu d'un «bassin-miroir».

Un petit mot sur les autochtones qui, comme partout en Amérique du Nord, ne représentent qu'une très faible partie de la population. Alors que les Duwamish et les Suquamish étaient rois et maîtres du Pacific Northwest avant l'arrivée du Blanc au milieu du XIXe siècle, aujourd'hui les représentants de ces nations déchues se comptent pratiquement sur les doigts de la main : on ne dénombre plus que quelques milliers d'âmes autochtones dans

les environs de Seattle, soit un peu plus de 7 000 Inuits, Aléoutiens et Amérindiens, ou moins de 2% de la totalité de la population.

Architecture

C'est dans ce que l'on appelle aujourd'hui le Pioneer Square Historic District que les premiers habitants de Seattle se sont installés en 1853. Des personnages importants tels que Henry Yesler (dont on a emprunté le nom pour désigner la Yesler Way, dénommée auparavant «Skid Road») et Doc Maynard sont aujourd'hui honorés par des édifices ou des statues. Et, quoique ces constructions soient inanimées, on ressent encore une certaine exubérance que les habitants d'autrefois pouvaient connaître dans ce quartier bien spécifique. La ville se compose alors de quelques bâtiments rudimentaires construits en bois, entre autres la scierie de Henry Yesler, entreprise locale autour de laquelle naît, tranquillement, le premier quartier seattleois. La population grandit considérablement, passant d'une poignée d'âmes, à la naissance de la ville, à 12 000 habitants en 1885.

Mais ce départ fulgurant est interrompu par une tragédie sans précédent dans l'histoire de Seattle : l'incendie de 1889. C'est alors que l'on décide de tout reconstruire en pierre et en brique, l'érection de bâtiments en bois étant désormais interdite. Les années subséquentes amènent de grands changements au visage de cette petite ville déconfite. Plusieurs aménagements urbains sont mis en œuvre, comme celui de la Denny Regrade; certaines parties de la ville sont surélevées de plus de 6 m, ce qui retranche un étage des édifices en comptant trois. Certains magasins «déménagent» à l'étage, et des trottoirs sont finalement construits par-dessus les ruines de l'incendie : aujourd'hui, on peut visiter cette Seattle ancestrale appelée «Seattle Underground».

L'une des particularités notables de Seattle est sans aucun doute ses collines et montagnes qui parcourent la ville de long en large, ce qui rend des activités aussi simples que la marche et la conduite automobile assez difficiles. Plusieurs plans sont mis en œuvre pour rendre cette ville plus propice aux activités quotidiennes, mais une seule de ces idées d'aménagement urbain voit le jour. C'est l'ingénieur R.H. Thompson, employé de la Ville depuis 1892, qui crée la seule partie relativement plate de la ville : le projet de la Denny Regrade, anciennement la Denny Hill. Le tout débute en 1902, alors que l'on propulse l'eau du lac Union par l'entremise de tuyaux d'arrosage sur la colline abrupte qu'est la Denny Hill. La boue et la terre sont ensuite repoussées vers l'actuelle Elliot Bay, ce qui engendre le «Waterfront» d'aujourd'hui. Cette première étape se termine

en 1911 puis, entre 1929 et 1930, la dernière partie de la Denny Hill est complètement déblayée.

En 1907, le maire Charles H. Burnett, pour encourager les fermiers de la région, participe à la fondation du Pike Place Market, un marché public où les cultivateurs vendent leurs produits. De 1907 à 1917, des bâtiments remplacent les wagons dans lesquels les fermiers disposaient leurs fruits, légumes et autres denrées. Puis, en 1912, le Corner Market Building voit le jour grâce à Thomas et Grainger. En 1927, plus de 400 fermiers y vendent leur marchandise. Mais avec l'avènement de la Seconde Guerre mondiale, le marché, tout comme le Pioneer Square, ne figure plus dans les bonnes grâces des instances dirigeantes, qui ne jugent pas ces quartiers commerciaux assez rentables. Victor Streinbrueck, un architecte, devient le défenseur par excellence du Pike Place Market, dirigeant le groupe Friends of the Market. Mais ce n'est qu'en 1971, lors des élections municipales, que la notion des «amis du marché» est acceptée et que le Pike Place Market, tout comme le Pioneer Square, devient un quartier historique d'une grandeur de 3 ha.

First Hill ou Nob Hill

Une des collines de Seattle, la First Hill (la première colline), subit un sort assez horrible. Lors de la Ruée vers l'or, les nouveaux riches, s'y installent : ils ont le loisir d'habiter tout juste à côté du centre-ville tout en bénéficiant de la tranquillité de la «banlieue». On compare cette partie de la ville de Seattle à Nob Hill, une célèbre colline où les nantis se sont installés à San Francisco. Mais, en 1908, deux hôpitaux acquièrent une partie du territoire de la colline, soit les Cabrini et Swedish Hospitals. On y construit ensuite de grands immeubles d'appartements pour loger les moins favorisés, au bas de la colline évidemment, que les pionniers surnomment «Profanity Hill» : la boue et l'abrupte pente que ces gens escaladent tous les jours sont à l'origine de ce surnom. Les cliniques médicales y pullulent aujourd'hui au nord-ouest de la colline; au sud de la colline se trouve la Wesler Terrace, construite dans le but de loger... les moins nantis. Bref, cette First Hill n'a plus grand-chose de sa classe d'antan malgré l'aménagement du Freeway Park, qui la relie au Central Area, un quartier assez trouble.

Un grand contraste s'établit à partir de la Première Guerre mondiale, alors que de hauts édifices sont érigés au centre-ville, qui siège au nord-ouest du Pioneer Square Historic District. En effet, entre 1892 et 1911, les maisons et magasins qui s'étalent sur Madison Street, James Street et Yesler Way ne sont hauts que d'environ 8 m. Aujourd'hui, ces habitations font place aux gratte-ciel, certains se dressant à des hauteurs plus que «métropolitaines» (une trentaine de mètres). Malheureusement, la construction de l'Alaskan Highway dans les années cinquante, à l'ouest du centre-ville, a à tout jamais séparé le centre-ville du Waterfront. Ce dernier présente la panoplie traditionnelle de restaurants et de quais de pêche et de bateaux. Notons aussi l'aménagement du Public Aquarium en 1968. Au nord-ouest du Pier 70, le Myrtle Edwards Park se présente dignement : ses ingénieurs Kelly, Pitzelko, Fritz et Forsen, ainsi que les architectes Jongejan et Gerrard, ont revitalisé l'espace qui borde l'Elliot Bay.

De plus, l'avènement de l'Interstate 5, construite en 1963, qui scinde la ville en deux, a aussi altéré le visage de cette ville qui était composé de quartiers bien simples. Ces deux autoroutes contribuent à l'étalement de la ville qui, loin d'être centralisée autour d'un quartier d'affaires ou commercial, s'étale comme une toile d'araignée depuis le Pioneer Square jusqu'au lac Union au nord. Et, malgré l'aménagement du Freeway Park, qui relie First Hill et le centre-ville, le tort irréparable qu'engendre l'emplacement de l'Interstate 5 ne peut que désoler les amateurs d'urbanisme «classique».

Les édifices du centre-ville empruntant des styles internationaux démontrent leur ampleur lorsqu'on les regarde à partir de quelques pâtés de maisons. Certains de ces bâtiments arborent des places qui siéent bien à leur look contemporain, mais l'activité commerciale ainsi que la vie nocturne ne bénéficient pas de ces espaces publics.

Dans les années cinquante et soixante, des plans de construction sont mis en branle; c'est alors qu'un groupe de préservation urbaine manifeste pour faire du Pioneer Square ce qu'il est aujourd'hui, soit un quartier historique où l'on ne peut plus rien démolir. Ainsi, l'aspect non linéaire des rues d'autrefois a été respecté, créant par la même occasion des places publiques comme le Pioneer Square, qui épouse la forme... d'un triangle.

Certains architectes contemporains rehaussent le cachet vieillot du quartier, entre autres les architectes Jones & Jones, qui créent l'Occidental Park en 1972. Son pavé rustre s'allie très bien à l'architecture victorienne des environs, ne jurant nullement. Malheureusement, d'autres créateurs n'ont pas la même sagesse. En effet, en 1978, Sasaki,

L'art, ça se discute...

Les résidants de Seattle s'attachent beaucoup à leur art «nature», comme en témoigne l'épisode de la Seafirst Bank. En effet, de vives contestations ont lieu lorsque l'institution bancaire décide de vendre la pièce *Three Pieces Vertebrae* (1968), de Henry Moore, à un investisseur japonais. En cette année 1987, les protestations des Seattleois sont si fortes que la vente est bloquée, et l'œuvre de Moore s'élève toujours au 1001 Fourth Avenue Plaza!

D'autres artistes ne bénéficient pas du même soutien. Le créateur Michael Heizer présente, en 1976, son *Adjacent, Against, Upon*, qui soulève autant l'ire des scribes que celle du public. Les trois blocs de granit, plus ou moins accotés les uns sur les autres, subissent moult assauts d'indignation des résidants qui jugent que l'argent de leurs taxes devrait être utilisé plus savamment : cette œuvre est installée en plein milieu du Myrtle Edwards Park...

Dawson et DeMay mettent en place le Waterfall Park, soit une cascade d'eau et un tas de roches aménagés dans un recoin : ce projet coûteux et pompeux a quelque peu défiguré le Pioneer Square.

Art public

À Seattle, contrairement à plusieurs villes où l'architecture prime, c'est l'art public qui fascine autant les voyageurs que les résidants. Depuis 1973, alors qu'une loi, assurant qu'au moins 1% des fonds pour l'amélioration de la ville soient affectés à l'art, est émise, la ville est ornementée par des artistes contemporains qui font de la ville de Seattle un véritable musée à ciel ouvert. Et la meilleure nouvelle dans tout ça, c'est qu'il n'en coûte absolument

Monument Black Sun

rien pour admirer ces
œuvres d'art.

On retrouve tous les styles
de création, du traditionnel
au postmoderne, en passant
par les œuvres environne-
mentales, certaines d'entre
elles présentent une telle
subtilité qu'il est parfois
difficile de les dénicher à
travers la «brousse»
seattleoise. Une sculpture
particulièrement appréciée
du public est le *Waiting for
the Interurban* de Richard
Beyer (1978). Elle
représente des personnages
qui attendent un autobus
que vous pourrez
contempler à l'angle de
Fremont Avenue N. et N.
34th Street.

Certaines œuvres à
caractère social impres-
sionnent par leur côté
gargantuesque. C'est le cas
du *Hammering Man* (1992)
de Jonathan Borofsky, une
sculpture haute comme
quatre étages dont un des
bras est armé d'un marteau
et se meut quatre fois
l'heure : l'artiste représente
ici les travailleurs de Seattle
qui, jour après jour, suent à
grosses gouttes pour gagner
leur pain quotidien. Installé
en plein centre-ville, *Hammering Man* s'attire les com-
pliments des résidants qui
voient en cette œuvre un
symbole indéniable des
efforts des premiers habitants pour élire domicile
dans cette ville de la Côte
Ouest ainsi qu'un hommage
au commun des mortels.

L'art électronique a aussi sa
place dans l'environnement
artistique de Seattle. La Key
Arena (anciennement
dénommée le Coliseum)
abrite deux créations
contemporaines qui sortent
de l'ordinaire. La première,
Hydraulis, est un immense
«mur d'eau» de 20 m,
création de Trimpin et
Clark Wiegman. On y
retrouve aussi une installation vidéo qui porte le nom
d'*In the Event*. Composée de
moniteurs vidéo contrôlés
par un ordinateur, cette
installation se meut au
rythme d'images
superposées et de
fascinants jeux sonores.

L'art public n'est pas
toujours facile. Ainsi,
Barbara Krueger, pour
manifester contre la
démolition d'un entrepôt
historique en 1991, a peint
presque sous forme de graf-
fiti des inscriptions encore à
caractère social : *Who is
housed?; Who is healed?; Who
decides?* Cette manifestation

a été créée sur les murs des Piers 62 et 63. Certaines créations impliquent même des monuments déjà existants de la ville. Isamu Noguchi a confectionné *Black Sun*, un immense beigne noir à travers lequel on voit, au loin, la Space Needle! Une création très intéressante est celle de Buster Simpson, *Seattle George*, érigée au Washington State Convention Center et qui représente une symbiose des chefs contradictoires qu'a connus la ville, à savoir George Washington et le leader autochtone Chief Sealth.

Dans le but de créer des emplois pour les artistes, certains projets sont conçus en association avec des architectes et des ingénieurs. Ainsi, des édifices publics, comme des postes de police, des casernes ou des prisons (!), sont décorés par ces artistes multidisciplinaires.

Sports professionnels

Basket-ball

Les Supersonics de Seattle font leurs débuts dans la NBA (National Basketball Association) en 1967-1968, tout comme les Rockets de San Diego. Et, comme toute équipe d'expansion, elle ne peut faire mieux que d'afficher un bilan négatif. En effet, elle ne remporte que 23 parties sur un total de 82, finissant l'avant-dernière, tout juste devant les Rockets. C'est défensivement que les Supersonics présentent d'affreuses lacunes, alors qu'ils permettent à l'adversaire de compter plus de 150 points à 4 reprises. La saison suivante, ils s'améliorent un tantinet soit peu, remportant 30 parties. Puis en 1969-1970, l'équipe est menée par le joueur-entraîneur Lenny Wilkens et remporte 36 victoires.

Il faut attendre jusqu'en 1971-1972 pour que les Supersonics présentent un dossier gagnant : ils émergent de la cave du classement en arrachant 47 victoires, perdant 35 matchs. Menés par Spencer Haywood, ils gagneront des matchs en bloc (7 matchs sur 8 et 12 matchs sur 13) avant de s'effondrer à la fin de la saison, perdant 8 de leurs 9 derniers matchs : ils terminent tout de même troisièmes de leur division. Mais, l'année subséquente, les Supersonics s'écroulent : Lenny Wilkens est échangé à Cleveland et l'équipe ne remporte que 26 parties.

Sous les ordres du légendaire Bill Russell (gagnant de 11 titres de la NBA en 13 saisons), les Supersonics rebondissent en 1973-1974 et remportent 36 victoires. La saison est ponctuée de moments forts, comme la soirée où Fred «Downtown» Brown enfile une vingtaine de paniers pour 58 points, un record de la franchise. Haywood se démarque aussi, alors qu'il termine au neuvième rang des marqueurs de la ligue. En 1974-1975, les Supersonics participent aux séries éliminatoires pour la première fois de leur histoire, alors qu'ils présentent un dossier de 43 victoires et 39 défaites. Ils s'affirment dans la première série qui les oppose aux Pistons de Detroit et les éliminent en trois matchs consécutifs. Puis ils se heurtent aux Warriors du Golden State, s'inclinant en six matchs. L'année suivante, «Downtown» Brown termine au cinquième rang des pointeurs de la ligue, menant ainsi son équipe à un dossier identique à celui de l'année précédente. Les Supersonics s'inclinent toutefois devant les Suns de Phoenix lors de la première ronde des séries éliminatoires.

En 1977-1978, les Supersonics remplacent leur entraîneur Bill Russel par Bob Hopkins, qui ne peut faire mieux que de présenter un dossier de 5 victoires et 17 défaites : il est alors congédié. Lenny Wilkens revient derrière le banc et mène sa troupe à 42 victoires contre seulement 18 défaites. De façon surprenante, ils éliminent les Lakers de Los Angeles, bon premiers de leur division. Ils défont par la suite Denver et Portland avant d'affronter les Bullets de Washington. Les six premiers matchs sont très serrés, les deux équipes remportant trois matchs chacune. Mais les Bullets sortent vainqueurs de ce duel de non-favoris et gagnent le match ultime 105 à 99.

La vengeance des Supersonics se prépare alors qu'ils remportent 52 victoires en 1978-1979, un sommet pour cette franchise. Menés par une défensive imperméable, la meilleure de la ligue, les Supersonics défont facilement les Lakers de Los Angeles. Puis les Suns de Phoenix donnent du fil à retordre à l'équipe de Lenny Wilkens, alors que la série nécessite sept matchs, à la fin desquels Seattle sort gagnante. Les Bullets de Washington répètent leur exploit de l'année précédente et atteignent la finale pour une deuxième année consécutive. Mais les

Supersonics, après leur avoir cédé le premier match de la série, remportent les quatre matchs suivants et sont proclamés champions de la ligue.

L'année suivante, l'équipe continue sur cette belle lancée, récoltant 56 victoires. «Downtown» Brown profite du nouveau règlement du lancer de «trois points» et en devient un spécialiste. Les Supersonics éliminent difficilement Milwaukee en sept matchs et sont facilement exclus des séries par les Lakers de Los Angeles, menés par la recrue Ervin «Magic» Johnson.

À la suite de leur meilleure saison, les Supersonics s'écroulent de nouveau et, comme on le dit dans le milieu, s'apprêtent à reconstruire leur équipe. Les années quatre-vingt, malgré des saisons moyennes, font souffrir les partisans de Seattle qui voudraient bien que leurs favoris les récompensent par des victoires... significatives. Puis, en 1986, l'espoir renaît, alors que la recrue Xavier McDaniel s'affirme sur le terrain. Les Supersonics se rendent même jusqu'en demi-finale, mais s'inclinent devant les puissants Lakers en quatre matchs expéditifs.

En 1991-1992, le nouvel entraîneur George Karl mène les Supersonics à la quatrième position de leur division : ils se qualifient de justesse pour les séries éliminatoires. Ils surprennent les Warriors du Golden State, les battant trois matchs à un, mais s'inclinent devant le Jazz de l'Utah en cinq matchs. L'année suivante, ils terminent l'année deuxièmes derrière les Suns de Phoenix et perdent contre ces derniers en sept matchs lors de la demi-finale.

Menées par Shawn Kemp, Gary Payton, Hersey Hawkins et Detlef Schrempf, les éditions 1993-1995 des Supersonics présentent un dossier impressionnant (120 victoires et seulement 44 défaites), mais les Supersonics sont incapables de gagner les matchs importants. En 1993-1994, ils perdent en première ronde éliminatoire contre les Nuggets de Denver et, l'année suivante, ils s'inclinent devant les Lakers de Los Angeles. Mais en 1995, ils se réveillent, défont les champions en titre, les Suns de Phoenix, et affrontent la «machine à gagner», les Bulls de Chicago, qui remportent 72 victoires contre 10 défaites pendant la saison régulière, soit le meilleur dossier de tous les temps. Les Bulls remportent facilement les trois premiers matchs, puis les Sonics gagnent les deux suivants. Mais c'était trop peu trop tard pour l'équipe de Seattle, qui perd le sixième et dernier match de la finale.

En 1998-1999, saison ponctuée par une grève, les Supersonics n'ont pas réussi à se classer pour participer aux séries éliminatoires. Néanmoins, la popularité du basket-ball aux États-Unis laisse entrevoir un bel avenir pour cette franchise sportive.

Baseball

Depuis 1977, la ville de Seattle applaudit chaude-ment ses Mariners, qui évoluent dans la Ligue américaine de baseball. À leur première année, les Mariners subissent moult corrections et finissent la saison avec un dossier peu flamboyant, ne remportant que 64 victoires contre 98 défaites. Lee Stanton est la première vedette de ce club, alors qu'il se manifeste en tant que meneur dans la plupart des catégories offensives. L'année suivante, les Mari-ners déçoivent en affichant un bilan encore plus négatif que lors de leur première saison : que 56 maigres gains! Leon Roberts domine

les frappeurs des Mariners, sans que son impact soit considérable. Bruce Bochte, Willie Horton, Leon Roberts et Tom Paciorek constituent alors le cœur de cette jeune équipe. Bochte domine pour la moyenne au bâton, alors que Horton s'inscrit dans le livre de records des Mariners en produisant 106 points.

Les années se suivent et se ressemblent pour les Mari-ners. En 1980, ils ne réussissent pas à gagner 60 parties pour la deuxième fois en 3 ans; l'année 1981, ponctuée d'une grève, n'aide pas plus la cause de ces «marins d'eau douce». En 1982, l'équipe s'extirpe de la cave du classement pour finir quatrième de sa division, sans toutefois rivaliser avec les meilleures équipes. Bill Caudill excelle en tant que lanceur de relève. L'année 1984 annonce, tranquillement, la fin de la médiocrité pour les Mariners. En effet, deux de leurs joueurs recrues, Alvin Davis et Mark Langston, impressionnent autant les dirigeants que les spectateurs par des perfor-mances hors du commun. Le premier est nommé «recrue de l'année» et éclipse le record de points produits par son équipe, faisant marquer ses coéquipiers 116 fois. Le deuxième, un lanceur gaucher, retire plus de 200 frappeurs au bâton et mène la ligue à ce chapitre. Mais, malgré l'apport de ces deux nouvelles vedettes, les Mariners ne réussissent pas à remporter plus de matchs qu'ils n'en perdent. De 1985 à 1989, Alvin Davis, Gorman Thomas, Phil Bradley et les lanceurs Langston et Mike Moore se démènent pour accumuler les victoires, mais en vain. Mais, en 1989, les choses vont changer pour les Mariners. Ceux-ci échangent le lanceur étoile Langston aux Expos de Montréal, qui, en retour, leur filent Brian Holman, Greg Harris et un certain Randy Johnson. Ken Griffey, Jr. et Edgar Martinez, quant à eux, percent l'alignement partant des Mariners et obtiennent de bons résultats. C'est en 1990 que le changement de garde a véritablement lieu, alors que Griffey et Martinez dominent la plupart des catégories offensives de l'équipe. Eric Hanson remporte 18 victoires et Randy Johnson s'adapte tranquillement à ses nouveaux coéquipiers. Johnson va même jusqu'à lancer un match «sans point ni coup sûr». Les dirigeants des Expos devaient s'en mordre les doigts...

La première saison victorieuse des Mariners est celle de 1991, alors que leurs 83 victoires constituent un record d'équipe.

En 1993, l'équipe répète cet exploit, remportant 82 matchs, mais ce sont les performances de Chris Bosio, de Griffey et de Johnson qui attirent l'attention. Bosio réalise le deuxième match «sans point ni coup sûr» de l'histoire des Mariners; Griffey frappe 45 circuits pour ridiculiser l'ancienne marque d'équipe (29); et Johnson retire pas moins de 308 frappeurs au bâton, exploit accompli seulement par une poignée de lanceurs.

L'année 1995 verra les Mariners remporter leur premier championnat de division. Jay Buhner, un joueur au caractère bouillant, domine les frappeurs des Mariners en frappant 40 circuits et en produisant 121 points; Johnson remporte le trophée «Cy Young», remis au meilleur lanceur de la ligue, et les Mariners viennent à bout des Yankees de New York avant de s'incliner devant les Indians de Cleveland. L'année 1997 ressemble beaucoup à 1995 : Ken Griffey, Jr. frappe 56 circuits et produit 147 points, réécrivant d'un seul coup le livre des records des Mariners; Johnson devient le premier lanceur des Mariners à remporter 20 victoires. Mais les Mariners perdent en première ronde éliminatoire contre les Orioles de Baltimore.

Portrait

En 1998, les Mariners n'ont d'autre choix que d'échanger Randy Johnson : les moyens monétaires venant à manquer, les propriétaires ne peuvent offrir un contrat «raisonnable» à leur as gaucher. Il sera échangé aux Astros de Houston. Et, depuis la construction du nouveau stade, le Safeco Field, plusieurs pensent que les propriétaires n'auront d'autres choix que d'échanger soit Griffey, Jr., soit Alex Rodriguez, une autre super-vedette âgée seulement de 24 ans, car l'avenir de la franchise et du baseball en général dépend d'une seule chose : des revenus monétaires. Et si les Mariners ne réussissent pas à participer aux séries éliminatoires, l'équipe est assurée de subir des pertes substantielles.

Football américain

Depuis 1976, les amateurs de football de la ville de Seattle s'agglutinent au stade tous les dimanches après-midi (ou les lundis soir) pour encourager les Seahawks, qui peut contenir plus de 66 000 personnes. Toutefois, la franchise n'a jamais remporté le «Super Bowl», qui couronne les activités de la Ligue nationale de football (LNF). En effet, les Seahawks n'ont jamais rien cassé, comme en témoigne leur fiche à vie de 156 victoires et 188 défaites. À leur première année dans la ligue, ils essuient plusieurs raclées décisives et présentent un dossier peu reluisant de 2 victoires et 12 défaites. Avec les années et l'expérience, la franchise devient de plus en plus solide et participe aux séries éliminatoires à quelques reprises sans toutefois créer de grandes surprises. Après quelques saisons en dents de scie, les Seahawks présentent un dossier de 12 victoires et seulement 4 défaites en 1984. Et, malgré les efforts de Steve Largent, le meilleur receveur de passes de l'histoire des Seahawks et l'auteur de plus d'un record de franchise, ainsi que du «quart-arrière» Dave Krieg, le meneur pour les «touchés» et le nombre de verges gagnées par la voix des airs de l'histoire du club, les Seahawks retournent bredouille chez eux. En effet, ils viennent à bout des champions en titre, les Raiders de Los Angeles, avant de s'incliner la semaine subséquente contre les Dolphins de Miami par la marque de 31 à 10. Depuis cette saison de rêve écourtée, les Seahawks n'ont pu remporter que 98 de leurs 207 derniers matchs, atteignant le comble du ridicule en 1992,

Connaissez-vous les Metropolitans?

Avant 1926, la Coupe Stanley, trophée remis annuellement à l'équipe championne, était disputée entre toutes les équipes professionnelles de hockey faisant partie de plusieurs ligues, comme la National Hockey Association (NHA), la Pacific Coast Hockey League (PCHA) et la Ligue nationale de hockey (LNH). Les Metropolitans de Seattle font partie de la PCHA et disputent leur première saison en 1915. Ils arborent alors un chandail bariolé rouge, vert et blanc, et leur sigle est un grand *S*. Ils honoreront les États-Unis en étant la première équipe étasunienne à remporter le prestigieux trophée. Ils créent ainsi toute une surprise en battant les Canadiens de Montréal en 1916-1917. Puis, en 1918-1919, les Metropolitans remportent à nouveau le championnat de la PCHL,

et la série revanche entre les Canadiens et les Metropolitans s'annonce endiablée. Après cinq matchs, la série est plus que diviséeÊ: deux victoires de chaque côté et un verdict nul. Mais la série doit être annulée en raison d'une épidémie d'influenza. En 1919-1920, les Metropolitans obtiennent une dernière chance de remporter à nouveau la Coupe Stanley, mais ils s'inclinent contre les Sénateurs d'Ottawa, ces derniers remportant la série trois matches contre deux. L'équipe est dissoute tout juste avant d'entreprendre la saison 1924-1925. Cinq joueurs de cette équipe seront élus au Temple de la renommée du hockey, situé à Toronto, à savoir Frank C. Foyston, Harry (Hap) Holmes, Lester Patrick, Gordon Roberts et John Phillip (Jack) Walker.

alors qu'ils ont affiché un piètre dossier de 2 victoires et 14 défaites.

Après la saison 1998-1999, les Seahawks ont embauché Mike Holmgren, qui avait mené les Packers de Green Bay aux grands honneurs lors de la saison 1996-1997; l'année suivante, son équipe perdait en finale du Super Bowl contre les Broncos de Denver et John Elway. Risquons ce commentaire : les Seahawks devraient présenter une très bonne équipe en 1999-2000 et pour les années à venir.

Hockey

Malheureusement, la ville de Seattle ne bénéficie pas des plaisirs que procure l'action incessante des matchs de la Ligue nationale de hockey. Mais c'est dans une ambiance plus intime et, paradoxalement parfois très bruyante que se déroulent les parties des Thunderbirds de Seattle, membres de la Ligue de hockey de l'Ouest canadien, de calibre junior.

Il arrive souvent, dans le hockey junior, que les franchises déménagent en raison des faibles revenus qu'elles génèrent. Ainsi, en 1971, naît la franchise des Nats de Vancouver, qui plient bagages pour Kamloops en 1973, et ce, pour une durée de quatre saisons (de 1973 à 1977), et prennent dorénavant le nom de Chiefs. Puis, en 1977, ceux-ci prennent la route de Seattle, et on les reconnaît dès lors sous le vocable de Breakers jusqu'en 1985. C'est en 1986 que les Thunderbirds adoptent leur nom contemporain, et c'est aussi sous le sigle de cet «oiseau de feu» qu'ils remportent les plus hauts honneurs. En 1989, alors qu'ils affichent un dossier de 52 victoires, 17 défaites et 3 matchs nuls, les Thunderbirds semblent voués à remporter la prestigieuse Coupe Mémorial, remise au gagnant d'un tournoi à la ronde entre les champions des ligues juniors de l'Ouest canadien, de l'Ontario et du Québec. Malgré les efforts de Glen Goodall, Victor Gervais et Corey Schwab, les Thunderbirds s'inclinent et les Broncos de Swift Current se sauvent avec la victoire. Depuis, les Thunderbirds, bon mal an, présentent une équipe qui se défonce tous les soirs, et vous serez assuré d'assister à un bon spectacle.

Renseignements généraux

Le présent chapitre a pour objectif d'aider les voyageurs à mieux planifier leur séjour à Seattle et dans ses environs.

Veuillez noter que l'indicatif régional de Seattle est le 206.

Formalités d'entrée

Pour entrer aux États-Unis, les Québécois et les Canadiens n'ont pas besoin de visa. Il en va de même pour la plupart des citoyens des pays de l'Europe de l'Ouest. En effet, seul un passeport valide suffit et aucun visa n'est requis pour un séjour de moins de trois mois. Un billet de retour ainsi qu'une preuve de fonds suffisants pour couvrir le séjour peuvent être demandés. Pour un séjour de plus de trois mois, tout voyageur, autre que québécois ou canadien, sera tenu d'obtenir un visa (120$) à l'ambassade des États-Unis de son pays.

Précaution : les soins hospitaliers étant extrêmement élevés aux États-Unis, il est conseillé de se munir d'une bonne assurance-maladie.

Pour plus de renseignements, voir la section «Les assurances» (voir p 73).

Douane

Les étrangers peuvent entrer aux États-Unis avec

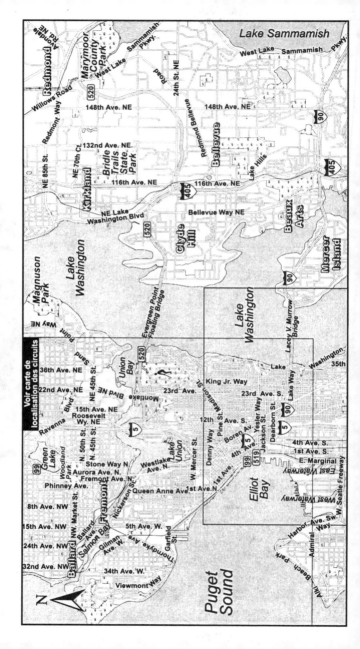

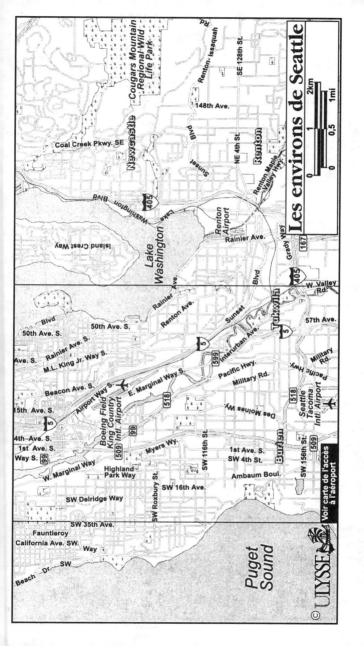

Les environs de Seattle

200 cigarettes (ou 100 cigares) et des achats en franchise de douane (*duty-free*) d'une valeur de 400$, incluant les cadeaux personnels et un litre d'alcool (vous devez être âgé d'au moins 21 ans pour avoir droit à l'alcool). Vous n'êtes soumis à aucune limite en ce qui a trait au montant des devises avec lequel vous voyagez, mais vous devrez remplir un formulaire spécial si vous transportez l'équivalent de plus de 10 000$. Les médicaments d'ordonnance devraient être placés dans des contenants clairement identifiés à cet effet (il se peut que vous ayez à produire une ordonnance ou une déclaration écrite de votre médecin à l'intention des officiers de douane). La viande et ses dérivés, les denrées alimentaires de toute nature, les graines, les plantes, les fruits et les narcotiques ne peuvent être introduits aux États-Unis.

Pour de plus amples renseignements, adressez-vous au :

United States Customs Service
1301, Constitution Avenue Northwest, Washington, DC 20229
☎ *(202) 566-8195*

Accès à la ville

Par avion

Du Québec

De plus en plus, Seattle devient une destination touristique appréciée des Québécois et des Canadiens, et la plupart des compagnies aériennes ont des vols réguliers pour Seattle. Du côté d'Air Canada, par exemple, l'entreprise propose trois départs depuis Montréal vers Seattle lors de la haute saison, avec escale soit à Toronto, soit à Vancouver. Selon la durée de l'escale, le voyage devrait durer entre six et neuf heures. En basse saison, Air Canada dessert Seattle depuis Montréal au moins une fois par jour. Si vous êtes chanceux, peut-être trouverez-vous des places sur des vols nolisés. Mais celles-ci étant souvent réservées à l'avance, il est rare de voir la chance sourire aux voyageurs avides de billets moins dispendieux. Avant de quitter le Canada, souvenez-vous que vous devrez payer une taxe de départ de 10$CAN à l'aéroport.

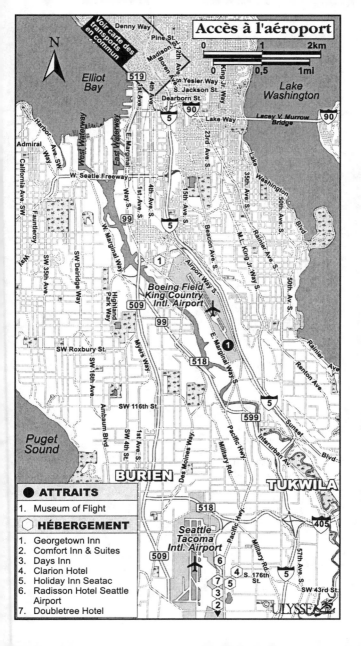

De l'Europe

Les pays européens sont reliés moins régulièrement à Seattle que les villes canadiennes. Les vols directs depuis l'Europe se font rares, et c'est seulement d'Amsterdam et de Copenhague que vous aurez ce privilège. Si vous choisissez de voyager avec Air France, par exemple, cette compagnie aérienne vole trois fois par semaine vers Seattle depuis Paris, quelle que soit la saison à laquelle vous déciderez de visiter la «duchesse du Pacific Northwest». Notez que le vol durera entre 13 et 16 heures, et une escale est obligatoire à Cincinnati, dans l'État de l'Ohio.

Sea-Tac International Airport

L'aéroport international de Seattle est situé à 21 km au sud du centre-ville, à l'ouest de l'International Boulevard entre South 136th Street et South 210 Street. Il s'agit d'un aéroport moderne qui s'étend sur un peu plus de 1 000 ha, qui est desservi par une très grande quantité de compagnies aériennes et qui abrite des bureaux de change ainsi que plusieurs petits restaurants sans prétention, et cinq cafés Starbucks. Vous trouverez quelques guichets automatiques parsemés à travers l'aéroport, dont deux se trouvent dans la section de la réclamation des bagages. Pour vous rendre en ville, vous avez plusieurs choix : limousines, taxis, autocars et autobus vous emmèneront un peu partout dans la région métropolitaine. Pour des renseignements concernant les arrivées et les départs des vols, la circulation, le stationnement ou le transport vers le centre-ville de Seattle.

☎ *(206) 431-4444*
☎ *800-544-1965*
www.seatac.org.

Sortir de l'aéroport

Si vous décidez de louer une voiture, vous constaterez qu'il est aisé de se rendre du Sea-Tac International Airport au centre-ville de Seattle. En fait, lorsque vous sortirez de l'aéroport, vous n'aurez qu'à emprunter l'autoroute 509 vers le nord; cette autoroute devient par la suite l'autoroute 99 (ou Alaskan Highway). Lorsque vous apercevrez un immense stade isolé, vous saurez que vous êtes à deux pas du centre-ville puisque ce pseudo «objet non identifié» est nul autre que le Safeco Field (voir p 110, 260), soit le domicile des Mariners (équipe de baseball) de Seattle.

SuperShuttle
25$/2 pers.; réservations demandées
☎*622-1424*
⇆*425-981-7053*
Le SuperShuttle assure une liaison entre l'aéroport et la région métropolitaine de Seattle.

Grayline Express
7,50$ aller simple
13$ aller-retour
☎*626-6088*
Vous pouvez utiliser les services de l'entreprise Grayline Express, qui dessert la ville deux fois par heure.

Metro
1,10$
821 2nd Ave.
☎*553-3000*
☎*800-562-1375*
Vous pouvez également prendre les autobus Metro; trois lignes desservent le centre-ville de Seattle, soit les autobus 194, 174, 184. Vous les trouverez à la porte 6, adjacente à la réclamation des bagages au niveau inférieur de l'aéroport.

Plusieurs compagnies de taxis sont présentes au Sea-Tac International Airport. Il vous en coûtera environ 30$ pour vous rendre au centre-ville de Seattle.

Finalement, si vous désirez rouler en limousine (☎*431-5904*), rien de plus simple : vous n'avez qu'à vous pointer à l'extérieur de la porte 6 de l'aéroport, près de la réclamation des bagages, et une limousine vous emmènera au cœur de la Ville-Émeraude pour 30$.

Compagnies aériennes

Air Canada
☎*467-7928*

Alaska
☎*433-3100*

American
☎*800-433-7300*

Continenta
☎*624-1740*

Delta
☎*800-221-1212*

Horizon
☎*800-547-9308*

North West
☎*800-225-2525*

South West
☎*800-435-9792*

TWA
☎*447-9400*

US Air
☎*800-438-4322*

United
☎*800-241-6522*

Renseignements généraux

Agences de location de voitures

La plupart des agences de location de voitures sont représentées à l'aéroport :

Advantage
☎824-0161

Alamo
☎433-0182

Avis
☎433-5231

Budget
☎682-2277
☎243-2400

Century/Rent Rite
☎246-5039

Dollar
☎433-5825
☎682-1316

E-Z Rental
☎241-4688

Enterprise
☎248-9013

Hertz
☎682-5050
☎248-1300

Holiday Rent-A-Car
☎248-3452

National
☎433-5501

Reliable Auto Rental
☎243-3211

Rent-A-Wreck
☎246-8486

Thrifty
☎246-7565
☎625-1133

U Save
☎242-9778

Xtracar
☎248-3452

Par voiture

Se rendre à Seattle en voiture depuis le Québec relève du grand périple transcanadien; il peut être fort agréable de voyager ainsi, mais comptez de trois à quatre jours pour traverser ce grand pays qu'est le Canada.

Deux options s'offrent à vous. Soit vous emprunterez l'autoroute transcanadienne (autoroute 1), qui débute son trajet à St. John's, dans la province de Terre-Neuve, jusqu'à Vancouver, en Colombie-Britannique. Puis vous vous dirigerez vers le sud en empruntant l'autoroute 99, alors que vous pénétrerez en territoire étasunien; il ne vous restera qu'un périple d'environ 2 heures 30 min pour arriver à destination.

Vous pouvez aussi passer par les États-Unis en empruntant l'autoroute 20, devenant la 401 en direction de Détroit, pour ensuite vous diriger vers Chicago par l'autoroute 94. De là, empruntez la 90 jusqu'à Seattle. Vous pouvez aussi choisir de prendre les petites routes longeant la 90 si vous disposez d'assez de temps.

Ce parcours, pas plus long, a l'avantage de traverser d'importantes villes intéressantes et de magnifiques régions vallonnées, reconnues pour la beauté de leurs ciels où il n'est pas rare d'apercevoir des arcs-en-ciel (Wyoming, South Dakota).

Par autocar

Bien organisés et peu chers, les autocars desservent Seattle et ses environs. Pour obtenir les horaires et les destinations desservies, appelez la succursale locale de la société Greyhound au ☎800-231-2222.

Les Canadiens et les Québécois peuvent faire leur réservation directement auprès de la société Voyageur, qui, à Toronto (☎416-393-7911) et à Montréal (☎514-842-2281), représente la société Greyhound.

Il est interdit de fumer sur pratiquement toutes les lignes. En général, les enfants de cinq ans et moins sont transportés gratuitement. Les personnes de 60 ans et plus ont droit à d'importantes réductions. Les animaux ne sont pas admis.

Par train

Aux États-Unis, le train ne constitue pas toujours le moyen de transport le moins cher, et il n'est sûrement pas le plus rapide. Cependant, il peut être intéressant pour les grandes distances car il procure un bon confort (essayez d'obtenir une place dans les voitures panoramiques pour profiter au maximum du paysage). Pour obtenir les horaires et les destinations desservies, communiquez avec la société **AMTRAK** (*sans frais en Amérique du Nord,* ☎800-872-7245), la propriétaire actuelle du réseau ferroviaire américain. La King Street Station est la gare

principale de Seattle, située à l'angle de Jackson Street et de 3rd Avenue (**☎** *382-4120*).

Ambassades et consulats des États-Unis

France
Ambassade des États-Unis
2, avenue Gabriel
75382 Paris Cedex 08
☎ *01.43.12.22.22*
⇋ *01.42.66.97.83*

Consulat des États-Unis
22, cours du Maréchal Foch
33080 Bordeaux Cedex
☎ *04.56.52.65.95*
⇋ *04.56.51.60.42*

Consulat des États-Unis
12, boulevard Paul-Peytral
13286 Marseille Cedex 06
☎ *04.91.54.92.00*
⇋ *04.91.55.09.47*

Consulat des États-Unis
15, avenue d'Alsace
67082 Strasbourg Cedex
☎ *03.88.35.31.04*
⇋ *03.88.24.06.95*

Belgique
Ambassade des États-Unis
27, boulevard du Régent
1000 Bruxelles
☎ *(2) 508-21-11*
⇋ *(2) 511-2725*

Espagne
Ambassade des États-Unis
Serano 75,
28006 Madrid
☎ *(1) 577-4000*
⇋ *(1) 587-2239*
Telex (1) 277-63

Luxembourg
Ambassade des États-Unis
22, boulevard Emmanuel-Servais
2535 Luxembourg
☎ *(352) 46-01-23*
⇋ *(352) 46-14-01*

Suisse
Ambassade des États-Unis
93, Jubilaum Strasse
3005 Berne
☎ *31-357-72-34*
⇋ *31-357-73-98*

Italie
Ambassade des États-Unis
Via Veneto 119-a
00187 Roma
☎ *467-41*
⇋ *467-42217*

Canada
Consulat des États-Unis
Place Félix-Martin
1155, rue Saint-Alexandre
Montréal, Québec H2Z 1Z2
☎ *(514) 398-9695*

Ambassade des États-Unis
100 Wellington Street,
Ottawa, Ontario, K1P 5T1
☎ *(613) 238-4470), poste 311*
⇋ *(613) 563-7701*

Consulats étrangers à Seattle

France
World Trade Center
2200 Alaskan Way, Suite 490
Seattle, WA 98121
☎ *256-6184*
≈ *448-4218*

Belgique
World Trade Center
2200 Alaskan Way, Suite 470
Seattle, WA 98121
☎ *728-5145*
≈ *728-9399*

Espagne
*Il n'y a pas de consulat
espagnol à Seattle; vous pouvez
entrer en contact avec ceux de
Los Angeles ou de San Francisco :*
*Consulate General of Spain in Los
Angeles*
5055 Wilshire Blvd, Suite 960
Los Angeles, CA 90036
☎ *(213) 938-0158*
☎ *(213) 938-0166*
≈ *(213) 938-2502*

*Consulate General of Spain in San
Francisco*
1405 Sutter Street
San Francisco, CA 94109
☎ *(415) 922-2995*
☎ *(415) 922-2996*
≈ *(415) 931-9706*

Suisse
*Il n'y a pas de consulat suisse à
Seattle; celui de San Francisco
s'occupe de la grande région
comprenant les États de la*
*Californie, de l'Oregon et de
Washington :*
456 Montgomery Street
Suite 1500
San Francisco, CA 94104
☎ *(415) 788-2272*
≈ *(415) 788-1402*

Italie
23732 Bothell - Everett Highway
Suite L
Bothell, WA 98021
☎ / ≈ *(425) 485-8626*

Canada
412 Plaza 600, angle 6th Avenue et
Stewart Street
Seattle, WA 98101-1286
☎ *443-1777*
≈ *443-9662*

Renseignements touristiques

*Seattle-King County Convention
and Visitors Bureau*
lun-ven 8h30 à 17h
520 Pike St., Suite 1300
Seattle, WA 98101
☎ *461-5800*
☎ *461-5840*
≈ *461-5855*
www.seeseattle.org
Pour toute demande de
renseignements
touristiques, de brochures
ou de cartes, adressez-vous
au Seattle-King County
Convention and Visitors
Bureau. Leur pochette
d'information gratuite peut
vous être acheminé en
communiquant avec eux
par télécopieur, téléphone
ou courrier électronique.

Renseignements généraux

Internet

Seattle étant la capitale mondiale des nouvelles technologies, une panoplie de sites Internet se disputent le choix des internautes. Parmi ceux que nous avons consultés, voici une liste des plus pertinents sites de la région :

www.travelseattle.com
www.seattle.sidewalk.com
www.seeseattle.org
www.seattlesquare.com.

Excursions et tours guidés

De nombreuses formules de tourisme sont proposées au visiteur désireux d'entreprendre sa découverte de la ville et des environs au moyen d'un circuit guidé ou d'une croisière. Nous en mentionnons ici quelques-unes en vous invitant, compte tenu des changements fréquents d'horaire, à communiquer directement avec chacun des organismes pour en connaître les programmes détaillés et les tarifs.

Argosy Cruises
Pier 55, Suite 201
Seattle, WA 98101
☎ *623-4252*
www.argosycruises.com

Discover Seattle's Chinatown
P.O. Box 3406
Seattle, WA 98114
☎ *236-0657*
≈ *583-0460*

Sightseeing of Seattle
☎ *526-1444*

Spirit of Washington Dinner Train
625 South 4th Street
P.O. Box 835
Renton, WA 98057
☎ *(425) 227-RAIL*
☎ *800-876-RAIL*
www.seattle.sidewalk.com/

Victoria Clipper
☎ *448-5000*
☎ *(250) 382-8100*
☎ *800-888-2535*

www.victoriaclipper.com

Uncommon Tours
☎768-1234
www.uncommon-tours.com

Underground Tours
☎682-4646
☎888-608-6337
www.undergroundtours.com

Victoria Clipper

Déplacements dans la ville et les environs

Orientation générale

Si vous comptez vous déplacer dans la grande région de Seattle, nous vous suggérons de louer un véhicule, car la qualité du transport public laisse à désirer et les taxis, à la longue, peuvent coûter cher. Toutefois, si vous prévoyez rester dans les quartiers avoisinant le centre-ville, sachez qu'il est préférable de visiter la ville à pied puisque les stationnements sont rares et la circulation est dense: de toute façon, vous apprécierez beaucoup plus votre visite à pied qu'en voiture puisque Seattle recèle de petits joyaux touristiques qu'il est plus aisé de visiter sur ses deux jambes.

Transports en commun

METRO Bus System

Vous entendrez parler du METRO un peu partout à travers la ville. Mais ne cherchez pas de métro comme à New York ou à Paris : il s'agit en fait d'un réseau d'autobus souterrain qui sillonne le centre-ville à partir de l'International District et qui aboutit tout près du Washington State Convention Center (voir p 139), soit sur 9th Avenue entre Pine Street et Olive Way. Les cinq stations du réseau (International District Station, Pioneer Square Station, University Street Station, WestLake Station et Convention Place Station) faciliteront vos déplacements à travers la ville. Le METRO ouvre ses portes de 5h à 23h en semaine et de 10h à 18h le samedi (*fermé dim*).

De plus, la région délimitée au sud par South Jackson

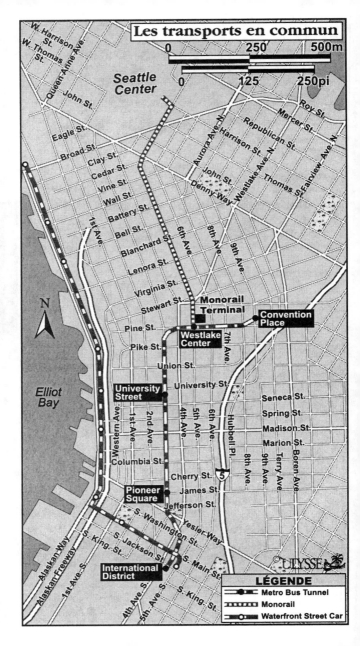

Les transports en commun

Seattle Center

Elliot Bay

N

LÉGENDE

Metro Bus Tunnel
Monorail
Waterfront Street Car

Monorail Terminal

Convention Place

Westlake Center

University Street

Pioneer Square

International District

0 — 250 — 500m
0 — 125 — 250pi

©ULYSSE

Street, à l'est par 6th Avenue South, à l'ouest par l'Alaskan Way et au nord par Battery Street est ce que l'on appelle la *ride free zone* : desservant le centre-ville de 6h à 19h, tous les voyageurs ont accès gratuitement aux autobus et aux autobus souterrains. Pour les autobus qui parcourent le reste de la ville, il en coûte 1$ pendant les heures creuses et 1,25$ lors des heures de pointe pour les adultes; les personnes âgées ne déboursent que 0,25, et ce, en tout temps. Si vous prévoyez rester longtemps à Seattle, vous pouvez aussi vous procurer une carte d'abonnement d'un mois au coût de 36$ valide seulement pendant les heures creuses ou 45$ pour une carte d'abonnement valide aussi lors des heures de pointe.

Cela dit, l'efficacité du réseau d'autobus qui sillonne les rues de Seattle n'est pas ce qui a de plus fiable. En effet, il est beaucoup plus rapide de se déplacer à pied que d'attendre éternellement un rarissime autobus.

En voiture

L'automobile constitue sûrement un moyen efficace et agréable pour visiter la grande région de Seattle. Le bon état général des routes et l'essence moins chère qu'en Europe font de la voiture un moyen de transport idéal pour visiter la ville et ses environs, sans avoir à se soucier des horaires peu fiables du système de transport public. Vous trouverez facilement de très bonnes cartes routières dans les librairies de voyage ou, une fois sur place, dans les stations-service.

En ce qui concerne la location de voitures, plusieurs agences exigent que leurs clients soient âgés d'au moins 25 ans et qu'ils soient en possession d'une carte de crédit reconnue. Le seul véritable désagrément en rapport avec l'utilisation d'une voiture est de trouver un stationnement pour se garer. Pour le *valet parking*, prévoyez débourser entre 5$ et 10$, tout dépendant du service et du genre de stationnement que vous désirez «fréquenter».

Quelques conseils

Permis de conduire

En règle générale, les permis de conduire européens sont valables. Les visiteurs canadiens et québécois n'ont pas besoin de permis international, et leur permis de conduire est tout à fait valide aux États-

Unis. Soyez averti que plusieurs États sont reliés par système informatique avec les services de police du Québec pour le contrôle des infractions routières. Une contravention émise aux États-Unis est automatiquement reportée au dossier au Québec.

Code de la route

Attention, il n'y a pas de priorité à droite. Ce sont les panneaux de signalisation qui indiquent la priorité à chaque intersection. Ces panneaux marqués *Stop* sur fond rouge sont à respecter scrupuleusement! Vous verrez fréquemment un genre de stop, au bas duquel figure un petit rectangle rouge dans lequel il est inscrit *4-Way*. Cela signifie, bien entendu, que tout le monde doit marquer l'arrêt et qu'aucune voie n'est prioritaire. Il faut que vous marquiez l'arrêt complet, même s'il vous semble n'y avoir aucun danger apparent. Si deux voitures arrivent en même temps à l'un de ces arrêts, la règle de la priorité à droite prédomine. Dans les autres cas, la voiture arrivée la première passe.

Les feux de circulation se trouvent le plus souvent de l'autre côté de l'intersection. Faites attention où vous marquez l'arrêt.

Lorsqu'un autobus scolaire (de couleur jaune) est à l'arrêt (feux clignotants allumés), vous devez obligatoirement de vous arrêter quelle que soit votre direction. Le manquement à cette règle est considéré comme une faute grave!

Le port de la ceinture de sécurité est obligatoire.

Les autoroutes sont gratuites, sauf en ce qui concerne la plupart des Interstate Highways, désignées par la lettre *I*, suivie d'un numéro. Les panneaux indicateurs se reconnaissent à leur forme presque arrondie (le haut du panneau est découpé de telle sorte qu'il fait deux vagues) et à leur couleur bleue. Sur ce fond bleu, le numéro de l'Interstate ainsi que le nom de l'État traversé sont inscrits en blanc. Au haut du panneau, figure la mention *Interstate* sur fond rouge.

La vitesse est limitée à 55 mph (88 km/h) sur la plupart des grandes routes. Le panneau de signalisation de ces grandes routes se reconnaît à sa forme carrée, bordée de noir, et dans lequel le numéro de la route est largement inscrit en noir sur fond blanc.

Sur les Interstates, la limite de vitesse monte à 65 mph (104 km/h).

Tableau des distances (km/mi)
Par le chemin le plus court

© ULYSSE

1 mille = 1,62 kilomètre
1 kilomètre = 0,62 mille

Destination ↓ / Origine →	Calgary (AB)	Denver (CO)	Los Angeles (CA)	Montréal (QC)	New York (NY)	Portland (OR)	Salt Lake City (UT)	San Diego (CA)	San Francisco (CA)	Seattle (WA)	Tacoma (WA)	Toronto (ON)
Denver (CO)	1806/1115											
Los Angeles (CA)	2569/1586	1680/1037										
Montréal (QC)	3668/2264	2978/1838	4636/2862									
New York (NY)	3948/2437	2952/1822	4598/2838	624/385								
Portland (OR)	1283/792	2017/1245	1581/976	4816/2973	4755/2935							
Salt Lake City (UT)	1440/889	841/519	1124/694	3635/2244	3582/2211	1291/766						
San Diego (CA)	2658/1641	1779/1098	204/126	4750/2932	4612/2847	1789/1101	1221/754					
San Francisco (CA)	2151/1328	2057/1270	624/385	4844/2990	4792/2958	1037/640	1212/748	823/508				
Seattle (WA)	1103/681	2125/1312	1876/1158	4427/2733	4717/2912	289/175	1349/833	1338/826	1092/674			
Tacoma (WA)	1142/709	1873/1156	2595/1602	4739/2925	4020/2781	1370/846	1481/914	2693/1662	2400/1481	280/173		
Toronto (ON)	3437/2122	2446/1510	4093/2527	548/338	828/511	4240/2617	3079/1901	4190/2586	4282/2643	4181/2581	4212/2600	
Vancouver (BC)	975/602	2344/1447	2075/1281	4632/2859	4842/2989	509/319	1546/954	2272/1402	1537/949	226/140	280/173	4400/2716

Exemple : la distance entre Seattle et Montréal est de 4 427 km/2 733 mi.

Le panneau triangulaire rouge et blanc où vous pouvez lire la mention *Yield* signifie que vous devez ralentir et céder le passage aux véhicules qui croisent votre chemin.

La limite de vitesse vous sera annoncée par un panneau routier de forme carrée et de couleurs blanche et noire sur lequel est inscrit *Speed Limit*, suivi de la vitesse limite autorisée.

Le panneau rond et jaune, barré d'une croix noire et de deux lettres *R*, indique un passage à niveau.

Postes d'essence

Les États-Unis étant un pays producteur de pétrole, l'essence est nettement moins chère qu'en Europe et au Québec ou au Canada en raison des taxes moins élevées.

Vols et délits

Une stratégie que les mécréants adoptent pour stopper les voitures des touristes pour ensuite les voler est de les heurter par derrière, en mouvement ou non. Ne mordez pas à l'hameçon et surtout ne vous arrêtez pas pour discuter avec le conducteur du véhicule.

Ne vous arrêtez pas pour embarquer des auto-stoppeurs, verrouillez toujours les portes de la voiture et soyez vigilant si des personnages au regard douteux s'approchent de votre véhicule.

En taxi

Les taxis sont facilement identifiables et peuvent être un moyen de transport économique si vous êtes plusieurs, car ils peuvent accueillir jusqu'à quatre personnes. Il n'est pas rare que les chauffeurs ignorent l'adresse à laquelle vous comptez vous rendre. Soyez certain de votre destination avant de vous embarquer dans un taxi, car la facture pourrait être plus salée que prévu. Toutefois, les chauffeurs de taxis de Seattle sont fort aimables et vous le diront tout de suite s'ils ne savent pas où se situe telle ou telle adresse à laquelle vous comptez vous rendre. De très nombreux taxis sillonnent les rues de Seattle. Voici les coordonnées de quelques compagnies de taxis:

Grey Top : ☎ *282-8222*
Orange Cab : ☎ *522-8800*
Yellow Cab : ☎ *622-4000*

En traversier

Washington State Ferry Terminal
Pier 52
☎ 464-6400
☎ 888-808-7977
☎ 800-84-FERRY
www.wsdot.wa.gov/ferries
Si vous désirez visiter les îles Bainbridge et Vashon, ou faire du vélo dans la région environnante de Seattle, le traversier constitue le meilleur moyen de transport. Les traversiers partent tous du Washington State Ferry Terminal. De nombreux insulaires travaillent à Seattle, ce qui fait de ce port l'un des plus achalandés par les traversiers. Pour être certain de ne pas manquer votre traversier, téléphonez au Washington State Ferry Terminal pour connaître l'heure précise des départs et arrivées.

Assurances

Annulation

Cette assurance est normalement offerte par l'agent de voyages au moment de l'achat du billet d'avion ou du forfait. Elle permet le remboursement du billet ou du forfait dans le cas où le voyage devrait être annulé en raison d'une maladie grave ou d'un

décès. Les gens n'ayant pas de problèmes de santé ont peu de chance d'avoir à recourir à une telle protection. Elle demeure par conséquent d'une utilité relative.

Vol

La plupart des assurances-habitation au Québec protègent une partie des biens contre le vol, même si celui-ci a lieu à l'étranger. Pour faire une réclamation, il faut avoir un rapport de police. Comme tout dépend des montants couverts par votre police d'assurance-habitation, il n'est pas toujours utile de prendre une assurance supplémentaire. Les visiteurs européens, pour leur part, doivent vérifier si leur police protège leurs biens à l'étranger, car ce n'est pas automatiquement le cas.

Maladie

Sans doute la plus utile pour les voyageurs, l'assurance-maladie s'achète avant de partir en voyage. La couverture de cette police d'assurance doit être aussi complète que possible, car, à l'étranger, le coût des soins peut s'élever rapidement. Au moment de l'achat de la police, il faudrait veiller à ce qu'elle couvre bien les frais médicaux de tout ordre, comme l'hospitalisation, les services infirmiers et les honoraires des médecins (jusqu'à concurrence d'un montant assez élevé car ils sont chers). Une clause de rapatriement, pour le cas où les soins requis ne pourraient être administrés sur place, est précieuse. En outre, il peut arriver que vous ayez à débourser le coût des soins en quittant la clinique. Il faut donc vérifier ce que prévoit la police en tel cas. Durant votre séjour, vous devriez toujours garder sur vous la preuve que vous avez contracté une assurance-maladie, ce qui vous évitera bien des ennuis si par malheur vous en avez besoin.

Santé

Pour les personnes en provenance d'Europe, du Québec et du Canada, aucun vaccin n'est nécessaire. D'autre part, il est vivement recommandé, en raison du prix élevé des soins, de souscrire à une bonne assurance maladie-accident. Il en existe différentes formules, et nous vous conseillons de les comparer. Emportez vos médicaments, surtout ceux qui exigent une ordonnance. Sauf indication contraire, l'eau est potable partout à Seattle.

Sécurité

Seattle n'est pas ce que l'on pourrait appeler une ville dangereuse. En vous abstenant d'attirer inutilement le regard et en n'agitant pas une liasse de billets à la vue de tous, vous ne devriez rencontrer aucun problème majeur. En cas d'urgence, vous pouvez toujours communiquer avec le service téléphonique **911**, ou le **0**, en passant par le téléphoniste.

Le centre-ville de Seattle, complètement déserté après les heures de bureau, n'est pas l'endroit le plus sûr pour se balader lors des soirées étoilées. Si vous choisissez de vous y promener, vous rencontrerez probablement des groupes de jeunes qui traînent dans les rues, sans que vous n'en soyez incommodé. Le secteur du Pioneer Square, pour sa part, est celui qui attire les itinérants; peut-être vous interpelleront-ils (de façon polie ou non), mais en souriant et en demeurant courtois.

Femmes voyageant seules

Les femmes qui voyagent seules ne devraient rencontrer aucun problème. En fait, la ville de Seattle ne fait pas dans le machisme, et il serait fort surprenant que vous soyez harcelée ou même «sifflée». Si toutefois cela se produisait, la meilleure attitude à prendre demeure l'indifférence: poursuivez votre chemin comme si de rien n'était.

Climat

Quand visiter Seattle?

Seattle bénéficie d'un climat tempéré, ce qui invite les voyageurs et les résidants à circuler dans les rues à l'aise, sans avoir à suffoquer pendant l'été ou à s'emmitoufler dans de chauds manteaux en hiver. En effet, lors de la période estivale, le mercure s'élève rarement au-dessus de 24 °C et le vent doux rend cette saison fort agréable. Lors des saisons printanières et automnales, les températures oscillent entre 15 °C et 20 °C, tandis qu'en hiver il est rare qu'il fasse en-deçà de 0 °C. Seattle a toutefois la réputation d'une ville où les nuages envahissent souvent le ciel.

Mais il ne pleut pas plus qu'à Chicago ou New York puisque, en moyenne, la ville reçoit 92 cm de précipitations par année, les mois les plus frappés par les inclémences de Dame Nature étant ceux s'étalant entre novembre et mars.

Préparation des valises

Il est inutile de surcharger ses valises pour visiter Seattle puisque la température souvent clémente favorise les tenues vestimentaires décontractées et légères. Et si votre dada est de passer une grande partie de votre temps dans les restaurants de luxe, vous n'aurez pas à vous vêtir comme une carte de mode: la ville de Seattle faisant dans la simplicité, les tenues correctes satisferont la plupart de vos hôtes. En fait, des jeans ou des pantalons sport, des jupes et des robes confortables, des chemises légères et quelques lainages devraient composer l'essentiel de votre garde-robe. Les shorts et les t-shirts sont fort conseillés si vous visitez la ville en été.

Ceux et celles qui adorent lire un bon bouquin tout en sirotant un *caffè lattè* seront aux anges car la ville recèle de *coffee shops* et d'établis-

Poids et mesures

Voici quelques équivalences :

POIDS

1 livre (lb)	454 grammes

SUPERFICIE

1 acre	0,4 hectare
10 pieds carrés (pi²)	1 mètre carré

DISTANCES

1 pied (pi)	30 centimètres
1 mille (mi)	1,6 kilomètre
1 pouce (po)	2,5 centimètres

VOLUME

1 gallon américain (gal)	3,79 litres

TEMPÉRATURE

Pour convertir ˚F en ˚C,
soustraire 32, puis diviser par 9
et multiplier par 5.

Pour convertir ˚C en ˚F,
multiplier par 9, puis diviser par 5
et ajouter 32.

sements où la lecture se veut un passe-temps recommandé. Apportez aussi des verres fumés car les couchers de soleil, particulièrement dramatiques, vous inciteront sûrement à vous émerveiller devant ce phénomène naturel.

Au cas où, par malheur, la pluie venait gâcher votre séjour, il serait intelligent de vous munir d'un imperméable ample ou d'un simple parapluie. Mais si vous préférez vous fier à votre instinct et ne pas trimballer de tels accessoires, une des nombreuses boutiques que compte le territoire seattleois saura vous aider à éviter d'être trempé.

Et qui dit voyage dit appareil photo et jumelles car la «duchesse du Pacific Northwest» recèle des paysages magnifiques à admirer.

Poste et télécommunication

Veuillez noter que l'indicatif régional de Seattle est le **206**.

Pour joindre Canada Direct depuis Seattle, composez le ☎*(800) 555-1111*. Pour appeler en France, faites le *011-33* puis le numéro complet en omettant le premier zéro. Pour téléphoner en Belgique, signalez le *011-32*, l'indicatif régional puis le numéro. Pour appeler en Suisse, faites le *011-41*, l'indicatif régional puis le numéro de votre correspondant.

Bureaux de poste

Les bureaux de poste sont ouverts du lundi au vendredi de 8h à 17h30 (parfois jusqu'à 18h) et le samedi de 8h à 12h. Voici les principaux bureaux de poste de la ville :

US Post Office

5706 17th Avenue NW
☎*467-7289*

101 Broadway East
☎*283-5973*

2010 15th Avenue West
☎*762-9310*

17233 15th Avenue NE
☎*(425) 486-1555*

415 1st Avenue North
☎*246-7483*

Services financiers

Monnaie

L'unité monétaire est le dollar ($US), lui-même

Renseignements généraux

divisé en cents. Un dollar = 100 cents.

Il existe des billets de banque de 1, 5, 10, 20, 50 et 100 dollars, de même que des pièces de 1 (*penny*), 5 (*nickel*), 10 (*dime*) et 25 (*quarter*) cents.

Les pièces d'un demi-dollar et le dollar solide sont très rarement utilisés. Sachez qu'aucun achat ou service ne peut être payé en devises étrangères aux États-Unis. Songez donc à vous procurer des chèques de voyage en dollars américains. Vous pouvez également utiliser toute carte de crédit affiliée à une institution américaine, comme Visa, MasterCard, American Express, la Carte Bleue, Interbank et Barcley Card.

Il est à noter que tous les prix mentionnés dans le présent ouvrage sont en dollars américains.

Banques

Les banques sont ouvertes du lundi au vendredi de 9h à 17h, et certaines d'entre elles ouvrent même le samedi (*9h à 15h*) et le dimanche (*11h à 15h*).

Il existe de nombreuses banques, et la plupart des services courants sont rendus aux touristes. Pour ceux et celles qui ont choisi un long séjour, notez qu'un **non-résident** ne peut ouvrir un compte bancaire courant. Pour avoir de l'argent liquide, la meilleure solution demeure encore d'être en possession de chèques de voyage. Le retrait de votre compte à l'étranger constitue une solution coûteuse, car les frais de commission sont élevés. Par contre, plusieurs guichets automatiques accepteront votre carte de banque européenne, canadienne ou québécoise, et vous pourrez alors faire un retrait de votre compte directement. Les mandats-poste ont l'avantage de ne pas comporter de commission, mais l'inconvénient d'être envoyés par courrier, ce qui exige une certaine attente Les personnes qui ont obtenu le statut de résident, permanent ou non (immigrants, étudiants), peuvent ouvrir un compte de banque. Il leur suffira, pour ce faire, de montrer leur passeport ainsi qu'une preuve de leur statut de résident.

Change

La plupart des banques changent facilement les devises européennes et canadiennes, mais presque toutes demandent des **frais de change**. En outre, vous pouvez vous adresser à des bureaux ou comptoirs de change qui, en général, n'exigent aucune commission. Ces bureaux ont souvent des heures d'ouverture plus longues. La règle à retenir : **se renseigner et comparer**.

Bureaux de change

Thomas Cook
Westlake Centre
400 Pine Street, Level 1
Seattle, WA 98101
☎*682-4525*

Thomas Cook
Sea-Tac International Airport
Main Terminal, B Concourse
Seattle, WA 98158
☎*248-6960*
☎*248-7250*
☎*248-7380*

AAA Washington
330 6th Avenue North
Seattle, WA 98109
☎*443-5692*

Taux de change	
1 EURO	1,04 $US
1 $CAN	0,68 $US
1 FF	0,16 $US
1 FB	0,03 $US
1 FS	0,65 $US
100 PTA	0,54 $US
1000 LIT	0,62 $US
1 $US	0,97 EURO
1 $US	1,47 $CAN
1 $US	6,33 FF
1 $US	38,96 FB
1 $US	1,55 FS
1 $US	160,65 PTA
1 $US	1869,53 LIT

Achats

Les magasins sont généralement ouverts du lundi au samedi de 9h30 à 18h. Les supermarchés ferment en revanche plus tard ou restent même, dans certains cas, ouverts 24 heures par jour, 7 jours par semaine.

Hébergement

La ville de Seattle ne manque pas d'établissements hôteliers, c'est le moins que l'on puisse dire. Toutefois, l'essor économique important et la qualité de l'environnement que propose cette ville font en sorte qu'il peut être difficile de trouver une place de choix dans l'hôtel de vos rêves. Un petit conseil : réservez à l'avance. Pendant la période de Noël et les fêtes nationales, beaucoup de voyageurs font le saut depuis Vancouver (Canada) et la côte californienne. Vous êtes maintenant averti. Une grande partie des hôtels que nous vous suggérons (voir p 177) bénéficient d'un emplacement de choix vous procurant par la même occasion une vue superbe sur le mont Rainier, le Puget Sound ou la ville en général.

C'est au centre-ville que vous trouverez les hôtels les plus luxueux, avec piscine intérieure, baignoires à remous et restaurants branchés. Au contraire, le secteur du Seattle Center propose un confort basique, et le réel avantage que révèle ces établissements est, sans aucun doute, la proximité de la Space Needle et du Seattle Center. Les jeunes voyageurs voudront résider dans le Pike Place Market : c'est lèa qu'ils trouveront l'auberge de jeunesse. Ce quartier abrite aussi un luxueux *boutique hotel* (hôtel de charme) qui satisfera les plus exigeants voyageurs. Et le secteur de First Hill

accueille le plus vieil hôtel de la ville, le prestigieux Sorrento Hotel (voir p 199).

Tous les prix indiqués dans le chapitre consacré à l'hébergement s'appliquent à des chambres pour deux personnes avant taxes durant la haute saison touristique, soit d'avril à octobre. En effet, au cours de cette période, le taux d'occupation des hôtels est exceptionnellement élevé. Durant la saison basse, de novembre à mars, de nombreux hôtels louent leurs chambres moins cher, mais la température moins clémente risque fort de rendre votre séjour moins agréable.

Seattle Hotel Hotline
avr à oct, lun-ven 8h30 à 17h
520 Pike Street, Suite 1325
☎461-5882
☎800-535-7071
Vous pouvez entrer en contact avec différentes associations qui proposent la réservation dans différents établissements hôteliers de la région. C'est entre autres le cas de Seattle Hotel Hotline, qui ne demande pas de frais de service et qui se spécialise dans les forfaits tout-inclus.

Seattle Super Saver Package
nov à mar
520 Pike Street, Suite 1325
☎*461-5882*
☎*800-535-7071*
Le Seattle Super Saver Package propose, pour sa part, des chambres où le prix peut être réduit de 50%. Voici donc une bonne occasion d'économiser de précieux billets verts.

Pacific Reservation Service
P.O. Box 46894, Seattle, WA 98146
☎*439-7677*
☎*800-684-2932*
⇿*431-0932*
www.seattlebedandbreakfast.com
Ceux et celles qui préféreraient loger chez l'habitant, dans un loft, un chalet ou même un yacht, voudront rejoindre le Pacific Reservation Service, qui pourra leur aider à dénicher l'établissement de leur choix puisque cette association représente plus de 200 établissements dans la région métropolitaine de Seattle.

Restaurants

Dans le chapitre consacré aux restaurants (voir p 205), nous les avons regroupés par régions et listés par ordre de prix, des moins chers aux plus chers. Les prix qui suivent sont pour un repas complet pour une personne, et ce, sans vin ainsi qu'avant taxe et service. Les établissements les moins chers (***$***) proposent des repas pour moins de 10$: l'ambiance y est informelle, le service s'avère rapide, et ils sont fréquentés par les gens du coin. La catégorie moyenne (***$$***) se situe entre 11$ et 20$; l'ambiance y est déjà plus détendue, le menu plus varié et le rythme plus lent. La catégorie supérieure (***$$$***) oscille entre 21$ et 30$; la cuisine y est simple ou recherchée, mais le décor se veut plus agréable et le service plus personnalisé. Puis il y a les restaurants de grand luxe (***$$$$***), où les prix débutent à 31$; ces endroits sont souvent pour les gourmets, la cuisine y devient un art et le service s'avère toujours impeccable.

Renseignements généraux

Tarifs des restaurants	
$	moins de 10$
$$	de 11$ à 20$
$$$	de 21$ à 30$
$$$$	plus de 31$

Pourboire

En général, un pourboire s'applique à tous les services rendus à table, soit dans les restaurants ou autres endroits où l'on vous sert à table (la restauration rapide n'entre donc pas dans cette catégorie). Il est aussi de rigueur dans les bars, les boîtes de nuit et les taxis. Le personnel attitré à l'entretien des chambres s'attend aussi à un petit pourboire.

Selon la qualité du service rendu, il faut compter environ 15% de pourboire sur le montant avant les taxes. Il n'est pas, comme en Europe, inclus dans l'addition, et le client doit le calculer lui-même et le remettre à la serveuse ou au serveur; service et pourboire sont une même et seule chose en Amérique du Nord.

Enfants

Faites vos réservations à l'avance en vous assurant que l'endroit où vous désirez loger accepte les enfants. S'il vous faut un berceau ou un petit lit supplémentaire, n'oubliez pas d'en faire la demande au moment de réserver. Un bon agent de voyages peut vous être très utile à cet égard, de même que pour vos différents projets de vacances.

Si vous vous déplacez en avion, demandez des sièges en face d'une cloison; vous y aurez plus d'espace. Transportez, dans vos bagages à main, couches, vêtements de rechange, collations et jouets ou petits jeux. Si vous vous déplacez en voiture, tous les articles que nous venons de mentionner sont également indispensables. Assurez-vous en outre de faire des provisions d'eau et de jus; la déshydratation peut en effet occasionner de légers problèmes.

Ne voyagez jamais sans une trousse de premiers soins. Outre les pansements adhésifs, la pommade antiseptique et un onguent contre les démangeaisons, n'oubliez pas les médicaments recommandés par votre pédiatre contre les allergies, le rhume, la diarrhée ou toute autre affection chronique dont votre enfant pourrait souffrir.

Lorsque vous avez une sortie en soirée, plusieurs hôtels sont à même de vous fournir une liste de gardiennes d'enfants dignes de confiance. Vous pouvez également confier vos enfants à une garderie; consultez l'annuaire téléphonique et assurez-vous des activités spécialement conçues pour les enfants. Consultez les journaux locaux ou ce guide pour vous informer à ce sujet.

Aînés

American Association of Retired Persons (AARP)
9750 3rd Ave. NE, Suite 400
Seattle, WA 98115
☎ 526-7918

L'American Association of Retired Persons accepte comme membre toute personne de plus de 50 ans qui en fait la demande. Les avantages proposés par cette association incluent des remises sur les voyages organisés par plusieurs agences ou compagnies aériennes.

Soyez particulièrement avisé en ce qui a trait aux questions de santé. En plus des médicaments que vous prenez normalement, glissez votre ordonnance dans vos bagages pour le cas où vous auriez besoin de la renouveler. Songez aussi à transporter votre dossier médical avec vous, de même que le nom, l'adresse et le numéro de téléphone de votre médecin. Assurez-vous enfin que vos assurances vous protègent à l'étranger.

Personnes handicapées

Nombre d'attraits touristiques, d'hôtels et de restaurants facilitent l'accès aux personnes handicapées. Si, toutefois, vous avez besoin de plus amples renseignements, n'hésitez pas à contacter le bureau du maire de Seattle et, assurément, quelqu'un s'occupera de vous.

Bureau du maire de Seattle
618 2nd Ave., Suite 250
Seattle, WA 98104
☎ 684-0500
⇰ 684-0494

Divers

Bars et discothèques

Certains bars et discothèques exigent des droits d'entrée, particulièrement

Renseignements généraux

lorsqu'il y a un spectacle. Le pourboire n'y est pas obligatoire et est laissé à la discrétion de chacun; le cas échéant, on appréciera votre geste. Pour les consommations par contre, un pourboire entre 10% et 15% est de rigueur. De plus, assurez-vous d'avoir une carte d'identité avec photo sur vous en tout temps (passeport, carte d'assurance-maladie) car les portiers des établissements ne lésinent pas avec la loi : il faut avoir 21 ans pour boire dans l'État de Washington et, même si vous avez largement dépassé cet âge, il ne serait pas surprenant que l'on vous demande vos cartes d'identité (*ID*).

Décalage horaire

Lorsqu'il est midi à Montréal, il est 9h à Seattle. Le décalage horaire pour la France, la Belgique ou la Suisse est de neuf heures. Attention cependant aux changements horaires, qui ne se font pas aux mêmes dates: aux États-Unis et au Canada, l'heure d'hiver entre en vigueur le dernier dimanche d'octobre et prend fin le premier dimanche d'avril. N'oubliez pas qu'il existe plusieurs fuseaux horaires aux États-Unis : Seattle, sur la côte du Pacifique, a trois heures de retard sur New York et Hawaii en a cinq.

Drogues

Les drogues sont absolument interdites (même les drogues dites «douces»). Aussi bien les consommateurs que les distributeurs risquent de très gros ennuis s'ils sont trouvés en possession de drogues.

Électricité

Partout aux États-Unis et en Amérique du Nord, la tension électrique est de 110 volts et de 60 cycles (Europe : 50 cycles); aussi, pour utiliser des appareils électriques européens, devrez-vous vous munir d'un transformateur de courant adéquat.

Les fiches d'électricité sont plates, et vous pourrez trouver des adaptateurs sur place ou, avant de partir, vous en procurer dans une boutique d'accessoires de voyage ou une librairie de voyage.

Médias

À Seattle, vous aurez le choix entre deux grands quotidiens locaux, soit le *Seattle Times* (*www.seattletimes.com*)

Radio

Plusieurs chaînes de radio inondent les ondes chaque jour, et la variété musicale proposée constitue une vraie surprise, comparativement à d'autres grandes villes étasuniennes où les différentes chaînes semblent toujours jouer les mêmes pièces. Sur la chaîne FM, vous pourrez écouter de tout, que ce soit du *classic rock*, du jazz, du *r&b*, du *hip-hop* ou de la musique classique. Ceux pour qui la musique pop rock sied le mieux choisiront KLSY 92,5, KCMS 105,3 ou KISS 106,1. Les amateurs de *r&b*, *soul music* et *hip-hop* choisiront plutôt le 90,5 ou Q93. Pour entendre les éternelles classiques de Led Zeppelin ou d'Alice Cooper, optez pour KCOC 102,5. Pour du jazz léger, la chaîne KWJZ 98,9 satisfera ceux qui préfèrent la musique de Pat Metheny. Les plus jeunes des voyageurs (d'esprit?) voudront sûrement écouter The Buzz 100,7 ou KCMU 90,3, la radio étudiante de l'University of Washington. Ceux qui aiment la musique country choisiront KMPS 94,4 comme station de prédilection, tandis que les amateurs de musique classique opteront KING 98,1.

Renseignements généraux

et le *Seattle Post-Intelligencer* (*www.seattle-pi.com*). Ces deux journeaux possèdent une bonne section «Arts et spectacle» dans leur édition de la fin de semaine. Pour s'y retrouver sans mal dans le Pike Place Market, prenez un *Pike Place Market News*, que vous trouverez étaler çà et là une peu partout dans le marché historique. Par ailleurs, le très utile *Discovering Pioneer Square Map & Guide* est disponible un peu partout à travers la ville, notamment à l'Elliott Bay Book Company (voir p 268, 277).

Le *Seattle Weekly* (*www.seattleweekly.com*) et *The Stranger* (*www.thestranger.com*) sont d'excellentes sources pour savoir tout ce qui passe en ville. Ces hebdomadaires, qui paraissent chaque jeudi, offrent une foule de renseignements sur les restaurants à fréquenter, les boîtes les plus branchées, les concerts à venir, etc. De plus, ces hebdomadaires sont gratuits et vous pouvez vous les procurer partout à travers la ville, dans les kiosques à journaux, dans les centres commerciaux et dans certaines boutiques.

Les gays et lesbiennes, pour leur part, voudront se procurer *The Lesbian & Gay Pink Pages*, publié deux fois par année, une édition couvrant l'hiver et le printemps et une autre, vous l'aurez deviné, s'attardant aux saisons estivale et automnale. Quant aux internautes, ils peuvent recueillir une kyrielle de renseignements sur le site du *Seattle Gay News Online* (*www.sgn.org*). Pour savoir ce qui se passe dans le quartier de Queen Anne, procurez-vous le *Queen Anne News*, un mensuel qui s'adresse plutôt aux résidants qu'aux voyageurs, mais qui peut toujours avoir une certaine utilité. Vous le trouverez dans les restaurants et les boutiques du quartier. Notez que le journal de rue de la ville, *The Real Change* (*www.realchangenews.org/ streetwrites*), peut vous donner un autre point de vue sur l'actualité et, surtout, vous informer de la situation précaire dans laquelle vivent les plus démunis de la ville. De ce journal est né un club d'écrivains appelé *Street Writers*, qui a remporté un prix aux *Distinguished Writers Series* de Tacoma, dans l'État de Washington. Et leurs deux publications, *Bedless Bards*, un recueil de textes, et *Out of the Margins*, une revue trimestrielle publiée à 1 000 exemplaires, ont connu un vif succès.

Tel que mentionné

à travers ce guide, la ville de Seattle ne porte pas le vocable de Ville-Émeraude pour rien. En fait, vous serez sûrement subjugué par les différentes teintes de vert que, malgré vous, vous ne pourrez qu'observer, puisque la région de Seattle, et tout l'État de Washington, se veulent un véritable spectacle pour les yeux...

et pour les amateurs de plein air. Que vous recherchiez des parcs ou des plages sablonneuses, des sentiers de randonnée pédestre ou des pistes cyclables, vous serez on ne peut plus choyé puisque Seattle déploie toute son énergie pour faciliter l'accès à ces activités tant prisées des résidants et des visiteurs.

Quelques parcs

Magnuson Park
6500 Sand Point Way NE
☎ 684-4075
S'il est un parc qui se prête à toutes sortes d'activités de plein air, c'est bien le Magnuson Park; parmi ses quelque 200 ha, il n'est pas rare de voir voler plusieurs cerfs-volants ou de rencontrer des marcheurs paisibles admirant les feuillus dans lesquels les oiseaux gazouillent gaiement. Ce parc emprunte le nom du sénateur américain Warren

G. Magnuson et avoisine le NOAA (National Oceanic and Atmospheric Administration) tout juste au nord, où l'on peut marcher, courir, faire du patin à roues alignées, tout en observant l'activité maritime qui se dévoile dans le lac Washington.

Gas Works Park
300 Meridian Ave. N.
☎ **684-4075**
Seattle affiche son originalité même dans ses parcs! Le Gas Works Park n'est, à première vue, qu'un parc familial, installé sur un ancien terrain industriel où l'on peut pique-niquer ou s'amuser avec les enfants dans les carrés de sable; mais ce qui attire ici les marcheurs, cyclistes et amateurs de patin à roues alignées empruntant la Burke-Gilman Trail (voir p 96), ce sont les vestiges d'édifices industriels tels que ces tours sinistres, œuvres d'art public pour le moins étranges, qui détonnent tant et si bien dans le paysage qu'elles justifient ainsi leur existence.

Seward Park
5900 Lake Washington Blvd S.
☎ **684-4075**
Si vous longez Lake Washington Boulevard East sur quelques kilomètres vers le sud, le boulevard prend alors le nom de Lake Washington Boulevard South et mène au Seward Park, qui baigne dans les eaux du lac du même nom que le boulevard. Après avoir franchi les limites du parc, vous aurez le loisir de vous promener dans une fabuleuse forêt peuplée de conifères qui se dressent fièrement dans le ciel de Seattle.

Un sentier en boucle d'un peu plus d'un kilomètre vous permet de parcourir le parc; il n'est pas rare d'y rencontrer des cyclistes, des randonneurs, des marcheurs et d'autres amateurs de plein air. Tout en admirant la faune et la flore qui abondent dans le Seward Park, vous pourrez vous divertir en observant les espèces marines et ailées qui sillonnent ou survolent le Lac Washington, tandis que des embarcations voguent au loin.

Carkeek Park
950 NW Carkeek Park Rd.
☎ **684-4085**
En vous aventurant au nord-ouest de la ville, où la superbe vue sur le Puget

Sound vaut à elle seule le détour, vous découvrirez le Carkeek Park, où des sentiers de randonnée pédestre se voient envahis par des marcheurs ou des familles en quête de quiétude. Vous pourrez vous extasier devant la «Olympic Peninsula» qui, au loin, change de couleur au fur et à mesure que le soleil se couche; les teintes d'orangé, de rouge et de vert se mêlent les unes aux autres et créent une toile impossible à reproduire. Une voie ferrée sillonne le parc; faites attention lorsque vous la traverserez car les trains y circulent encore.

Le Carkeek Park s'étend sur quelque 90 ha, et il est agréable de se promener le long de sa plage. C'est aussi l'endroit idéal pour faire un pique-nique, des tables étant mises à la disposition des visiteurs qui y viennent aussi pour faire voler des cerfs-volants ou tout simplement pour prendre congé de la vie tumultueuse de la ville.

Pour vous y rendre, empruntez l'autoroute 5 jusqu'à la sortie Northgate Way, puis prenez N. 105th Street vers l'ouest jusqu'à Greenwood Avenue N. Roulez sur cette avenue jusqu'à N. 110th Street : le parc se situe tout près, à l'angle de Carkeek Park Road.

Discovery Park
tlj 4h à 23h
3801 W. Government Way
☎ *386-4236*
Après de longues années d'incertitude, le Discovery Park voit finalement le jour en 1972. En fait, ce grandiose parc, qui s'étend sur

Plein air

250 ha, était au début du XXe siècle le site d'un fort militaire, le **Fort Lawton**, dont il reste encore quelques vestiges, comme des maisons d'officiers et un cimetière qui honore la mémoire de combattants et d'immigrants. Le fort fut établi en 1900 et devait servir à défendre la nation américaine en cas d'invasion asiatique, ce qui n'arriva jamais.

Le parc est le plus «naturel» qui soit à Seattle : pratiquement aucun aménagement humain n'encombre la nature folle qui se perd en d'étranges labyrinthes habités par une faune et une flore exceptionnelles; peut-être apercevrez-vous un raton laveur ou un aigle à tête blanche. On y a même déjà retrouvé un couguar!

Couguar

Contrairement aux autres parcs de Seattle, le Discovery Park, qui occupe toute la partie ouest de la ville, ne se voit pas régulièrement infesté de marcheurs et de randonneurs. Le calme et la sérénité y règnent en maîtres absolus, mais n'hésitez pas à parcourir ses sentiers (5 km) car, en plus de vous fournir un environnement hors pair, ils vous laisseront béat devant la beauté du Puget Sound et de l'Elliot Bay, alors que la vue depuis les falaises qui donnent sur ces plans d'eau est à couper le souffle, l'«Olympic Peninsula» trônant sur l'horizon seattlelois.

Activités de plein air

Vélo

Les amateurs de cyclisme se voient souvent frustrés par l'absence de pistes cyclables décentes. Et parfois, même si de telles pistes existent, ils doivent les partager avec nombre de fervents joggeurs ou d'habiles amateurs de patin à roues alignées. La ville a remédié à ce problème en créant les **Bicycle Saturdays and Sundays** (☎ *684-7583*), alors qu'une piste longue d'un peu moins de 2 km est réservée à l'usage des cyclistes. C'est entre le Colman Park et le Seward Park, le long du Lake

South, que vous trouverez cette voie cyclable. De 10h à 18h, cette piste voit moult cyclistes en solo ou en famille faire aller leurs jambes dans l'espoir de perdre quelques kilos en trop, ou simplement pour garder la forme. Cette activité ne date pas d'hier puisque les **Bicycle Saturdays and Sundays** se mettent en branle tous les étés depuis plus de 30 ans. Malheureusement, la plupart des plus belles pistes cyclables de la région sont situées à l'extérieur des limites de la ville. Mais en prenant un traversier ou en accrochant votre vélo au toit de votre voiture, une fois arrivé, vous pourrez pédaler en toute quiétude dans des endroits enchanteurs.

Dans la Snohomish Valley, un peu à l'extérieur de Seattle, vous pouvez emprunter une piste cyclable longue de quelque 12 km qui, à son plus haut point de dénivellation, atteint la hauteur de 315 m au-dessus du niveau de la mer. Pour la rejoindre, suivez l'autoroute 5 puis prenez la sortie 194 vers Monroe. Prenez ensuite la route 203 jusqu'au Monroe Riverside Park. La piste cyclable débute en face de ce parc, du côté sud de la Skykomish River.

Encore une fois située à l'extérieur de la ville, la piste cyclable de la **Lopez Island** s'étend sur 13,5 km. Pour la rejoindre, prenez le traversier *Anacortes*, qui quitte le Washington State Ferry du Pier 52, et voguez paisiblement vers la Lopez Island.

La piste cyclable, qui surplombe le Puget Sound à quelque 500 m d'altitude, débute dans le port, et vous devrez escalader, dès le début de cette excursion cycliste, une première colline; vous ne rencontrerez la prochaine que quelque 4 km plus loin. Le trajet peut durer toute la journée et, si le cœur vous en dit, vous pouvez par la même occasion visiter les San Juan Island.

Plein air

L'une des plus agréables pistes cyclables de la région environnante de Seattle est celle qui longe le lac Washington au sud. Empruntez l'autouroute 405 vers Renton et la sortie 5 vous mènera au Coulon Beach Park, là où débute la piste cyclable. Cette piste, de laquelle vous pourrez voir quelques canards se dandiner dans l'eau du lac Washington, s'étend sur 9 km. Aussi bien les cyclistes expérimentés que les novices apprécieront la vue et l'aisance de cette piste cyclable, relativement facile à parcourir.

Si vous aimez faire de la bicyclette sur une île ou si vous désirez tenter l'expérience, rendez-vous au Washington State Ferry Terminal du Pier 52 et prenez le traversier pour la **Bainbridge Island** (☎464-6400). Une voie cyclable, qui surplombe le Puget Sound à 1 km au-dessus du niveau de la mer, longe l'île et s'étend sur une une quinzaine de kilomètres : l'œil averti, vous bénéficierez des beautés de la péninsule Kitsap. Sur votre chemin, vous

croiserez les parcs de **Fort Ward** et de **Battle Point**, où vous pourrez faire une halte pour pique-niquer.

Terrene Tours
117 32nd Ave. E.
☎*325-5569*
⇆*328-1937*
Si vous désirez utiliser les services d'une entreprise spécialisée dans le cyclisme, la randonnée pédestre et le ski, appelez Terrene Tours

On pourra alors vous suggérer des tours guidés surplombant le Puget Sound; vous pouvez aussi louer de l'équipement au Pier 54, sur le Waterfront.

Golf

Le vert étant la couleur prédominante de la région de Seattle, il n'est pas étonnant d'y retrouver de nombreux terrains de golf qu'autant les amateurs que les professionnels se feront un plaisir de parcourir, un putter à la main.

Jackson Park Golf Course
22$
1000 NE 135th St.
☎*363-4747*
Ouvert depuis 1930, le Jackson Park Golf Course, dessiné par les Anglais William Henry Tucker Sr. et

Frank James, s'étend sur quelque 5 600 m. Vous pourrez y pratiquer vos coups roulés sur un vert aménagé à cet effet; si vous avez la mauvaise habitude d'envoyer votre balle dans les trappes de sable, vous pourrez même pratiquer ces coups difficiles à réussir sur son *chipping green*. Le 18 trous a une normale 68, mais le terrain abrite également un parcours de 9 trous à normale 27. Une tenue de golf est obligatoire. Pour réserver une heure de départ, vous devez le faire six jours à l'avance par téléphone ou sept jours à l'avance en personne. Pour vous y rendre, empruntez l'autoroute 5 vers le nord jusqu'à la sortie 175. Dirigez-vous ensuite vers l'est sur NE 145th Street, puis vers le sud sur 15th Avenue NE et finalement vers l'ouest sur NE 135th Street, qui mène au terrain de golf.

Jefferson Park Golf Course
22$
4101 Beacon Ave. S.
☎762-4513
Un autre des golfs de Seattle, le Jefferson Park Golf Course, est bien situé au milieu de la ville, s'étendant juste au sud du centre-ville dans le quartier de Beacon Hill. Il fait un peu plus de 5 400 m de long et vous pourrez y pratiquer vos coups de départ puisqu'il

bénéficie d'un champ d'entraînement. Il a été conçu en 1917 par l'Écossais Thomas Bendelow, qui a aussi dessiné plusieurs autres beaux terrains de golf des États-Unis.

Tout comme le Jackson Park Golf Course, ce golf abrite deux terrains, soit un de 9 trous et un de 18 trous, ce dernier ayant une normale 67. Il est souvent bondé, comparativement au Jefferson Park Golf Course. Pour réserver une heure de départ, vous devez le faire six jours à l'avance par téléphone ou sept jours à l'avance en personne.

West Seattle Municipal Golf Course
21$
4470 35th Ave. SW.
☎935-5187
Dessiné en 1928 par Chandler Egan, le West Seattle Municipal Golf Course est probablement le plus difficile des trois golfs de Seattle. Pour réserver une heure de départ à ce terrain, qui s'étend sur 6 000 m et dont les allées étroites et les verts difficiles rendent le parcours hasardeux, vous devez le faire six jours à l'avance par téléphone ou sept jours à l'avance en personne. Mais vous en aurez pour votre argent, même si le résultat de votre carte de pointage risque de vous décevoir,

Plein air

puisque vous aurez une vue superbe sur le mont Rainier et sur le centre-ville de Seattle, avec ses édifices et sa sempiternelle Space Needle, qui brille au nord de la ville.

Pour vous y rendre, empruntez l'autoroute 55, puis la sortie 163 vous mènera à la West Seattle Freeway. Vous parcourerez ensuite 1 km jusqu'à Fautleroy Way et, à l'angle de 35th Street SW, vous tournerez à gauche : vous serez alors à deux pas du golf.

Ultimate Golf
tlj 9h à minuit
11200 Kirkland Way
Kirkland, WA 98033
☎ *(425) 827-3641*
La passion pour le golf prend aujourd'hui des proportions parfois frénétiques, quand on pense qu'il est désormais possible de pratiquer ses coups de départ ou ses coups d'approche, voire de jouer des parties complètes à l'intérieur d'un petit complexe et; ou encore, par l'intermédiaire d'un écran cathodique qui indique où la balle aboutit après l'avoir frappée Vous aurez l'impression d'avoir jouer une vraie partie, sans avoir à traîner une poussette, en plein soleil, au long des 18 trous (ou 9 trous) du parcours. C'est ce que propose Ultimate Golf, et les amateurs de golf apprécieront le mariage d'informatique et de réalisme qu'ont su créer ces entrepreneurs au flair certain.

Balades en avion

Pêche

Open Cockpit Biplane Tours
7001 Perimeter Rd., Boeing Field
☎763-9706
Si vous voulez voir la ville de Seattle et sa région à vol d'oiseau, vous pouvez embarquer avec un(e) ami(e) dans un des avions d'Open Cockpit Biplane Tours. Pour vous y rendre, empruntez l'autoroute 5 vers le sud et prenez la sortie 161 vers le Galvin Flying Service; finalement, la Perimeter Road vous mènera au bâtiment blanc et vert du Flight Training Building, d'où se font les vols. Vous pourrez survoler soit le centre-ville *(79-99/2 pers.)*, soit les îles de Vashon et de Blake ainsi que le centre-ville *(149$/2 pers.)*, soit les Snoqualmie Falls *(249$/2 pers.)*. Les pilotes conduisent tous des avions restaurés: un Travel Air (1927) et un des deux WACO-UPF-7 (1940).

Sport Fishing
65$
Pier 5
☎423-6364
www.pier54adv.com
Seattle étant entourée d'innombrables plans d'eau, pourquoi ne pas se payer un petit après-midi de pêche sportive avec les professionnels de Sport Fishing? Avec eux, votre voyage sera totalement sous contrôle, puisqu'ils vous accompagnent sur des embarcations qui n'accueillent que trois ou quatre pêcheurs à la fois. On peut même vous envoyer vos prises par le courrier! Cette entreprise peut aussi communiquer avec des restaurants locaux afin que leurs cuisiniers préparent pour vous les poissons que vous aurez capturés.

Possession Point Fishing Charters
port d'Everett, autoroute 5 S, sortie 193 ou 194, tournez à droite sur Marine View Drive et roulez jusqu'au port
☎652-3797
☎800-433-FISH

Si l'envie vous prend de descendre jusqu'à Everett, au sud de Seattle, et de côtoyer pour un temps le capitaine David Morgison dit «King Davis», rendez-vous au port d'Everett et rencontrez l'équipe de Possession Point Fishing Charters. On y pêche surtout du saumon. Les embarcations peuvent accueillir de deux à six pêcheurs.

Randonnée pédestre

Seattle regorge de sentiers de randonnée pédestre qui donnent soit sur le lac Washington, soit sur le lac Union, soit sur l'Elliot Bay. Inutile de dire que les points de vue admirables que vous aurez à partir de ces sentiers valent à eux seuls le déplacement.

La très populaire **Burke-Gilman Trail** s'étend sur 22 km et relie les quartiers de Fremont et de Kenmore. Cyclistes, amateurs de patin à roues alignées, joggeurs et marcheurs s'y côtoient parfois dans un désordre angoissant, surtout la fin de semaine. Si vous préférez le calme et la «vraie» nature, promenez-vous le long de la Waterfront Trail, qui longe le Washington Park

Arboretum (voir p 157) et le lac Washington. De ce sentier de 1,5 km, vous pourrez également observer des espèces ailées qui se reposent dans la Montlake Cut, une baie tout juste au sud du quartier de l'University of Washington. Le long du lac Washington, un sentier que l'on appelle le **Seward Park Loop**, sillonne par le parc du même nom (angle S. Juneau Street et Lake Washington Boulevard S.).

Au nord de Seattle, dans les environs du Green Lake, se trouvent les **Green Lake Trails**, soit deux sentiers qui s'étendent chacun sur 5 km; on y marche, paradoxalement, pour voir et s'y faire voir...; on peut même pêcher la truite tout près! Tous les amateurs d'activités de plein air s'y rendent, que ce soient les mordus de rouli-roulant, les joggeurs, les marcheurs ou les familles.

Finalement, si vous comptez visiter le Discovery Park (voir p 89), pourquoi ne pas en emprunter les sentiers, qui s'étendent sur 4,5 km et qui vous donneront l'occasion de vous dorer au soleil sur la North Beach ou la South Beach et la chance d'admirer les conifères de la forêt qui s'y trouve?

Observation des baleines

Marine Activity Center
40$
P.O. Box 4001, Roche Harbour, WA, 98250
☎ *(360)378-8887*
www.sanjuansafaris.com
C'est au Marine Activity Center du Roche Harbour Resort des San Juan Islands que vous pourrez vous embarquer pour une croisière de trois heures au cours de laquelle vous pourrez voir les imposants mammifères marins que sont, entre autres, les orques. Lors de votre périple, vous observerez peut-être des aigles à tête blanche, des hérons bleus, des dauphins ou des phoques.

Snug Harbour
2371 Mitchell Bay Rd., Friday Harbour, WA 98250
☎ *(360)378-4762*
⇥ *(360)378-8859*
L'entreprise Snug Harbour propose aussi des excursions en mer alors que des baleines se donnent en spectacle.

Kayak de mer

Kayak Port Townsend
28$/2 heures, 39$/3 heures 6 heures 30 min/68$
435 Water St., Port Townsend, WA, 98368
☎ *(360)385-6240*
⇥ *(360)385-6062*
www.olympus.net/kayakpt
Les amateurs de kayak de mer voudront sûrement faire le voyage jusqu'à Port

Townsend, au nord de Seattle. L'entreprise Kayak Port Townsend propose des excursions guidées et loue des kayaks *(15$/heure pour un kayak)* et l'équipement complet.

Plein air

Crystal Seas Kayaking
39$/pers.
P.O Box 3135, Friday Harbour
WA, 98250
☎ *(360)378-7899*
www.pacificrim.net/tildkayaking
L'entreprise Crystal Seas
Kayaking, pour sa part, est
située dans les San Juan
Islands et propose des excursions guidées de trois
heures. C'est en complète
sécurité que vous ramerez
dans les eaux du Puget
Sound, où, si vous êtes
chanceux, vous ferez la
rencontre d'une baleine ou
d'un phoque.

Rafting

Alpine Adventures
P.O. Box 253, 894 Hwy 2, Clocktower
Building, Leavenworth, WA 98826
☎ *(509) 782-7042*
☎ *à Seattle (253) 838-2505*

Quelques entreprises
proposent des randonnées
en radeau pneumatique.
Œuvrant à Leavenworth, soit
à l'est de Seattle, l'équipe
d'Alpine Adventures vous
fera pagayer dans les eaux
tumultueuses de la région.

North Cascades River Expedi-
tion
45$
P.O. Box 116, Arlington, WA 98223
☎ *800-634-8433*
☎ *(360) 435-9548*
↵ *(360) 435-0796*
www.cftinet.com/tildrafting
Un peu au nord de Seattle,
soit à Arlington, l'entreprise North Cascades River
Expedition, en activité
depuis 1980, propose
différentes expéditions avec
des niveaux de difficulté
variés.

Attraits touristiques

Seattle, cette ville simple où se côtoient modernité et tradition, a récemment connu son jour de gloire, après avoir longtemps vécu dans l'ombre de ses consœurs californiennes, Los Angeles et San Francisco.

En effet, la vague *grunge*, aussi appelée *Seattle Sound*, a pris le monde musical par surprise au début des années quatre-vingt-dix, réanimant une rage punk qui a envahi les radios de la planète à la fin des années soixante-dix, alors que les Sex Pistols réclamaient l'anarchie comme seule issue politique possible. Mais ces dieux du rock, Kurt Cobain (Nirvana) et Eddie Vedder (Pearl Jam), ont vite vu leur hymnes copiés et popularisés, reléguant les «durs de durs» aux oubliettes, ou presque. En fait, parler de *grunge* à Seattle se veut un anachronisme : le *Seattle Sound*, c'est «passé», comme le disent

eux-mêmes les résidants. Vous ne trouverez aucune trace de ce passé pas si lointain, lorsque l'on venait à Seattle pour vivre pleinement sa jeunesse, aux risques d'y laisser sa peau. Toutefois, cette épopée musicale aura permis à la «duchesse du Nord-Ouest américain» de redorer son image.

L'essor de Microsoft, le géant de l'informatique, et les développements continuels de la firme Boeing ont fait de Seattle le centre économique par excellence de l'État de Washington. La qualité de vie y est surprenante, comme l'ont mentionné de nombreuses revues spécialisées en la matière. Et que dire de ces espaces de verdure à perte de vue qui entourent cette cité pas prétentieuse pour deux sous?

Il est difficile d'imaginer Seattle sans la visiter. Nonobstant la Space Needle, aperçue dans des films comme *Sleepless in Seattle* et *It Happened at the World Fair*, que connaissez-vous vraiment de cette ville? Les amateurs de sport tonitrueront tout de suite : Ken Griffey, Jr.! En effet, ce jeune joueur est sur le point de réécrire une partie du livre des records du base-ball professionnel, alignant les coups de circuit, les

points produits et les «attrapés» spectaculaires.

Ce guide de voyage vous aidera à découvrir les beautés de cette ville «verte», parsemée de parcs et de musées aussi intrigants que pertinents; en parcourant le quartier historique du Pioneer Square, vous resterez subjugué devant les totems de Duane Pasco; en longeant le Waterfront, vous admirerez le va-et-vient des traversiers tout en dégustant un hamburger au flétan; vous visiterez le Pike Place Market, le plus vieux marché public encore en activité aux États-Unis; et les gratte-ciel du centre-ville vous inciteront à prendre quelques photographies mémorables. Puis, dans le quartier de Capitol Hill, vous arpenterez la rue Broadway, à la recherche de vêtements branchés et de disques compacts; le quartier universitaire, pour sa part, recèle deux musées fort intéressants, soit le Burke Museum et la Henry Art Gallery; et vous n'aurez pas encore visité le quartier aux prétentions artistiques

Localisation des circuits

A. Pioneer Square
B. Waterfront
C. Pike Place Market
D. International District
E. Quartier des affaires (centre-ville)

F. Belltown et Seattle Center
G. Le nord-ouest de Seattle
H. De First Hill à Capitol Hill
I. Quartier universitaire

de Fremont, sans parler du Museum of Flight au sud du Pioneer Square et des Ballard Locks au nord de la ville!

Pioneer Square

C'est dans ce quartier que vous trouverez la plupart des bâtiments historiques de la ville, certains datant de la fin du XIXe siècle tandis que d'autres y ont pignon sur rue depuis le début du XXe siècle. Ces bâtiments ont survécu à l'essor – puis à la dégringolade – économique, sans compter les nombreuses rénovations nécessaires au maintien de ces édifices d'un passé pas si lointain. Mais ces infrastructures d'une autre époque brillent plus par leur devanture que par leur intérieur : en effet, hormis quelques ascenseurs immémoriaux et gravures autochtones, l'intérêt qu'on peut leur porter relève de la fascination pour l'architecture plus que de toute autre chose.

C'est également ici qu'est née l'expression *Skid Road*, à l'époque où le bois de construction était acheminé vers le front de mer actuel, puis expédié dans des villes comme San Francisco et Portland. Les rues pavées de brique, qui exsudent caractère et chaleur, ainsi que les nombreuses pièces d'art public qui décorent le quartier, sans oublier les restaurants branchés, ont incité nombre de yuppies, d'architectes, d'artistes et de gens des médias à s'y installer.

Circonscrit au sud par le siège de l'équipe de base-ball des Mariners, soit le Safeco Field, le Pionner Square ne s'étale pas tellement loin. En fait, ce square s'étend au nord jusqu'à Yesler Way et est délimité d'ouest en est par les seules 1st et 4th Avenues.

Ce quartier historique, qui loge au sud du centre-ville, a connu plusieurs réorganisations urbaines. On ne connaît que très peu l'histoire des peuples qui y vivaient avant l'arrivée de la goélette *Exact* en 1852, mais nous savons pertinemment qu'un village autochtone y était établi.

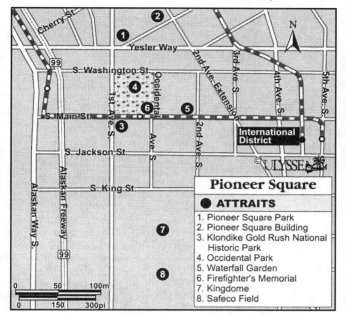

Pioneer Square

● **ATTRAITS**

1. Pioneer Square Park
2. Pioneer Square Building
3. Klondike Gold Rush National Historic Park
4. Occidental Park
5. Waterfall Garden
6. Firefighter's Memorial
7. Kingdome
8. Safeco Field

Nous avons déjà mentionné l'incendie de 1889 (voir p 41), le Great Seattle Fire. Eh bien, celui-ci anéantit le Pioneer Square tel qu'on le connaissait à la fin du XIXe siècle. Puis les structures de pierre et de brique remplacent les anciennes charpentes de bois, ce qui revigore cette partie de la ville, alors au centre des affaires seattleoises. Mais le «déménagement» du centre-ville vers le nord laisse en désuétude ce quartier pendant les années vingt : on ne s'y intéresse de nouveau que dans les années soixante. D'ailleurs, on y retrouve à peu de chose près le même esprit qu'alors, puisque les galeries d'art qui s'y sont installées pendant la décennie du *peace and love* ont su résister au temps ou encourager d'autres artisans à exposer leurs œuvres dans ce quartier au look vieillot d'une autre époque.

Il a fallu les efforts de nombre de résidants très «verts», comme l'architecte Ralph Anderson, qui hypothéqua sa maison et acheta l'un des édifices du quartier au coût de 30 000$, pour que le Pioneer Square

Attraits touristiques

Qui rira le dernier...

Il est fréquent de se donner rendez-vous près du totem représentant le buste du Chief Sealth, originalement volé, en 1899, aux autochtones de Fort Tongass, en Alaska. L'histoire raconte en effet que R.D. McGilivery, troisième lieutenant d'une expédition dans le nord du Pacifique, constata, en mettant pied à terre, que les habitants du village, à l'exception d'un autochtone apeuré, avaient déserté les lieux pour aller pêcher. Le lieutenant en profita pour mettre la hache dans le totem avec l'aide de quelques marins, puis le scia en deux pour pouvoir le transporter plus facilement jusqu'au *City of Seattle*, qui mouillait au large, et le ramener jusqu'à la ville. Or, ce totem devait connaître de nouvelles mésaventures en 1937, lorsqu'un vandale de bas étage déposa une pile de journaux à sa base et y mit le feu. La Ville de Seattle entreprit alors de renvoyer le totem en Alaska pour que des parents des habitants de Fort Tongass puissent le réparer, une tâche pour laquelle ils demandèrent quelques milliers de dollars... vengeant ainsi leurs frères et sœurs disparus depuis.

retrouve ses lettres de noblesse. La désolation caractérisait on ne peut mieux l'état du quartier avant l'initiative d'Anderson, qui rallia à sa cause, soit celle de rajeunir le Pioneer Square, des personnalités comme l'architecte et paysagiste Victor Stein-brueck, l'architecte Ibsen Nelsen, le designer de meubles Ben Masin, le maire de Seattle Wes Uhlman ainsi que Richard White, propriétaire d'une galerie d'art. Ainsi, en 1970, ce quartier finit-il par être déclaré arrondissement historique.

Toutefois, le véritable point fort du Pioneer Square est sa vie nocturne, que la jeunesse plus ou moins jeune ne manquera pas d'apprécier, que ce soit dans les bars sportifs, dans les boîtes de rhythm-and-blues ou de rock, ou dans les lieux de rencontre plus romantiques qui s'entassent dans ce quadrilatère rapidement exploré (voir Sorties, p 244).

Malheureusement, c'est aussi dans cette partie de la ville que la pauvreté se fait le plus sentir, l'Occidental Park étant peuplé de nombreux itinérants qui, malgré leur allure, ne devraient pas vous importuner. Malgré tout, il est conseillé d'être prudent à la nuit tombée. Plusieurs centres d'hébergement mis à la disposition de ces démunis occupent le square historique, en parfaite harmonie avec les autres établissements du quartier, et les SDF partagent leur «chez-soi» avec les touristes, les propriétaires de galeries d'art et les artistes.

C'est aussi un quartier agréable à arpenter, d'autant plus qu'il n'est pas très fréquenté pendant la journée. Vous pourrez par exemple pénétrer dans une des multiples librairies, dont la célèbre Elliott Bay Book Company (voir p 277); plusieurs antiquaires y ont également élu domicile, certains demandant des prix frisant la déraison pour des articles à première vue banals, tandis que d'autres, moins opportunistes, se veulent plus professionnels et vous conseilleront volontiers sur tel ou tel objet qu'un de vos amis appréciera sûrement. Vous y trouverez en outre des magasins de jouets, des boutiques de sport, de petites maisons d'édition et des disquaires d'avant-garde.

Ce circuit commence au cœur du quartier historique, soit au **Pioneer Square Park** ★ ★ *(tlj 6h à 23h30; 100 Yesler Way, angle 1st Ave., ☎684-4075)*, un excellent point de rencontre autant pour les visiteurs qui

Mythologie

Les spectaculaires totems qui trônent au nord de l'Occidental Park sont l'œuvre de Duane Pasco et ont été gracieusement offerts par Richard White; ces monuments autochtones, qui veillent sur le parc depuis la fin des années quatre-vingt, lui confèrent un aspect dramatique et témoignent de l'héritage amérindien de la région. Duane Pasco crée en 1971 le totem *Killer Whale*, qui représente un homme sur la queue d'une baleine. Puis, le plus mythologique et apeurant des totems, *Tsonqua*, fait face au plus bénin *Bear* et représente un «provocateur de cauchemar» que les mères autochtones évoquaient pour effrayer leurs enfants. La pièce maîtresse du parc et le plus grand des totems s'intitule *Sun and Raven*, et a été exposé pour la première fois lors de l'Exposition universelle de Spokane en 1974.

découvrent la ville que pour les résidants. C'est du côté est du parc que se trouve le Doc Mynard's Pub (voir p 247), d'où vous pouvez participer à l'Underground Tour (voir plus bas). Et, lorsque vous faites face au sud, vous vous trouvez devant ce qu'était la «Skid Road» originale, soit celle où l'on glissait les billes de bois vers le front de mer. Dans ce square imbibé d'histoire, vous verrez un buste du Chief Sealth, un autochtone dont on emprunta le nom pour baptiser la Ville-Émeraude.

Ce square a pris une forme triangulaireà la suite des hasards et aux conflits qui résultèrent de sa construction. En effet, deux des pionniers de la ville, Doc Maynard et Arthur Denny, se sont souvent disputés pour savoir quelle sorte de tracé auraient les rues du centre-ville d'antan. L'un préférant les obliques, l'autre les droites nord-sud, il s'ensuivit un «détournement géométrique» : le parc se trouve dès lors au confluent de ces deux conceptions opposées. Toutefois, il est désormais impossible de le manquer puisque, malgré lui, il occupe toute la place qui sépare ce quartier du centre-ville actuel.

Ce parc abrite aussi le **Pergola Shelter** ★, construit en 1909 sur ce qui était auparavant de gigantesques latrines publiques dont il ne reste aujourd'hui plus rien. Il est inscrit au registre national des lieux historiques, et, si vous projetez de vous

asseoir sur un des bancs du parc pour observer les passants ou admirer l'architecture des édifices Grand Central, Merrill Place, Maynard, Mutual Life ou Pioneer, ravisez-vous : un quidam, à la vitesse de l'éclair, vous aura déjà choppé votre place et vous

devrez remettre à plus tard votre détente contemplative.

Le **Pioneer Square Building** ★ *(606 1st Ave.)* fait face au parc à l'est. La construction de cet édifice de style victorien, œuvre d'Elmer Fisher, débute après le grand incendie de 1889 et se termine en 1892. Il se voit même attribuer le titre de «plus bel édifice à l'ouest de Chicago» par l'American Institute of Architects. Les amateurs d'architecture ne manqueront pas d'admirer l'ascenseur aux grilles d'antan, le premier du genre à Seattle. Une tour trônait même au haut de l'édifice jusqu'en 1949, date à laquelle un tremblement de terre l'a fait tomber.

Cet édifice a été construit par-dessus la vieille cité, que l'on peut visiter grâce à l'**Underground Tour** ★★ *(6,50$; tlj 10h à 18h, horaire variable; 610 1st Ave., ☎682-4646)*, qui part de ce même édifice. Le nom de cette visite guidée peut porter à confusion, comme certains voyageurs l'ont déjà fait remarquer. Non, on n'y présente pas des reliques du punk-rock... En fait, vous aurez peut-être de la difficulté à trouver l'endroit où débute cette visite guidée. C'est qu'on y pénètre par le Doc Maynard's Pub. Cette odyssée souterraine permet de visiter la Seattle d'avant l'incendie, époque à laquelle une trentaine de pâtés de maisons constituaient l'intégralité du centre-ville. Aujourd'hui, cette visite d'une durée de 90 min permet de voir seulement trois pâtés de maisons, qui vous donneront toutefois une bonne idée des excentricités des résidants des premiers jours. Vous aurez peut-être même la «chance» d'y croiser un rat...

Empruntez Yesler Way vers l'ouest jusqu'à 1st Avenue. Puis, dirigez-vous vers le sud et tournez à gauche sur Main Street.

Si l'histoire de la Ruée vers l'or vous intéresse, n'hésitez pas et entrez dans le

Klondike Gold Rush National Historic Park ★★ *(entrée libre; tlj 9h à 17h, fermé les jours fériés, 117 S. Main St., ☎553-7220)*. Ce musée, qui a ouvert ses portes le 5 juin 1979, a réuni nombre d'archives en relation avec l'apport de la ville de Seattle à cette ruée sans précédent en Amérique, liée à la naissance de la ville de San Francisco en 1849.

En fait, Seattle a été choisie pour abriter ce musée du fait que, après seulement huit mois de folle expédition en Alaska, les marchands de la ville avait déjà accumulé une fortune de 25 millions de dollars en vendant équipement et denrées aux courageux qui s'aventuraient au nord de la Colombie-Britannique, donnant lieu à un boom économique qui a engendré la Seattle que nous connaissons aujourd'hui.

Si l'on donne le nom de «parc» à ce musée, c'est en fait parce que de vrais *rangers* en uniforme décrivent avec passion les aléas de la dernière ruée vers l'or. Vous pourrez y voir de courts films, notamment *The Gold Rush* de Charlie Chaplin (1925), produit au moment où il perdait un peu la faveur du public parce qu'il raffinait son art et s'éloignait quelque peu du côté loufoque qui avait fait s'esclaffer les foules du monde entier.

Un autre court-métrage d'une trentaine de minutes montre mieux la misère et l'arnaque sous-jacentes à cette ruée. Pour tout dire, plusieurs de ceux qui se rendirent au nord du Canada en revinrent plutôt désillusionnés que riches (voir p 24).

Le personnel connaît son histoire, c'est le moins qu'on puisse dire. Il pourra vous entretenir des heures durant sur des événements isolés de ce tournant dans l'histoire de Seattle, une ville qui, avant la Ruée vers l'or, misait en grande partie sur l'exportation du bois de construction pour remplir l'estomac de ses résidents. Une exposition de photos et des témoignages écrits complètent bien cette visite impérative.

À la sortie du Klondike Gold Rush National Historic Park, dirigez-vous vers l'est jusqu'à l'**Occidental Park ★★** *(tlj 6h à 23h30; 200 S. Main St.,* ☎*684-4075)*, qui s'étend sur un quart d'hectare. Ceux qui ont déjà visité Paris y verront peut-être un pastiche «à la Northwest» d'un parc parisien, parsemé d'arbres et pavé de briques, que l'on a déplacé du Pioneer Square à cet endroit lorsque le quartier a été restauré en 1971.

C'est ici que vous verrez, bien malgré vous, la faune la moins nantie de la ville, alors que, sur des bancs ou sous la rotonde située au nord-ouest du parc, ils se racontent des histoires à dormir debout et quémandent, pas toujours très poliment. Il ne serait pas surprenant que l'on vous interpelle depuis une certaine distance. Mais n'ayez crainte, les altercations ne surviennent que rarement. Cette rotonde sert aussi de kiosque où, pendant le printemps et l'été, des groupes de blues et de jazz se produisent. Elle a été érigée en 1972 et est dominée par la face est du Grand Central Building.

Vous aurez surtout l'occasion de voir de beaux exemples d'art public, entre autre l'œuvre de Tom Askman, *Firefighter Silbouettes* ★, qui représente, comme son nom l'indique en anglais, des pompiers de métal en mémoire de l'incendie de 1889.

Le **Waterfall Garden ★** *(219 2nd Ave. S.,* ☎*684-4075 ou 624-6096)* renferme, pour sa part, une fontaine haute de 7 m fabriquée par Masao Kinoshita en 1977 et parrainée par l'Annie E. Casey Foundation. La fontaine se déverse sur de larges rochers et siège sur le «lieu de naissance» du

Attraits touristiques

service de courrier United Parcel Service.

Le parc renferme des plantes exotiques, des gingkos ainsi que quelques tables et bancs où les travailleurs du quartier viennent souvent prendre leur pause du midi. Ce parc est en outre entouré d'une clôture, mais, malgré sa hauteur, il est facile de le manquer. Ouvrez donc l'œil et soyez vigilant : il est situé à l'angle de South Main Street.

Si vous continuez vers l'est sur South Main Street, vous apercevrez la **Fire Station no. 10** ★ (caserne de pompiers). Puis, à l'angle de 2nd Avenue, vous croiserez l'œuvre d'Ellen Ziegler, *Firefighter's Memorial* ★, soit une mosaïque de bronze honorant encore une fois les pompiers qui vainquirent savamment l'incendie de 1889.

Empruntez par la suite Occidental Avenue South, perpendiculaire au parc, où plusieurs galeries d'art, antiquaires et cafés ont pignon sur rue. Depuis 1972, cette artère refuse l'accès aux automobiles, et les édifices qui trônent encore sur Occidental Avenue South datent pour la plupart de la dernière décennie du XIXe siècle. Vous remarquerez certainement le State Buil-

ding d'Elmer Fisher, qui occupe l'angle sud-est de South Main et d'Occidental Avenue South. Il est très agréable de s'y promener les premiers jeudis de chaque mois à l'occasion de la **Gallery Walk** (voir p 270). De 18h à 20h, cette promenade permet tout le monde de visiter les galeries d'art qui affluent dans cette partie de la ville. On y sert parfois du vin gratuitement.

Situé complètement au sud de ce quartier, le **Kingdome** *(angle 4th Ave. et King St.,* ☎*296-3128)* trône là où «Hooverville» s'était implantée au tournant du siècle. L'ancien domicile des Mariners, l'équipe de baseball locale, et des Seahawks, artisans du football américain, sera peut-être déjà démoli lors de votre visite, puisqu'un référendum au résultat très serré a permis à la ville de construire un nouveau stade juste à côté de la «maison de Ken Griffey, Jr.», le Kingdome étant jugé inapte à générer les revenus substantiels qui garantiraient la rentabilité du baseball et du football. En effet, c'est le 15 juillet 1999 que le **Safeco Field** ★ (☎*326-4001)* a ouvert ses portes, devant une foule de quelque 47 000 spectateurs, alors que les Mariners de Seattle affrontaient les Padres de San Diego. C'était la première fois que les amateurs de baseball de la ville avaient l'occasion de voir une partie de balle en plein soleil puisque le Kingdome, à l'instar de l'Astrodome de Houston et du Stade olympique de Montréal, était un stade couvert où la pelouse naturelle était remplacée par du gazon synthétique.

C'est donc au Safeco Field que vous pourrez dorénavant assister aux matchs des Mariners et des Seahawks; il est toutefois recommandé de réserver à l'avance pour les matchs de ces derniers, puisque le nouvel entraîneur, Mike Holmgren, devrait redorer le blason de cette équipe pauvre de la Ligue nationale de football (NFL). En ce qui concerne les Mariners, selon leur performance sur le terrain, vous devriez trouver de bons billets la journée même du match quoique, avec l'ouverture du nouveau stade, les places risquent de s'envoler comme des petits pains chauds!

★★
Waterfront

Le front de mer (Waterfront) prend la forme d'une longue promenade qui longe l'Elliot Bay, où s'alignent les différents quais du port de Seattle, parsemés de boutiques de souvenirs et d'un hôtel. Vous y verrez nombre de bateaux bercés par les vagues, sans toutefois apercevoir de gros paquebots.

Nous vous suggérons, pour visiter en toute quiétude le front de mer, de prendre le **Waterfront Streetcar** ★ *(0,85$, 1,10$ aux heures de pointe; lun-ven 7h à 18h, sam-dim 10h à 18h30, tlj jusqu'à 22h en été; 821 2nd Ave. S., ☎553-3000)*, un tramway qui commence son trajet sur South Jackson Street à l'angle de 5th Avenue South (voir p 133) et conclut son périple au Pier 70 à l'angle de Broad Street. Ce moyen de transport archaïque est souvent rempli de touristes qui vont d'un attrait touristique à un autre, et les départs se font

Attraits touristiques

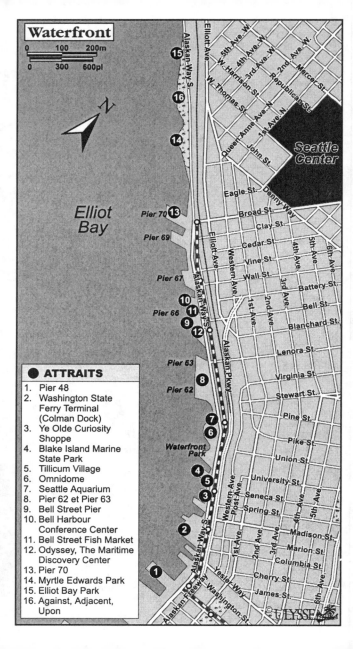

Waterfront

0	100	200m
0	300	600pi

● ATTRAITS

1. Pier 48
2. Washington State Ferry Terminal (Colman Dock)
3. Ye Olde Curiosity Shoppe
4. Blake Island Marine State Park
5. Tillicum Village
6. Omnidome
7. Seattle Aquarium
8. Pier 62 et Pier 63
9. Bell Street Pier
10. Bell Harbour Conference Center
11. Bell Street Fish Market
12. Odyssey, The Maritime Discovery Center
13. Pier 70
14. Myrtle Edwards Park
15. Elliot Bay Park
16. Against, Adjacent, Upon

Elliot Bay

©ULYSSE

toutes les 20 min. Les différents wagons du tramway
sont d'origine australienne
car, en 1980, lorsque l'on
décide de réaliser une voie
de tramway qui longe le
Waterfront, la ville de Seat-

tle achète des voitures
datant des années vingt
(1927) et provenant de la
ville de Melbourne. Ce
moyen de transport ne
roulant pas à toute allure,
faites le trajet à pied si vous
décidez de presser le pas :
vous marcherez probable-
ment aussi vite (sinon plus
vite!) que ce tramway d'une
autre époque quoique au
charme certain. Le droit de
passage est un peu plus
élevé aux heures de pointe
(voir plus haut). Vous
pouvez vous procurer des
billets dans toutes les phar-
macies Bartell Drugs ou au
siège administratif du
METRO *(821 2nd Ave.,*
☎*553-3000).*

Soyez toutefois prévenu : le
front de mer d'aujourd'hui

est d'abord et avant tout un
«attrape-touristes». En effet,
la plupart des boutiques
font dans le très kitsch;
mais c'est aussi ici que vous
pourrez vous embarquer
sur un des nombreux
traversiers ou
navettes qui
voguent vers
Bainbridge Is-
land, Vashon
Island, Whidbey
Island, les îles
San Juan ou
même Victoria et
Vancouver, au
Canada. Ce
quartier a tout
récemment été
envahi par des
résidants qui
bénéficient d'une vue
imprenable sur la mer
intérieure et qui, depuis
leurs tout nouveaux condominiums (appartements),
profitent au mieux de tant
d'exotisme local. C'est
également l'occasion de
contempler la besogne
accomplie par les
travailleurs de la mer,
d'observer les barges porte-
conteneurs et les petits
bateaux de pêche qui
baignent dans l'Elliot Bay,
avec pour toile de fond le
toujours présent Puget
Sound.

Le circuit débute au point
le plus au sud du front de
mer, soit le **Pier 48**, où vous
trouverez le **Washington
Street Public Boat Landing**.
Vous pourrez alors

découvrir l'histoire du port à l'aide de plaques explicatives étalées çà et là sur le front de mer. Quelques télescopes permettent d'observer le Puget Sound, qui s'étend sous vos yeux; vous découvrirez par la même occasion les îles qui flottent au large de l'Elliot Bay. Gardez les yeux bien ouverts, et vous serez témoin d'une exposition d'art à ciel ouvert, puisque de nombreux graffitis à caractère social décorent les différents quais.

Un peu plus au nord se trouve le point de départ et d'arrivée des nombreux traversiers qui desservent les différentes îles du Puget Sound, soit le **Colman Dock** ou **Washington State Ferry Terminal** (*801 Alaskan Way, Pier 52, ☎464-6400 ou 800-843-3779*), d'où l'on s'embarque pour les îles de Bainbridge, Bremerton et Vashon, ainsi que pour l'Olympic Peninsula. Vu qu'il n'y a pas de stationnement à ce quai, vous devrez vous garer au centre-ville si vous désirez visiter à pied les îles ci-haut mentionnées. Toutefois, les

voitures sont admises sur les différents traversiers, sauf sur celui qui mène les visiteurs à Vashon Island, et il en coûte alors 7$; les passagers supplémentaires, les piétons et les cyclistes doivent payer un montant de 3,50$.

C'est en 1899 que Joe Standley fonde **la Ye Olde Curiosity Shop ★ ★** (*entrée libre; lun-jeu 9h30 à 18h, ven-sam 9h à 21h, dim 9h à 18h, fermé à l'Action de grâce, à Noël et du jour de l'An; Pier 54, ☎682-5844*), où s'entasse une ribambelle d'objets bizarres, depuis les palourdes géantes jusqu'aux têtes réduites en bois. Ce magasin n'a pas toujours connu des heures de gloire : il est dit que, lors de ses trois premières journées d'activité, le magasin aurait vendu pour... 25 cents de marchandise! Rapidement, «Daddy» Standley (comme on l'appelait affectueuse-

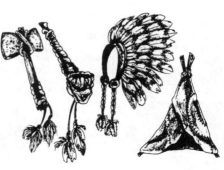

ment), se fait l'ami de marins et d'autochtones qui n'hésitent pas à lui léguer des objets façonnés de toutes sortes, comme des gravures inuites, des cornes d'ivoire, des instruments et des outils ayant servi lors de la Ruée vers l'or, bref un bagage ethnologique considérable. Standley présente cette collection lors de l'exposition Alaska – Yukon – Pacific de 1909, et il la vendra ensuite au fondateur et curateur du Museum of the American Indian de New York, George Heye, pour la rondelette somme de 5 000$, une fortune au début du siècle.

Ce petit magasin a fourni à divers autres musées des œuvres aussi bizarres qu'inusitées, entre autres au Royal Ontario Museum, au Burke Museum de Seattle et au prestigieux Smithsonian Institute de Washington, pour ne nommer que ceux-là. Ce musée-magasin renferme, entre autres excentricités, une momie, des jumeaux siamois ainsi que des organes génitaux de morses et de baleines... Bref, le paradis du kitsch et de l'anormal!

Au **Pier 56**, vous pouvez vous embarquer sur un traversier qui mène au **Blake Island Marine State Park ★**. Cette île s'étend sur 215 ha et honore la mémoire de

George Smith Blake, un marin qui a navigué sur la côte de l'île de 1837 à 1848. On y vient pour faire du camping ou pour pratiquer des activités de plein air comme la plongée, la randonnée pédestre ou le volley-ball. Ce sera aussi l'occasion de rencontrer les autochtones du **Tillicum Village ★★** *(55$; en été mai à oct tlj, en hiver la fin de semaine seulement; visites aussi possibles sur réservation; ☎443-1244)*, qui vous feront déguster des plats typiques de leur nation, comme le saumon fumé; vous assisterez aussi à des danses tribales, les danseurs s'ornant de masques. Les impressionnants totems qui jonchent l'île vous plongeront peut-être dans vos rêves d'enfance, tandis que vous admirerez des artisans qui travaillent le bois et en font des masques, alors que d'autres créent des peintures représentant différents animaux à forte évocation spirituelle.

Pour une expérience cinématographique hors de l'ordinaire, rendez-vous à l'**Omnidome ★** *(6,95$, 3$ de plus par film additionnel, 12,95$ pour le Seattle Aquarium et un film, 15,95$ pour le Seattle Aquarium et deux films; tlj 10h à 17h; Pier 59, angle Alaskan Hwy; ☎622-1868 ou 622-1869, ⇜622-5837)*,où, sur un écran IMAX de 180° et d'une trentaine de mètres de haut, sont projetés des films traitant d'expériences naturelles, sans parler de la sonorisation hexophonique qui propulse la trame sonore par devant comme par derrière, bref de toutes parts, au grand plaisir des amateurs de sensations fortes. Vous pourrez entre autres y voir *Eruption of Mount St. Helen* (tlj 10h, 11h35, 13h5, 14h35, 17h35, 19h5, 19h45). Ce film relate les événements du 18 mai 1980, alors que 75 millions de tonnes de cendres volcaniques se sont abattues sur la région du Spirit Lake, modifiant du coup une bonne partie de son écosystème. Cette éruption volcanique a été entendue à 700 km à la ronde, et sa force était égale à celle que déploieraient 27 000 bombes atomiques, ce qui engendra une colonne de fumée d'une dizaine de kilomètres au-dessus de la montagne.

D'autres films à caractère écologique, dont font partie un court-métrage sur les chasseurs d'ouragans et un autre sur les gorilles de montagne, sont aussi parfois à l'affiche. Si vous rêvez des paysages de l'Alaska, visionnez le film *Alaska: Spirit of the Wild* (tlj 13h45, 16h45), un des nominés aux Acadamy Awards de 1998. Le réalisateur George

Casey, également l'auteur de *Eruption of Mount St. Helen*, met tout en œuvre pour impressionner les spectateurs avec ses prises de vue à couper le souffle et notamment la signature même d'IMAX : les plans aériens en plongée. Une panoplie d'ours polaires se querellent et s'amusent, pêchent le poisson, etc. Certains enfants n'apprécieront peut-être pas la violente façon dont les ours déchiquètent leurs proies... Le réalisateur, auteur d'un autre film IMAX intitulé *Africa*, présente le gel et la renaissance de la toundra de l'hiver au printemps, ainsi qu'une gamme impressionnante de mammifères marins qui ont fait du Grand Nord leur résidence, entre autres les baleines à bosse. Le tout est narré par nul autre que Charlton Heston, qui jouait même un rôle dans le récent film *Alaska: Spirit of the Wild*.

Vous pouvez également regarder le film de Roger Payne, *Whales* (tlj 16h45), qui, vous l'aurez deviné, traite principalement des baleines, lesquelles, dans l'imaginaire collectif, fascinent presque autant que les dinosaures par leur taille titanesque. Et les plans rapprochés des baleines, ainsi que les gros plans d'arcs-en-ciel provoqués par l'explosion d'eau qui surgit du haut de la tête de ces mammifères marins, en laisseront plus d'un ébahi. Ce court-métrage de 40 min met aussi en vedette des orques et des baleines bleues. Le réalisateur suit également l'itinéraire annuel des baleines à bosse, alors qu'elles se prélassent au sud de l'Argentine et font le trajet jusqu'en Alaska, où elles se gavent collectivement de planctons et autres minuscules bestioles marines.

L'un des points de mire du front de mer est le **Waterfront Park**, qui s'étend entre Pier 57 et le Pier 59. Mais ce petit parc passerait inaperçu s'il n'abritait pas le **Seattle Aquarium** ★★★ *(6,50$, aquarium et Omnidome 12,25$; Memorial Day à la fête du Travail 10h à 19h, fête du Travail au Memorial Day 10h à 17h; 1483 Alaskan Way ou Pier 59; ☎386-4300)*, une des raisons principales de visiter cette

partie de la ville. On y retrouve un éventail impressionnant d'animaux, soit plus de 400 espèces d'oiseaux, de plantes, de poissons et de mammifères marins. Et, depuis février 1999, on y trouve, entre autres, 60 000 saumons kéta, deux pieuvres rouges, 15 000 saumons quinnat, plusieurs espèces d'étoiles de mer dont le solaster, l'étoile tachetée et la

Attraits touristiques

vermeille, ainsi que des loutres de rivière dénom-

mées Skykomish, Sammamish et Skookumchuck (tous des noms d'origine autochtone), qui ont pour ainsi dire volé la vedette aux otaries (Kenai, Lootas et Kodiak se donnent en spectacle à 11h30, 14h et 17h tous les jours, alors qu'elles avalent un grand nombre de crabes et d'huîtres et cabriolent pour le plaisir des petits et des grands), qui se révélaient jusqu'alors les grandes stars de l'aquarium. L'observation de méduses et d'autres créatures à priori invisibles est rendue possible par l'entremise de microscopes hautement spécialisés, et le **Discovery Lab** permet à ceux et celles qui le veulent de toucher à des étoiles de mer, de faire la connaissance d'un bébé bernacle et d'admirer des bernard-l'hermite.

Vous apprécierez, en outre, la présence de requins bordés – qui ne s'attaquent pas à l'homme – et d'anguilles électriques dans le bassin appelé «Pacific Coral Reef». L'aquarium a aussi la chance d'avoir au nombre de ses «locataires» la première pieuvre née en captivité. C'est en mars 1982 que la seule résidante d'alors se mit à pondre des œufs, l'éclosion ayant lieu d'octobre à décembre. Mais, au bout du compte, un seul des rejetons survécut, ce qui valut tout de même à l'aquarium le prix Edward H. Bean de l'American Association of Zoological Parks and Aquarium. Après 15 mois de vie en captivité, la pieuvre pesait quelque 30 kg et, avec ses tentacules, avait une portée... de 3 m! Une re-constitution des fonds marins du Puget Sound, dénommée *State of the Sound* et concentrée dans un dôme sous-marin contenant 400 000 gallons d'eau, soit

environ 1 500 000 litres, a récemment été remplacée par l'exposition *Sound to Mountains* : de la première exposition, seul le dôme sous-marin subsiste, l'Underwater Dome, où des plongeurs nourrissent les animaux tous les jours à 13h30.

La nouvelle exposition met en vedette les loutres de rivière dont il était question plus haut. Ces mammifères se différencient de leurs cousines les otaries par les nombreux lieux physiques qu'elles peuvent habiter. En effet, on les retrouve aussi bien dans les rivières que dans les lacs et les étangs d'eau douce. Si vous vous aventurez sur les berges du Puget Sound, peut-être en apercevrez-vous nageant dans les eaux, certaines se hasardant dans l'eau salée et aux abords des plages. L'aquarium, il va sans dire, se veut l'endroit idéal pour les familles et particulièrement les enfants. Cette exposition est jumelée à un parc d'attractions pour les bambins, où l'on retrouve des costumes d'animaux que les enfants revêtent avec joie. Elle présente aussi une murale d'eau douce interactive d'une dizaine de

mètres, une vieille bille de bois sur laquelle les enfants grimpent (on peut même s'y cacher!) ainsi qu'une forêt. Grâce à des panneaux explicatifs, vous apprendrez également comment se reproduisent les saumons des eaux environnantes. Et les employés de l'aquarium se feront un plaisir de répondre aux questions que vous leur poserez.

Dirigez-vous toujours vers le nord jusqu'au Pier 66, où siège le **Bell Street Pier** ★, au sud de l'Edgewater Hotel (voir p 180). S'étendant sur 5 ha, il abrite une marina,

Attraits touristiques

Sensibilisation sociale grâce aux arts graphiques

Des inscriptions à caractère social, sous forme de graffitis, sont peintes sur les murs du **Pier 62**★ et du **Pier 63**★, et, selon l'éclairage et l'angle sous lequel vous les regardez, vous verrez (ou ne verrez plus) certaines d'entre elles. Situés là où les autochtones accostaient leurs embarcations au XIXe siècle, ces deux quais se sont vu donner, en 1989, un nouvel look, lorsque l'équipe de designers, composée des architectes Henry SmithMiller et Laurie Hawkinson, de l'artiste Barbara Kruger, du paysagiste Nicholas Quennel, de l'historienne Gail Dubrow et de l'ingénieur Guy Nordenson, y érigea une clôture de tôle galvanisé sur laquelle Barbara Kruger peignit en rouge de courtes phrases à connotation sociale. On peut y lire: *Who Salutes Longest?* (Qui salue le plus longtemps?), *Who Is Free to Choose?* (Qui est libre de choisir?), *Who Follows Orders?* (Qui suit les ordres?), *Who Dies First?* (Qui meurt en premier?), *Who Laughs Last?* (Qui rit en dernier?), *Who Is Housed?* (Qui a un logis?), *Who Is Healed?* (Qui est guéri?), *Who Is Born to Lose?* (Qui est né pour perdre?), *Who Makes History?* (Qui fait l'histoire?), *Who Is Bought and Sold?* (Qui est acheté puis revendu?), *What Disappears?* (Qu'est-ce qui disparaît?), *What Remains?* (Qu'est-ce qui reste?), *Who Decides?* (Qui décide?), *Who Does the Crime?* (Qui commet le crime?), *Who Does the Time?* (Qui va en prison?), *Who Is Beyond the Law?* (Qui est au-dessus de la loi?), *Who Speaks?* (Qui parle?), *Who Is Silent?* (Qui est silencieux?), *Who Controls Who?* (Qui contrôle qui?). Le moins que l'on puisse dire, c'est que ça porte à réflexion...

des places publiques, un complexe de restauration, sans oublier la vue prenante que vous aurez sur le Puget Sound et ses îles. Le **Bell Harbour Conference Center ★**, pour sa part, occupe 16 000 m² et peut accueillir jusqu'à 1 000 invités. Il est le seul du genre aux États-Unis à offrir un système de traduction simultanée en six langues. La marina, quant à elle, accueille des bateaux de 8 à 35 m, et vous pouvez vous y amarrer pendant une semaine. Toutefois, pour les séjours de plus de 24 heures, il est préférable de réserver à l'avance (☎615-3952). On peut se promener sur ce quai pendant des heures puisqu'il abrite nombre de restaurants, notamment son joyau, l'Anthony's Pier 66. Vous pourrez également vous sustenter au The Fishin' Place ou au Bell Street Deli. Faites un saut au **Bell Street Fish Market ★**, où, à l'instar des commerçants du Pike Place Market, vous pourrez choisir vous-même le poisson que vous ferez frire ou cuire dans la soirée. Au magasin Polare, vous pourrez vous équiper de vêtements chauds pour la mer; on y tient en stock les marques Highliner, soit la ligne de vêtements du Seattle Ship Supply, ainsi que celles plus connues que

sont Champion, Stormy Seas et Regatta.

Situé sur le même quai, l'**Odyssey, The Maritime Discovery Center ★★★** *(6,50$; tlj 10h à 17h; 2205 Alaskan Way ou Pier 66, ☎374-4000, ≈374-4002)*, qui

fut construit sur une étendue de 10 000 m² au coût de 15 millions de dollars, se veut une exposition culturelle et éducative qui a pour sujet principal le Puget Sound. En fait, l'économie de l'État de Washington dépend tellement du commerce maritime, qu'il procure un emploi à une personne sur quatre. Vous découvrirez les liens intrinsèques qui lient les résidants de la région au Puget Sound et au nord de l'océan Pacifique, soit la pêche commerciale, la protection de l'environnement marin, les échanges commerciaux, etc. Le centre explique aussi la conséquence des gestes humains sur la na-

Attraits touristiques

ture marine. Vous voyagerez à travers trois expositions thématiques, soit *Ocean Trade*, qui explique l'importance de l'océan Pacifique pour l'économie locale; *Harvesting the Sea* vous laisse explorer les dangers de la pêche commerciale; et *Sharing the Sound* montre comment on peut bénéficier

des vertus de cette mer intérieure tout en la protégeant de la pollution. Ces trois galeries présentent toutes des installations interactives à la fine pointe de la technologie. Vous pouvez prendre le volant d'un porte-conteneurs tandis qu'un commandant vous indique comment vous rendre au quai à temps et en toute sécurité (vous n'avez que deux minutes!). Vous pouvez aussi faire du kayak à l'aide d'un jeu interactif qui montre sur un écran où vous en êtes dans votre parcours maritime. En outre, ce centre maritime répondra à des questions que vous ne vous êtes probablement jamais posées, entre autres sur la

construction des traversiers, sur les secrets d'une croisière en Alaska et sur la conception des gants de baseball. Vous en ressortirez grandi car vous apprendrez sûrement quelque chose de nouveau. En tout, plus de 40 installations interactives vous guideront à travers ce musée fort pertinent.

Autrefois, le Pier 66 accueillait le siège administratif du port de Seattle, maintenant déménagé au Pier 69. C'est à ce quai que vous pouvez vous embarquer sur le traversier *Victoria Clipper*, qui vogue vers l'île du même nom au sud-ouest du Canada. Le **Pier 70** est le terminus du tramway, et vous pouvez le reprendre à cet endroit pour redescendre jusqu'au Pier 48 ou continuer votre balade sur le front de mer, qui s'étend jusqu'au Pier 90.

Le Pier 66 abrite aussi le **Myrtle Edwards Park ★** *(3130 Alaskan Way, entre W. Bay St. et W.Thomas St.,* ☎*684-4075)*, un parc qui s'étend sur 1,5 ha au sud du Pier 70 jusqu'aux silos élévateurs situés plus au nord, ces derniers présentent une exposition relative à leur fonctionnement; plus au nord encore, vous pouvez emprunter l'Elliot Bay Bikeway jusqu'au Pier 86. De ce havre de verdure, vous

aurez une vue enlevante dans toutes les directions : les Olympic Mountains se dressent hautes et fières à l'horizon; les traversiers voguent lentement vers les différentes îles qui ponctuent le Puget Sound, entre autre Bainbridge Island; les quartiers de Magnolia et de West Seattle montrent une parcelle de leur étendue; le port de Seattle accueille les traversiers qui reviennent d'un plus ou moins court voyage; le mont Rainier, au loin, taquine l'œil averti; le domicile des Mariners et des Seahawks, le Kingdome, affiche son côté «vaisseau spatial»; sans oublier la sempiternelle Space Needle, qui veille au grain dans les hauteurs de Seattle.

Dans ce parc où plus d'un Seattleois se retrouve, vous pouvez pratiquer le jogging ou simplement vous

Attraits touristiques

promener en amoureux, regarder les chiens gambader et courir après leur queue, le tout dans un espace vert à perte de vue traversé par d'anciennes voies ferrées. Ce parc n'est toutefois pas seul à occuper cet espace vert puisqu'un de ses congénères, l'**Elliot Bay Park**, partage avec lui les joies de faire face à l'Elliot Bay. Mais vous ne verrez pas la délimitation qui sépare ces deux parcs puisqu'il n'y en a pas.

Vous remarquerez également le jardin de roses et le port de pêche que le parc abrite, ainsi que la controversée œuvre d'art public *Against, Adjacent, Upon* ★. En effet, l'artiste Michael Heizer, que le cinéaste et historien de l'art Rainier Crone avait mis en vedette dans un de ses films, a soulevé l'ire des citoyens de Seattle lorsqu'il a présenté cette œuvre pour le moins minimaliste : trois blocs de granit extirpés du Cascade Range sont placés, comme le titre l'indique en anglais, soit l'un contre l'autre, soit un adjacent à l'autre, soit un par-dessus l'autre. Avec le temps, l'œuvre a transcendé les premières frustrations des contribuables, et les enfants, surtout, ont compris qu'il suffisait d'y grimper ou de s'y asseoir pour en apprécier la valeur artistique! D'autre part, si

vous avez un faible pour la musculation, rendez-vous à l'extrême-nord du parc, où vous pourrez renforcer vos biceps et triceps sur des appareils conçus à cette fin.

Pike Place Market

Seattle, quoi qu'on en pense, est une ville résolument moderne avec ses gratte-ciel qui atteignent des hauteurs vertigineuses, ses équipes de sport et ses centres commerciaux – véritables antres de la consommation. Il est toutefois fort agréable de visiter le Pike Place Market, qui se situe aux antipodes de cette modernité en constante évolution que cultive la «duchesse» de la côte Nord-Ouest des États-Unis. En fait, lorsque vous visiterez ce marché, vous aurez un aperçu de ce que pouvait être la vie seattleoise au début du XXe siècle.

Ce marché, qui a connu une histoire tumultueuse, fut fondé le 17 août 1907 : on voulait alors abaisser le prix exorbitant des denrées et créer un espace réservé exclusivement aux cultivateurs pour qu'ils y vendent leurs marchandises à des prix plus que raisonnables, ce qu'ils ont fait jusqu'à ce jour. Cette

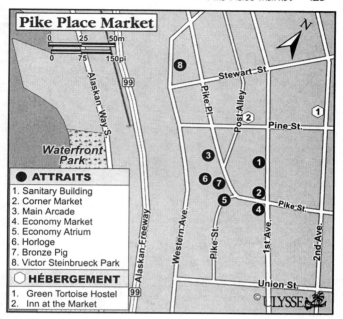

idée fit rapidement son chemin, et le marché de Pike Place connut un vif succès. C'est dans les années trente que l'activité du marché atteint son apogée, alors que plus de 600 agriculteurs occupent cet espace apprécié des citadins et des voyageurs à la recherche de produits frais et peu coûteux. Ce n'est pas par hasard si, à cette époque, le marché se couvre de gloire puisque, palliant les ennuis financiers engendrés par l'épouvantable crise de 1929, il devient le centre névralgique d'une activité économique très viable qui permet à nombre de chômeurs d'y être employés; il s'agit par ailleurs d'un lieu de rencontre agréable où les gens peuvent passer la journée entière. Ainsi les années trente y donnent-elles lieu à une activité trépidante, à vrai dire inconcevable de nos jours, quelque 55 000 personnes le visitant alors quotidiennement.

Mais les années cinquante remettent en question la raison d'être du marché,

Attraits touristiques

dans la mesure où de nombreux citadins choisissent d'élire domicile à l'extérieur de la ville pour sauver quelques précieux dollars. Les activités du marché périclitent et plusieurs projets de conversion urbaine se mettent en branle : on veut la «peau» de cet espace unique.

Dans les années soixante, des écologistes et des activistes se regroupent, cependant, pour s'opposer au démantèlement des lieux. À la tête de ce mouvement, mentionnons le paysagiste et architecte Victor Steinbrueck, qui croyait ferme que ce marché devait être protégé pour sa valeur culturelle et historique, ce qui sera fait en 1971, lorsque, par voix de référendum, les citoyens appuieront sa vision et auront raison des visées mercantiles des gens d'affaires seattlois, le Pike Place Market étant déclaré «Market Historical District» quelques années plus tard. C'est ainsi que les «amis du marché» (Friends of the Market) le sauvèrent d'un funeste destin.

Avec ses poissonneries, ses restaurants spécialisés en fruits de mer (toutefois coûteux et de qualité moyenne), ses curieuses boutiques ainsi que ses

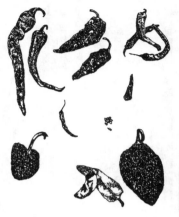

libraires et disquaires marginaux, le Pike Place Market a tout pour satisfaire les amants de la gastronomie et les amateurs de raretés que seul ce marché est en mesure de fournir. Une certaine âme se dégage de cet ensemble où, beau temps mauvais temps, les marchands s'époumonent pour vous attirer vers leurs kiosques remplis de victuailles. Mais soyons francs, ce marché ne vous incitera pas à acheter des bancs de poissons complets, car il s'adresse plutôt aux citadins qui refusent de payer le plein prix au supermarché et qui préfèrent être servis par des «experts», lesquels qui se font un plaisir de bien renseigner leurs clients.

Toutefois, ce n'est pas une raison pour ne pas s'y promener, et de la façon la plus libre qui soit, d'autant plus que chercher à suivre un itinéraire précis dans ce dédale relèverait de la plus pure science-fiction.

Vous serez tenté de vous aventurer dans le Sanitary Market, où vous trouverez des comptoirs de restauration rapide (pas de *junk food*, toutefois) de différentes ethnies, les Asiatiques et les Grecs, entre autres, y tenant des sandwicheries; les cafés y servent également autre chose que du Starbucks – quoique le premier café de cette chaîne ait eu pignon sur rue dans le Pike Place Market. Le **Corner Market ★**, pour sa part, abrite **Left Hank Books** (voir p 278), une libraire qui érige en

système la marginalité; que ce soit de la poésie engagée, des écrits féministes ou de la littérature angolaise que vous cherchiez, vous avez de très bonnes chances d'y trouver le bouquin de vos rêves. Lorsqu'il s'agira d'humer les effluves du poisson frais et des produits cueillis quotidiennement, la **Main Arcade ★★** éprouvera assurément vos sens, les vendeurs du Pike Place Fish Market s'efforçant de vous soutirer quelques dollars par leurs cris amicaux et leurs sourires. Puis, en vous aventurant au nord-ouest du marché, peut-être votre curiosité vous amènera-t-elle à acheter telle ou telle pièce d'art autochtone fabriquée à la main. Le **Sanitary Market Building ★**, situé tout juste au nord du Corner Market,

accueille des marchands qui vous raviront avec leurs fruits et légumes frais; mais on y trouve également des souvenirs de toutes sortes, notamment des objets religieux, des cartes postales, des jouets pour les enfants, des portefeuilles, etc. L'**Economy Market** ★, dans lequel vous pénétrez par le coté sud de la rue Pike, abrite aussi une gamme de petits restaurants où, entre autres, vous pourrez acheter des crêpes françaises à l'unité et les déguster tout en continuant votre visite des lieux. C'est là que vous trouverez le kiosque à journaux **Read All About It** (☎624-0140), qui propose des quotidiens des quatre coins du monde, ainsi qu'un **centre d'information** (*angle 1st Ave. et Pike St.,* ☎628-7453). Dans ce qui est appelé l'**Economy Atrium**, situé au-dessous de l'Economy Market, vous trouverez le **No Boundaries Cafe** (voir p 214) et un espace (sans fumée) où vous pourrez manger et vous reposer. En vous déplaçant vers l'est, vous aboutirez de nouveau à la

Main Arcade (sous l'**horloge immémoriale** ★), où vous attendent des restaurants romantiques comme Il Bistro et l'Alibi Room, deux établissements au cachet chaleureux (voir p 219 Et 216).

Mais le point incontournable du marché (si on peut l'appeler ainsi) est sans aucun doute son *Bronze Pig* ★★★ (cochon de bronze), qui se veut l'ultime symbole du Pike Place Market. Rachel (le nom du cochon) a été créée en 1986 par l'artiste Georgia Gerber, une résidente de Whidbey Island, une des îles du Puget Sound. Georgia s'est inspirée d'un cochon justement dénommé Rachel qui, lors d'une foire annuelle en 1985, avait remporté le premier prix grâce à ses «quelque» 340 kg! Rachel n'est pas une vulgaire statue de bronze; c'est en fait une immense tirelire qui, chaque année, vient en aide à nombre d'organismes, entre autres la Pike Market Medical Clinic, la Downtown Food Bank, le

Les totems de Duane Pasco, le long de l'Occidental Park, côtoient les plus vieux édifices de Seattle dans le quartier du Pioneer Square.
- *Nick Gunderson SKCCVB*

Le Waterfront constitue le contre-pied parfait de cette ville avide de modernité, alors que les traversiers avoisinent les restaurants de fruits de mer.
- *Sean O'Neill*

Depuis l'un des nombreux traversiers qui sillonnent le Puget Sound,
vous aurez une vue époustouflante sur le mont Rainier. - *N.G./SKCCV*

Pike Place Market Senior Center et le Pike Market Child Care & Preschool, soit des associations qui épaulent les plus démunis et les enfants de la ville. Voilà un survol de ce qui vous attend au niveau de la rue car, cachés sous cette armada de marchands, se trouvent cinq étages de boutiques, disquaires et «temples de la renommée» (voir «Achats» p 267). Dans un enchevêtrement indescriptible, il ne vous reste plus qu'à découvrir à votre guise ce marché d'une autre époque!

Tout juste au nord du Pike Place Market, le **Victor Steinbrueck Park** ★ *(2000 Western Ave., ☎684-4075)* a été ainsi nommé en l'honneur de l'architecte-paysagiste du même nom qui a aidé à ressusciter le Pike Place Market ainsi que le Pioneer Square. Il est fréquenté par des musiciens de rue qui font parfois danser les foules, par des habitués du marché et, surtout, par les mouettes ou autres espèces volantes qui viennent voler des miettes de sandwichs aux plus gentils des travailleurs y prenant leur déjeuner. De ce parc, vous aurez une vue quelque

peu obstruée (par deux totems) sur le Waterfront et le Puget Sound; il constitue également l'endroit idéal pour pique-niquer, une vingtaine de tables étant mises à la disposition des citadins et des voyageurs. Pour quelques pièces de monnaie, vous pourrez observer Bainbridge Island et les autres îles qui constellent le Puget Sound à l'aide de quelques puissants télescopes. Malheureusement, la proximité du viaduc de l'Alaskan Freeway fait que le bruit semble omniprésent aux heures de pointe.

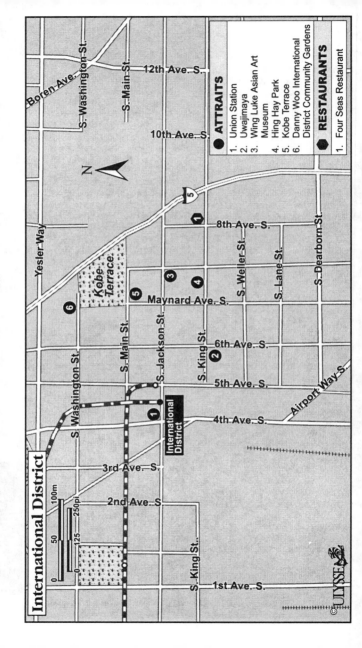

International District

● **ATTRAITS**

1. Union Station
2. Uwajimaya
3. Wing Luke Asian Art Museum
4. Hing Hay Park
5. Kobe Terrace
6. Danny Woo International District Community Gardens

● **RESTAURANTS**

1. Four Seas Restaurant

© ULYSSE

★

International District

Adopté en 1964 par le maire d'alors, Wes Uhlman, l'International District est le nom très *politically correct* du Chinatown de Seattle. Cette appellation s'avère fort juste, puisqu'une multitude de peuples asiatiques, notamment les Vietnamiens, les Japonais, les Laotiens, les Philippins, les Coréens et les Chinois, y cohabitent. Situé tout juste au sud du quartier historique du Pioneer Square et au nord-est du Safeco Field, ce quartier, délimité d'ouest en est par 2nd Avenue et 12th Avenue, et du nord au sud par Washington Street et Weller Street, accueille depuis la fin du siècle passé les immigrants asiatiques venus rejoindre des membres plus ou moins éloignés de leur famille. Ces Asiatiques venaient également travailler dans l'une des multiples entreprises de la capitale économique du Nord-Ouest américain. C'est dans ce quartier que vous trouverez bon nombre de

Misère et racisme

La Deuxième Guerre mondiale enfante une période horrible : plusieurs Japonais sont incarcérés, expulsés de leur domicile ou carrément abattus. Les malheurs de cette communauté se poursuivent dans les années cinquante, leurs conditions de vie déclinant à une vitesse fulgurante. Des Asiatiques du Sud-Est s'installent également dans ce quartier, dans les années soixante, là où l'International District prend parfois le nom de «Little Vietnam» (petit Vietnam). La chute de la qualité de vie atteint son paroxysme en 1970, lorsque l'Ozark Hotel prend feu, engendrant la mort de 20 personnes. Puis la construction de l'autoroute 5, qui scinde la ville en deux, détruira plusieurs logements de ce quartier.

Attraits touristiques

restaurants ethniques aux menus rafraîchissants, voire déconcertants. Toutefois, l'histoire de ce secteur, pas toujours reluisante, décontenance encore plus que ces plats d'un autre monde.

La première période d'immigration coïncide avec la construction du chemin de fer dans les années 1880; les différents magnats se disputent la main-d'œuvre, une vague de Chinois se précipitant sur la Côte Ouest américaine. Les premières manifestations anti-chinoises ont lieu en 1886, puis, avec l'avènement de la crise économique qui culmine en 1893, plusieurs immigrants se voient forcés de retourner dans leur pays d'origine. Les Japonais, pour leur part, s'installent à Seattle à partir de 1879, devenant par le fait même la plus importante minorité ethnique de la ville. Ils y établissent alors une maison de jeux le Toyo Club, qui devient rapidement la deuxième en importance aux États-Unis. Les Japonais forment aussi la Japanese American Citizens League en 1930, qui s'assurera du bien-être de ses conci-toyens japonais jusqu'au début de la Deuxième Guerre mondiale.

En 1920, plusieurs immi-grants avaient accumulé assez d'argent pour que leur famille les rejoigne en cette terre de rêve qu'est l'Amérique. C'est ainsi que Japonais, Chinois et Philippins vivent en harmonie dans ce quartier

depuis les années folles : d'ailleurs, Seattle est la seule ville où ces trois groupes ethniques vivent ensemble.

Ces nombreux problèmes ne sont toujours pas réglés puisque, encore aujourd'hui, la plupart des résidants de l'International District vivent sous le seuil de la pauvreté. La communauté cherche d'ailleurs plusieurs solutions aux problèmes épineux de la sécurité publique et du coût des logements, qui ne cesse de grimper. On s'acharne à trouver des terrains pour y construire des appartements destinés aux moins nantis, mais le problème de la «modernisation» ne peut être plus présent que dans ce quartier : en fait, Seattle change tranquillement de visage et plusieurs appartements luxueux voient le jour depuis quelques années, ce qui inquiète nombre de résidants à faible revenu. Et, jusqu'à récemment, le gouvernement fédéral parlait même d'y construire... une prison!

Malgré tous ces problèmes sociaux, l'animosité qui sévissait entre Blancs américains et Asiatiques semble dissipée parmi les ruelles sombres qui abritent restaurants et boutiques, et l'International District, qu'on le veuille ou non, demeure un des quartiers les plus visités, autant par les Seattlois que par les voyageurs étrangers qui se délectent de tant d'exotisme.

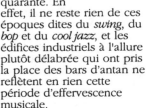

Nous vous suggérons de commencer la visite de ce circuit en montant à bord du tramway qui circule depuis **South Jackson Street**; il longe le front de mer jusqu'au **Pier 70** (voir p 111). Difficile de croire que, des années vingt aux années cinquante,

cette rue accueillait les boîtes de nuit enfumées dédiées au jazz, où Quincy Jones et Ray Charles ont fait leurs débuts dans les années quarante. En effet, il ne reste rien de ces époques dites du *swing*, du *bop* et du *cool jazz*, et les édifices industriels à l'allure plutôt délabrée qui ont pris la place des bars d'antan ne reflètent en rien cette période d'effervescence musicale.

À l'angle de South Jackson Street et de 4th Avenue South, l'**Union Station** ★, ornée d'une horloge qui bat la mesure du temps, constitue le point de départ du réseau d'autobus souterrain (METRO), lequel longe 3rd Avenue jusqu'à Pine Street. Il se dirige ensuite vers son terminus, plus à l'est, à l'angle de 9th Avenue.

Pour avoir un aperçu de ce qu'est un supermarché-à-grande-surface à la japonaise, rendez-vous au complexe **Uwajimaya** ★★ *(tlj 9h à 20h; 519 6th Ave. S., ☎624-6248 ou 800-889-1928, ≈624-6915)*, situé au sud de South Jackson Street. Le fondateur de ce gigantesque emporium,

Fujimatsu Moriguchi, nomme son magasin en l'honneur de sa ville natale; il s'était initialement installé à Tacoma en 1928, mais, après la Deuxième Guerre mondiale, il décide de déménager. Aujourd'hui, son fils Tomio agit en tant que président de la compagnie, qui a depuis ouvert une seconde succursale à Bellevue, à l'est de Seattle.

Continuez votre visite sur S. Weller Street en allant vers l'est jusqu'à 8th Avenue S. Dirigez-vous ensuite vers le nord jusqu'à S. King Street.

En plus du Seattle Asian Art Museum (voir p 165), la ville de Seattle recèle d'un autre monument qui garde en mémoire les souvenirs asiatiques, soit le **Wing Luke Asian Museum** ★★ *(2,50$,*

entrée libre jeudi; visites guidées pour groupes de 10 pers. ou plus oct à juin; mar-ven 11h à 16h30, sam-dim 12h à 16h; 407 7th Ave. S., ☎623-5124, ≈623-4559), installé dans un ancien garage d'autos, tout près du Theatre Off Jackson. Ce musée, le seul aux États-Unis qui soit dédié à la communauté pan-asiatique, porte le nom du premier homme politique d'origine asiatique, Wing Luke, à avoir été élu à un poste officiel dans l'État de Washington : il gagne un siège au conseil de la ville de Seattle en 1962. Mais ce pionnier meurt tragiquement lorsque l'avion qui le transporte s'écrase en 1965; la communauté érige ce musée, en 1967, pour honorer sa mémoire.

Le Wing Asian Museum présente la culture, l'art et l'histoire des peuples des îles du Pacifique et pousse les Américains, Asiatiques et peuples des îles du Pacifique à mieux se comprendre. Voilà donc l'occasion de découvrir les cultures de l'Asie orientale et des îles du Pacifique

comme Hawaii. Le musée se targue d'être le seul à présenter une vision critique de la massive immigration asiatique sur la Côte Ouest américaine.

La plus importante des deux expositions permanentes est celle qui relate l'histoire vieille de 200 ans de l'immigration des peuples de l'Asie, en commençant par les premiers Hawaïens qui élirent domicile dans l'État de Washington; puis l'exposition s'attarde aux nombreux Asiatiques qui ont quitté leur pays pour s'établir au Nouveau Monde, soit les Vietnamiens, les Laotiens, les Coréens, les Japonais, les Philippins, les Chinois et les Cambodgiens, sans oublier les peuples du sud de l'Asie et les tribus nomades des montagnes. Cette exposition s'intitule *One Song, Many Voices* et relate les premiers signes d'une vie asiatique dans l'*Evergreen State* ainsi que quelques anecdotes : les premiers Asiatiques en affaires, les clubs sociaux, les barbiers, les premières équipes de sports, etc.

En quelques heures, vous ferez le tour de la deuxième exposition, qui présente des photographies, des objets rares, des cerfs-volants peints à la main ainsi

qu'une gamme d'entrevues tournées en vidéo qui facilitent la compréhension de la difficile intégration de ces peuples venus d'outre-Pacifique. Vous approfondirez également vos connaissances

historiques en découvrant les drames teintés de racisme qu'ont subi les premiers immigrants ainsi que ceux que vécurent les Japonais lors de la Deuxième Guerre mondiale.

Reprenez King Street vers l'ouest jusqu'à Maynard Street.

Pour bien saisir l'ambiance de l'International District, dirigez-vous vers le **Hing Hay Park** ★ *(angle King St. et Maynard Ave. S.)*, construit en 1975 et entièrement pavé de briques rouges. Bien qu'il soit souvent dépourvu de toute vie humaine, l'emplacement de ce parc en fait un des points centraux du quartier; en effet, lors d'événements spéciaux comme l'International District Summer Festival, il se voit fréquenté par une foule enjouée. La grande pagode, construite à Taïwan et donnée à la Ville de Seattle par la Ville de

Attraits touristiques

Taipei, témoigne de l'architecture traditionnelle de la petite île de Taïwan. Vous y remarquerez également une grande fresque murale et son dragon. La mémoire des sino-américains morts lors de la Deuxième Guerre mondiale est honorée par un mémorial décoré de fleurs que parents, amis et inconnus au cœur tendre déposent tout en se recueillant.

Empruntez S. Maynard Street vers le nord jusqu'à S. Main Street.

Après avoir «escaladé» Maynard Street, vous apercevrez un petit havre de verdure, soit le **Kobe Terrace Park** ★ *(tlj 6h à 23h30; 700 S. Washington St., entre S. Main St. et S. Washington St., ☎684-4075)*, adjacent à l'autoroute 5. Ce parc, nommé Yesler Terrace Park jusqu'à ce qu'il prenne son nom contemporain en 1975, s'étend sur 0,5 ha et est sillonné de plusieurs sentiers qui mènent à une très vénérable lanterne de pierre vieille de 200 ans et pesant 3 600 kg. Celle-ci fut gracieusement offerte par l'une des villes jumelées à Seattle, soit Kobe au Japon (d'où le nom du parc). Maintenu avec soin et

prenant un look raffiné, ce parc se distingue nettement du reste du quartier. En effet, il surplombe des entrepôts, des marchés pavés de briques rouges, des restaurants et des herboristes. Les résidants du quartier portent une attention particulière aux cerisiers qu'ils entretiennent avec soin, allant même jusqu'à couper les branches mortes.

En outre, lors des journées dépourvues de nuages, vous bénéficierez d'une superbe vue sur le mont Rainier, sur le Pioneer Square, ainsi que sur les **Danny Woo International District Community Gardens** *(angle S. Maynard St et S. Main St.,* ☎*624-1802).* Ces jardins furent ainsi nommés en l'honneur du donateur de ce terrain, feu Danny Woo, pionnier et restaurateur de l'International District. Des jardiniers d'un certain âge y entretiennent avec fierté leur petit lot où ils cultivent plantes et légumes.

Aménagés en 1975 par des bénévoles, les jardins Danny Woo rappellent la forme compacte et le design utilisés par les paysagistes en Asie. Bien malgré lui, ce parc qui, à priori, peut donner l'impression d'un paradis perdu, ne contribue pas toujours à la paix qu'évoque un tel

aménagement naturel : le bruit engendré par la proximité de l'autoroute 5, qui longe le parc à l'est, rend parfois impossible le silence et la sérénité. Mais, en général, la quiétude est au rendez-vous.

Quartier des affaires

Situé entre 1st Avenue et l'autoroute 5 d'ouest en est et entre Yesler Way et Olive Way du sud au nord, le quartier des affaires voit l'apparition d'une nouvelle vague d'édifices se ressemblant tous (plus ou moins), et ce, depuis environ cinq ans. Il est à se demander si un style architectural typique du Nord-Ouest américain existe vraiment, ou si l'on assiste à la plate reproduction de styles déjà en vogue dans l'est des États-Unis : vous seul en serez le juge. Le look postmoderne que révèlent les nouveaux édifices de ce quartier n'est pas sans causer un certain étonnement, alors que les formes et les lignes classiques sont parfois abandonnées et remplacées par des courbes indéfinissables.

Ce look d'avant-garde, jumelé au trafic tout simplement inhumain de la

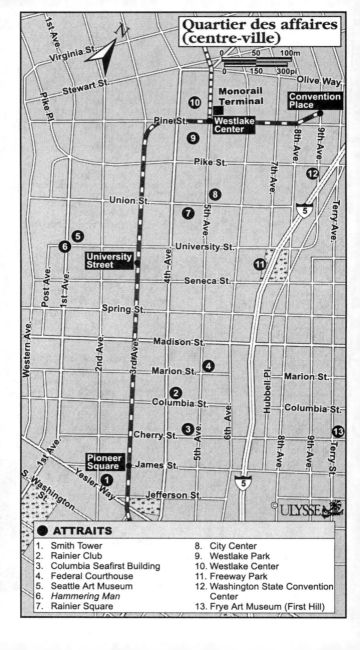

Quartier des affaires (centre-ville)

Virginia St.

Stewart St.

Olive Way

Monorail Terminal

Convention Place

10

Westlake Center

Pine St.

9

Pike St.

Union St.

8

7

5

6

University Street

University St.

Seneca St.

11

Spring St.

Madison St.

Marion St.

4

Columbia St.

2

Marion St.

Cherry St.

3

Columbia St.

Pioneer Square

James St.

13

1

Jefferson St.

© ULYSSE

1st Ave. · Virginia St. · Stewart St. · Pike Pl. · Post Ave. · 1st Ave. · Western Ave. · 2nd Ave. · 3rd Ave. · 4th Ave. · 5th Ave. · 6th Ave. · 7th Ave. · 8th Ave. · 9th Ave. · Terry Ave. · Hubbell Pl. · Yesler Way · S Washington St.

0   50   100m
0   150   300pi

● ATTRAITS

1. Smith Tower
2. Rainier Club
3. Columbia Seafirst Building
4. Federal Courthouse
5. Seattle Art Museum
6. *Hammering Man*
7. Rainier Square
8. City Center
9. Westlake Park
10. Westlake Center
11. Freeway Park
12. Washington State Convention Center
13. Frye Art Museum (First Hill)

grande région de Seattle, a engendré une forte migration des Seattleois vers ce quartier. On ne s'y ennuie pas, certes, car on y retrouve la grande majorité des galeries d'art et plusieurs théâtres, sa vie nocturne n'étant pas non plus à dénigrer.

Contrairement à ce que l'on pourrait croire, les plus importantes entreprises de Seattle, comme Boeing ou Microsoft, ont établi leur siège social à l'extérieur de ce quartier, exigu et difficile à arpenter en voiture (plusieurs rues à sens unique font en sorte que la conduite automobile au centre-ville n'est pas de tout repos). Des entreprises locales de moindre envergure, comme Nordstrom, ont toutefois choisi de doter le centre-ville d'un de leurs magasins principaux.

Vous trouverez dans ce quartier, nonobstant ces gratte-ciel omniprésents, une panoplie de commerces qui abritent des sociétés bien connues, comme le célèbre Niketown, dont les nombreuses succursales ont pignon sur rue dans les plus grandes villes américaines, telles que New York ou Chicago, ou encore le Planet Hollywood, des

propriétaires Sylvester Stallone, Bruce Willis, Demi Moore et Arnold Schwarzenegger. Mais, à l'instar du quartier Wall Street de New York, celui-ci est dénué de toute vie après les heures de bureau, ce qui le rend peu attrayant pour les voyageurs qui voudraient le fréquenter après 18 h. En outre, c'est tout de même ici que vous trouverez une brochette des meilleurs restaurants de la ville, les hôtels de luxe et l'auberge de jeunesse, sans parler du magasinage, au centre même de l'activité économique du centre-ville.

Il est agréable de marcher sur 5th Avenue, où vous ne pourrez manquer le **Westlake Park**, situé en face du Westlake Center; pour sa part, le **Washington State Convention and Trade Center** (le bureau d'information touristique y loge), ce mastodonte assis à cheval entre University Street et Pike Street du sud au nord

et entre 7th Avenue et Terry Avenue d'ouest en est, sépare le centre-ville de First Hil, et l'autoroute 5 passe sous ce géant aux formes étranges. C'est aussi dans ce quartier que vous pourrez sillonner le METRO Bus System, un réseau souterrain dans lequel vous pourrez vous déplacer gratuitement dans le centre-ville de 9 h à 17 h.

Haute de 42 étages et construite en 1914, la **Smith Tower** ★★ *(2$; tlj 10h à 17h; 506 2nd Ave., angle Yesler Way, ☎682-9393 ou 622-4004)*, déchirée entre le Pioneer Square et le centre-ville, est l'oeuvre de la firme d'architectes Gaggin & Gaggin de Syracuse, dans l'État de New York. L'entrepreneur L.C. Smith, le magnat de la dactylo Smith-Corona qui a donné son nom au bâtiment, investit un bon montant d'argent dans sa tour, le cadre des fenêtres de l'édifice étant orné de bronze; il fait également décorer l'intérieur du bâtiment de marbre d'Alaska et d'onyx mexicain. Le tout est doté d'une fondation à l'épreuve du feu constituée de quelque 300 000 kg de béton, ainsi que d'un mécanisme résistant aux tremblements de terre.

Le fils de L.C. Smith, Burns Lyman, lui suggère d'ajouter

24 étages à la modeste proposition de 18 étages qu'il fait à la Ville de Seattle. Ce dernier a vent des éloges que reçoivent les concepteurs de la tour Eiffel en 1889, et convainc son père d'ériger un monument que l'histoire retiendra. Longtemps cette tour a-t-elle été considérée comme le plus grand édifice à l'ouest du Mississippi : seulement trois édifices new-yorkais la dépassaient au moment de son érection au début du siècle. Mais depuis, elle a été supplantée par un autre édifice seattlois, la Colum-

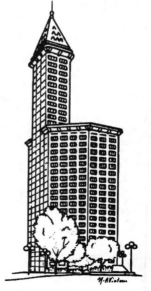

Smith Tower

bia Seafirst Tower (voir plus bas), et sa grandeur d'antan semble bien lilliputienne quand on la compare aux autres mammouths qui trônent dans le ciel de Seattle. De nos jours, la Smith Tower, qui figure au registre national des lieux historiques, est surtout visitée pour sa **Chinese Room** ★. Ce bijou architectural est orné de boiseries de teck et d'ébène importé, sculptées de façon intrigante. Cette chambre sert souvent de salle de réception pour les mariages. Vous pouvez aussi vous asseoir dans la *Wishing Chair*, une chaise léguée par l'impératrice de Chine d'alors, le mythe voulant qu'une femme célibataire s'y assoyant et faisant le vœu de se marier prochainement devrait voir son souhait s'exaucer dans l'année qui vient...

Depuis le point d'observation extérieur de l'édifice, au 35e étage, vous aurez une vue quasi panoramique (300°) sur les alentours, ainsi que sur le Mont Rainier. L'excentrique Ivar Haglund, fondateur du restaurant Ivar's Acres of Clams (voir p 211), était le propriétaire de cet édifice dans les années soixante-dix et avait même suggéré qu'on remplace les ascenseurs ancestraux par de nouveaux, plus modernes. Heureusement,

un consortium de gens bien informés se porta à la défense de l'édifice et mit des bâtons dans les roues du Norvégien d'origine : il vendit subséquemment l'édifice.

Entre la Rainier Tower et le Columbia Seafirst Center (voir plus bas), vous apercevrez un bâtiment qui se distingue de tous les autres, soit le **Rainier Club** ★ *(angle Columbia St. et 4th Ave)*. Malheureusement, c'est tout ce que vous pourrez apprécier de ce dernier, puisqu'il est réservé à ses membres. Fondé en 1888 par un groupe de gens d'affaires, l'édifice actuel est terminé en 1904 et adopte un style particulier d'architecture, soit le *Dutch-Gable*. L'architecte de ce club prestigieux, Kirtland Cutter, se serait inspiré de l'Anglais Aston Hall. En 1929, alors que le club connaît un succès sans précédent, on décide d'y ajouter une aile, dont on confie la réalisation à Carl Gould et dont le portal georgien sert aujourd'hui d'entrée principale.

Le **Columbia Seafirst Center** ★★ *(3,50$; lun-ven 8h30 à 16h30; 701 5th Ave., entre Cherry St. et Columbia St.,* ☎*386-5151,* ≈*386-5119)* est cet édifice de 76 étages à l'apparence futuriste et au miroitant effet de noirceur.

Dans les années quatre-vingt, plusieurs édifices titanesques sont érigés. Conçu en 1984, le Columbia Seafirst Center supplante la Smith Tower en tant que plus grand bâtiment à l'ouest du Mississippi. Moins élégant que sa consœur la Smith Tower et moins ringard que la Space Needle, il domine seul dans le ciel de Seattle. À partir du point d'observation situé au 73e étage, vous bénéficierez de la meilleure vue sur la ville, sur le Cascade Range, sur le mont Rainier, sur l'Olympic Peninsula et, évidemment, sur le Puget Sound.

L'architecte Louis A. Simon s'est chargé de l'édification de la **Federal Courthouse** ★ *(angle 5th Ave. et Madison St.)*, dont la construction se termine à la fin des années trente. Comme beaucoup de bâtiments fédéraux, l'austérité règne en maître,

Hell, No! We won't go!

La pelouse de la Federal Courthouse a accueilli, bien malgré elle, les manifestants hippies qui s'opposaient à la guerre du Vietnam.

ce qui reflète les temps maussades quand cet édifice a été construit, suite à la crise de 1929. Vous remarquerez la magnificence des marches, conçues dans le but avoué d'accueillir les plus grandes personnalités politiques de l'État de Washington.

Au **Seattle Art Museum** ★★ *(7$; mar-dim 10h à 17h, jeu 10h à 21h; 100 University St., angle 1st Ave., ☎654-3100)*, dont le superbe bâtiment postmoderne est l'œuvre de l'architecte Robert Venturi, vous découvrirez l'art oriental, qui compose une grande partie de la collection permanente du musée. Mais l'un des hauts points du musée prend place à l'extérieur de ce dernier, soit *The Hammering Man* ★★★, une œuvre d'art public incontournable qui accueille les visiteurs. Cette silhouette haute de 15 m représente la force prolétaire qui a construite la Seattle d'hier et d'aujourd'hui. La structure motorisée martèle dans le vide quatre fois par minute, et l'artiste Joseph Borofsky disait de son œuvre : «... *At its heart, society reveres the worker. The Hammering Man is the worker in all of us.*» (Au cœur des choses, la société vénère le travailleur. *The Hammering Man* est le travailleur dans chacun de nous.)

The Hammering Man

Le Seattle Art Museum, haut de cinq étages et érigé au coût de 62 millions, a été terminé en 1991 et, pour ce faire, l'architecte a utilisé un savant mélange de granit, de terre cuite et de marbre. Mais revenons à ce que contient ce musée, qui abrite des œuvres de plusieurs peuples, dont les pièces principales proviennent d'Asie, d'Afrique et d'Océanie, sans oublier l'apport de l'art autochtone ainsi que celui de la période précolombienne. Malheureusement, ce n'est pas la qualité comme le choix des pièces de la collection d'art autochtone qui subjuguent, mais la familiarité qu'elle dégage qui déçoit énormément. Les pièces d'Afrique, quant à elles, apportent une nouvelle vision de l'art dit moderne, en ce que l'on voit où des artistes révolutionnaires comme Picasso et Gauguin ont pu puiser leur inspiration.

Par ailleurs, on y présente une bonne variété de films d'art. Au moment de notre passage, on pouvait y voir un film sur l'art aborigène australien, qui, à l'instar de la collection permanente d'art africain, témoigne d'une recherche artistique ancrée dans le réel, qui fascine par son étrangeté et son goût pour la simplicité. En outre, votre billet est aussi valable pour le Seattle Asian Art Museum, si vous l'utilisez dans un intervalle d'une semaine.

En sortant du musée, vous pouvez descendre les Harbour Steps (angle University Street et First Avenue du côté ouest) jusqu'au Waterfront.

Empruntez University Street vers l'est jusqu'à 4th Avenue. Comme vous pourrez le constater dans le chapitre «Achats» (voir p 267), la ville de Seattle recèle de nombreux centres commerciaux, surtout à la périphérie du centre-ville.

Attraits touristiques

L'un de ceux-là, le **Rainier Square** *(1301 5th Ave., entre University St. et Union St.,* ☎*628-5050)*, occupe tout le quadrilatère compris entre 4th Avenue et 5th Avenue d'ouest en est, et entre University Street et Union Street du sud au nord. Vous y trouverez des boutiques de vêtements pour hommes ou pour dames, des librairies, des restaurants et même un musée d'art autochtone. En vous dirigeant vers le nord sur 5th Avenue, vous croiserez un autre de ces centres commerciaux, le **City Center** *(1420 5th Ave., entre Union St. et Pike St.)*. Il abrite lui aussi une panoplie de boutiques, le Planet Hollywood, un cinéma ainsi que la galerie d'art Foster/White Gallery située au rez-de-chaussée. C'est ici que vous pourrez voir des œuvres exposées à même le centre commercial, surtout à l'étage, entre autres celles d'artistes faisant partie de la Pilchuck Glass School.

Certains aménagements urbains ne plaisent pas à tout le monde à Seattle. C'est entre autres le cas du **Freeway Park** ★ *(entre Seneca St. et University St., près du Highway 5)*, qui, pour certains, a pansé la cicatrice qu'est l'autoroute 5, qui sépare pour l'éternité le premier quartier huppé de Seattle, First Hill, du centre-ville; pour d'autres, ce parc ne serait qu'une tentative maladroite pour réconcilier deux parties de la ville qui, faute de meilleurs aménagements routiers, ne pouvaient plus «vivre» ensemble, et l'inévitable autoroute (qui, malgré sa grande étendue, n'a pas réglé les problèmes de circulation de la région métropolitaine de la Ville-Émeraude) devait à tout jamais signer l'acte de divorce des deux quartiers.

Quoique les uns et les autres en pensent, le Freeway Park est un des préférés des enfants car, malgré le bruit omniprésent causé par l'autoroute, ils s'amusent près des chutes conçues par Lawrence Halprin et Angela Danadjiva. Un seul corridor mène le promeneur du sud au nord du parc, le **Pigott Memorial Corridor**, grâce auquel vous vous rendrez, malgré vous, jusqu'au **Washington State Trade and Convention Center** ★ *(Pike St., angle 7th Ave.)*. Il n'y a pas grand-chose à voir dans ce mastodonte qui accueille surtout les gens d'affaires. Vous pouvez vous sustenter dans les quelques établissements de restauration rapide qu'il abrite si cela vous chante. Mais la pièce maîtresse de ce centre est située au sud du hall d'exposition principal, soit *Seattle George*, une œuvre d'art public conçue par

Lewis «Buster» Simpson. Elle représente deux des pères fondateurs des États-Unis, en l'occurrence George Washington et le Chief Sealth. Le buste du double personnage est soutenu par une structure conique renversée que supporte un tripode. Puis, au sommet, trônent 24 profils de ce «Jeckyll & Hyde» politique. Des sentiers entourent le monument et l'artiste a aussi incorporé à son œuvre des textes historiques sur des panneaux explicatifs.

Belltown (Denny Regrade) et Seattle Center

Le quartier de Belltown et le Seattle Center, situés au nord du centre-ville, sont bien différents l'un de l'autre et, dans une certaine mesure, se complètent à merveille. Le premier, dans lequel on pénètre juste au nord du Pike Place Market et qui s'étend d'ouest en est de 1st Avenue à 5th Avenue, était un quartier malfamé qui, il y a peine à 20 ans, faisait peur à voir. Nombre de restaurants de qualité et de boîtes branchées, sans parler des salles de billard, occupent ce quadrilatère, délimité au nord par Denny Way.

Vous y trouverez une clientèle différente de celle que l'on fréquente au centre-ville, alors que plusieurs artistes, décorateurs et amateurs de cuisine raffinée se rencontrent pour siroter une bière tout en écoutant des musiciens de jazz. La plupart des établissements font dans le bon chic bon genre sans toutefois arborer une allure guindée.

Néanmoins, c'est dans Belltown (ou Denny Regrade, c'est selon) que vous rencontrerez la faune aux prétentions les plus artistiques, si l'on fait exception de la «Republic of Fremont». On appelle parfois ce quartier Denny Regrade (*Regrade* voulant dire «régression») puisqu'au début du siècle la ville de Seattle, à l'instar d'une vallée entourée de montagnes, subissait les assauts répétés de pluies fines qui prenaient des allures de véritables déluges. C'est pourquoi l'ancêtre de la Denny Regrade, la Denny Hill, fut rasée et qu'aujourd'hui il ne reste rien de cette colline d'antan.

Entre 1902 et 1910, la Denny Hill s'effondre sous le jet de tuyaux d'arrosage qui propulsent l'eau de l'Union Bay au pied de la colline, ce qui engendre des étangs de boue à perte de vue créant un spectacle

● ATTRAITS

1. Center on Contemporary Art
2. Tillicum Place Park
3. Space Needle
4. Olympic Illiad
5. Pacific Science Center
6. Center House
7. Children's Museum
8. Flag Plaza
9. International Fountain
10. Key Arena
11. Opera House

○ HÉBERGEMENT

1. Commodore Motel Hotel
2. Vagabond Inn
3. Kings Inn
4. Seattle Inn
5. Best Western Loyal Inn
6. Quality Inn & Suites City Center
7. Days Inn
8. Best Western Executive Inn
9. Sixth Avenue Inn
10. Ramada Inn Downtown Seattle
11. Holiday Inn Express
12. Travelodge
13. The Warwick
14. Wall Street Inn
15. Vermont Inn

● RESTAURANTS

1. Caffè Minnie's
2. Palmer's Cocktail
3. 2218
4. Axis
5. Flying Fish
6. Queen City Grill
7. Avenue One
8. Space Needle
9. El Gaucho

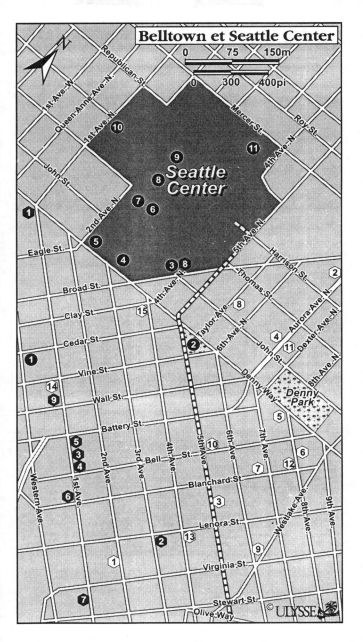

Belltown et Seattle Center

hautement surréaliste puisque quelques résidants refusent de délaisser leurs maisons, ces dernières trônant dans un environnement quasi apocalyptique. Aujourd'hui, le quartier de Belltown est souvent critiqué par les plus pauvres de la ville et les artistes blasés devant tant de modernité inutile. Vous verrez nombre de graffitis qui remettent en question, par exemple, la destruction de vieux édifices pour les remplacer par des condominiums (appartements) coûteux qui offrent une vue à couper le souffle de la ville; les restaurants luxueux, pour leur part, ont remplacé les bars de quartier. Néanmoins, ce quartier bourgeois n'en a que l'allure que la nuit puisque, le jour, il est fréquent de rencontrer des itinérants qui quémandent quelques aumônes. Ne vous aventurez pas sur 1st Avenue entre Wall Street et Blanchard Street puisque, sous l'autoroute 99 (ou Alaskan Way Viaduct), s'agglomèrent plusieurs itinérants qui y dorment, y boivent et y quémandent. Inutile de dire que cette rue peut s'avérer fort désagréable à la nuit tombée.

Au nord de Denny Way se trouve le cœur de l'activité touristique de Seattle, soit le Seattle Center, où eut lieu l'Exposition internationale de 1962. Vous y verrez, entre autres, la Space Needle, qui, à l'instar de la tour du CN de Toronto, donne une vue surprenante sur la grande région métropolitaine de Seattle et ses environs. D'autres attraits comme le Children's Museum, vous l'aurez deviné, plairont sûrement aux enfants. Vous y trouverez également le Pacific Science Center, la Key Arena et l'opéra.

Par les journées chaudes d'été, l'International Fountain accueille des musiciens et des adeptes de rythmes tribaux, alors que le soleil perle au-dessus des têtes, que les chiens courent et que les cerfs-volants volent au vent.

Au nord-ouest du quartier de Belltown se trouve le **Center on Contemporary Art ★★** (*2$; mar-sam 11h à 18h, dim 12h à 16h; Cedar St., angle Western Ave., ☎/≈728-1980*) ou **CoCA**. Ce musée, qui avoisinait le Seattle Art Museum depuis son ouverture en 1981, a dû déménager en 1995, au grand plaisir des résidants de Belltown. Il se targue de présenter les œuvres les plus diverses et contemporaines qui soient dans la région, certaines expositions ne plaisant pas toujours au grand public.

En fait, au cours des années, ce musée a eu l'audace de s'attacher à tout ce qui est en marge, en présentant des humains tatoués, percés ou enduits de chocolat; tous les fluides connus ont aussi été mis en valeur, tel le sang; certaines manifestations artistiques ont pris des formes plutôt inusitées, comme celle où des housses mortuaires servant à transporter les dépouilles des combattants morts au front furent utilisées. Inutile de dire que la conformité ne fait pas partie du curriculum vitae de cet établissement.

Ce musée sans but lucratif a présenté quelques expositions désormais célèbres dans le monde de l'art des dernières années, comme *Counterfeit Masterpieces of 20th Century Art* en 1989 et, plus récemment, *Gender, fucked* en 1996. Les installations multimédias font partie intégrante de ce musée qui ne saurait être moderne sans elles. Au centre des activités de ce centre d,art contemporain, on retrouve l'art particulier au Nord-Ouest américain, nombre d'artistes de partout à travers l'Amérique du Nord étant également

invités à présenter leurs œuvres. Des peintres slovaques ainsi que d'autres Européens ont vu leurs œuvres consacrées par des expositions, ce qui prouve hors de tout doute la vocation internationale du CoCA. Le centre présente cinq expositions par année.

Dirigez-vous vers l'est sur Clay Street jusqu'à l'angle de Denny Way.

De forme triangulaire, le **Tillicum Place Park** ★ *(500 Denny Way,* ☎*684-4075)* honore la mémoire du chef autochtone qui légua son nom à Seattle, soit le Chief Sealth, Noah de son prénom. À première vue, cette place n'a rien d'impressionnant, si ce n'est du buste de cuivre du Chief Sealth qui trône tristement en face de Zeek's Pizza. En fait, il devait être plus intéressant lorsqu'il a été créé puisque l'arrière-arrière-petite-fille du chef assista à la présentation dut buste en 1912, ce qui dû provoquer moult larmes; malheureusement, l'histoire a fait du chef un amérindien ordinaire et ce parc sobre en témoigne. Aujourd'hui, il n'est composé que de quelques bancs où l'on peut s'asseoir pour se recueillir devant ce visage imprégné de sagesse; ce buste baigne dans un «bassin-miroir», les déchets

Chief Sealth Fountain

flottant salement à la sur face de l'eau. Néanmoins, nous vous conseillons de visiter ce parc car, n'eût été du Chief Sealth, la paix entre les Blancs et les autochtones se serait probablement conclue dans le sang.

Rendu sur Denny Way, vous serez à deux pas du Seattle Center et de ses attraits touristiques pour toute la famille. Vous pouvez vous payer du «luxe» en prenant le **Monorail** ★ *(1$; 25$ pour un laissez-passer mensuel; lun-ven 7h30 à 23h, sam-dim 9h à 23h; ☎441-6038)* depuis le Westlake Center (voir p 269). En fait, il n'en coûte qu'un dollar pour monter à bord de ce moyen de transport en service depuis l'Exposition universelle de 1962. Le projet de 3,5 millions de dollars a été

financé par une firme suédoise, et les wagons furent montés en Allemagne de l'Ouest, le tout selon un design italien : on peut dire que ces wagons ont une saveur internationale... Vous pourrez le prendre toutes les 15 min, sauf entre 11h30 et 13h30, alors que le monorail circule toutes les 7 min. Il est agréable d'y prendre place car il offre une vue surprenante sur centre-ville et Belltown, alors que les grandes surfaces cèdent la place à des squares désertés, des immeubles abandonnés et des chantiers de construction, et ce, jusqu'à votre destination finale, soit le Seattle Center. Le trajet ne dure que 90 secondes, donc profitez-en.

Lorsque vous descendrez du Monorail, vous ne pourrez manquer la **Space Needle** ★ ★ ★ *(9$; angle 5th Ave. et Broad St., ☎443-2111, ⬝443-2100)* qui semble trôner seule dans le ciel de Seattle. C'est en 1959 qu'Edward Carlsson dessine sur un bout de papier sa «vision» d'une tour qui s'élèverait par-dessus tout à l'horizon. Et, en 1962, son rêve se concrétise alors que l'«aiguille» de l'espace attire des millions de curieux d'à travers le monde.

Vu sa silhouette filiforme, la Space Needle, bien qu'elle

soit conçue pour résister à toutes les intempéries, a dû fermer à quelques reprises, par exemple en décembre 1996, alors que de furieuses tempêtes de neige s'abattirent sur la ville. Néanmoins, ces occasions ne surviennent que rarement, et il est fort probable que vous puissiez vous hisser au haut de ses quelque 200 m, ce qui ne demande que 43 secondes. Un membre du personnel vous fera un petit résumé de son histoire tumultueuse (au moment de notre visite, l'«aiguille de l'espace» subissait des travaux de rénovation).

Rendu à l'apogée de la Space Needle, la vue qu'elle procure ne peut qu'abasourdir le visiteur, alors que vous verrez clairement le Puget Sound, le lac Washington, le mont Rainier lorsque le ciel n'est pas couvert de nuages, le mont St. Helen, etc. Plusieurs panneaux d'interprétation indiquent ce que vous voyez au loin. Vous pouvez aussi vous arrêter dans l'une des boutiques de souvenirs où vous payerez le gros prix pour

un t-shirt ou une casquette de la Space Needle.

Il vaut mieux y monter lors des journées ensoleillées, car la vue est alors meilleure. Néanmoins, même s'il pleut, n'hésitez pas à y monter : à 9$, c'est un peu cher, mais si vous visitiez New York, n'iriez-vous pas rendre visite à la statue de la Liberté? À vous de décider. Vous pouvez également vous y restaurer.

Après avoir trôné dans le ciel de Seattle, redescendez sur terre et rendez-vous à l'ouest du Seattle Center, où vous verrez l'*Olympic Illiad* ★, une œuvre d'art public conçue en 1984 par l'artiste Alexander Liberman. Cette œuvre consiste en 41 anneaux cylindriques de fer de diamètres différents. Elle est facile à repérer car sa couleur rouge la met en net relief avec son environnement.

Space Needle

Attraits touristiques

Continuez votre visite du Seattle Center en vous dirigeant toujours vers l'ouest.

Tout juste au sud-ouest de la Space Needle se trouve le **Pacific Science Center** ★ ★ ★ *(7,50$; tlj 10h à 18h; 200 2nd Ave., ☎443-2880, ☞443-3631)*, un musée de la technologie où plusieurs installations interactives facilitent la compréhension de phénomènes naturels qui se produisent tous les jours. L'architecte Minoru Yamasaki, celui-là même qui conçut le Rainier Square (voir p 144, 268), s'occupa de la construction des cinq bâtiments qui abritent des expositions permanentes comme celle où vous pourrez calculer la vitesse à laquelle vous pédalez sur une bicyclette; d'autres expositions expliquent, notamment, le phénomène de la gravité, quelque peu complexe pour des enfants (en effet, ce centre s'adresse principalement aux familles, et surtout aux enfants : ce qui ne veut pas dire pour autant que les adultes n'y trouveront pas leur compte).

En fait, le Pacific Science Center présente un parfait amalgame de divertissement et d'éducation, tous les volets des expositions étant simples à opérer, sans pour autant être simplistes.

Une salle renfermant des ordinateurs facilite la compréhension de ces joyaux, dont des éducateurs enseignent les rudiments aux enfants; une autre exposition vous permet de créer vos propres chansons.

Dans le deuxième bâtiment, vous rencontrerez des dinosaures; le **Smith Planetarium** présente, pour sa part, des vues spectaculaires et étoilées du ciel du Nord-Ouest américain. Les nostalgiques des années soixante se précipiteront sûrement pour entendre The Doors et Jimi Hendrix dans le **Laser Fantasy Theater**, soit le quatrième bâtiment du complexe scientifique.

En outre, vous pourrez visionner des films à la salle **IMAX** *(2$ de plus)*. Au moment de notre passage, on y présentait *Everest*, un film impressionnant qui retrace le périple d'alpinistes qui ont escaladé la célèbre montagne de l'Himalaya.

Dirigez-vous ensuite vers le nord et pénétrez dans la Center House.

Pour se rafraîchir ou se sustenter, le Seattle Center a prévu un grand espace qui a pour nom **Center House** *(305 Harrison St., ☎684-8582)*, où la restauration rapide est malheureusement à

l'honneur. C'est ici que vous pourrez également vous adonner à la polka, nombre de danseurs émérites se laissant aller sur la musique d'un orchestre spécialisé en la matière; la plupart des danseurs ont 60 ans ou plus... mais ce n'est pas une raison suffisante pour ne pas inviter une gente dame ou un joli monsieur à danser!

Aussi, au dernier étage de la Center House, vous pourrez prendre quelques leçons de musique javanaise, les instruments à percussion étant au centre de cette musique des îles polynésiennes. Certains comédiens viennent aussi y présenter leurs numéros, mais ce sont surtout les enfants qui, encore une fois, raffolent de cette «maison». En effet, l'attrait principal est sans aucun doute le **Children's Museum** ★★ *(4$ enfants 5,50$; lun-ven 10h à 17h, sam-dim 10h à 17h; niveau inférieur de la Center House, ☎441-1768, ⌨448-0910)*. Le mot «musée» peut porter à confusion parce qu'en fait il consiste plutôt en un gigantesque terrain de jeu où les enfants peuvent se cacher derrière des billes de bois ou dans une forêt dont le sommet culmine à l'étage des restaurants; des jeux virtuels sont aussi présents, comme celui où vos enfants pourront virtuellement faire du rouli-roulant. D'autres expositions, comme *Time Trek*, plongent les enfants dans des univers d'un autre temps, comme l'univers maya, par exemple. Une exposition met aussi en valeur la nature, alors que les enfants découvrent différents spécimens de notre planète.

Dirigez-vous vers le nord jusqu'à l'International Fountain.

En sortant de la Center House, après avoir avalé

Attraits
touristiques

quelques hamburgers ou trucs du genre, vous apercevrez la **Flag Plaza ★**, où 50 drapeaux volent librement au vent; vous pourrez également vous rappeler vos souvenirs d'enfance en voyant l'**International Fountain ★**, située au centre du Seattle Center, qui propulse ses jets à plus de 50 m. Si vous avez le goût de vous rafraîchir, n'hésitez à vous lancer corps et âme dans cette eau purificatrice, et d'autres aussi téméraires que vous vous imiterez sûrement. Par les journées chaudes d'été, plusieurs musiciens viennent présenter leurs rythmes insaisissables et vous pourrez alors danser sans réserve. Durant la saison estivale, des concerts y ont lieu, alors que le Northwest Folk Festival et le Bumbershoot font sauter de joie les amateurs de musique en tout genre.

Les amateurs de sport et de concerts rock se retrouvent au **Key Arena ★** *(près de N. Harrison St. et de 1st Ave. N., ☎684-7200, ≈684-7342)*, le domicile des Thunderbirds de Seattle, qui font partie de la Ligue de hockey junior de l'Ouest. Le Key Arena doit son nom à la Key Bank, qui a acheté des droits sur l'édifice. En plus de présenter des matchs enlevants de hockey sur glace, les amateurs de

basket-ball, beaucoup plus nombreux que les amateurs de hockey, s'y rejoignent par ailleurs pour encourager les Supersonics. Les mélomanes ne seront pas déçus, puisque les plus grands noms de la musique pop s'y produisent, comme Alanis Morissette, Depeche Mode, Andrea Bocelli et Elton John. En outre, comme dans la plupart des amphithéâtres américains, il est très coûteux de s'y restaurer; nous vous conseillons de vous sustenter avant de prendre place dans les gradins de la Key Arena.

Le dernier arrêt du Seattle Center, et non le moindre, est l'**Opera House ★** *(angle Mercer St. et 3rd Ave. N, ☎684-7200, ≈684-7342)*, située à l'extrême nord-est du centre de divertissement qu'est le Seattle Center. Speigh Jenkins, le directeur de l'opéra depuis 1983, a su mettre en œuvre toute la gamme de ses talents, et il n'est pas rare que les spectacles affichent complet. La sobriété du nom de cette salle d'opéra témoigne de l'austérité de cet amphithéâtre qui accueille au plus 3 000 spectateurs à la fois. Le ballet et l'opéra y partagent les planches depuis 1962, et l'on y présente quatre ou cinq opéras par année dont le célèbre *Cycle des anneaux* de l'Allemand Richard Wagner, qui a depuis quelque temps gagné la faveur du public.

De First Hill à Capitol Hill

Le quartier de **First Hill**, bien pauvre comparativement à celui de Capitol Hill, que nous découvrirons plus loin dans cette section, ne semble abriter que des hôpitaux et des immeubles dépourvus d'aura ou de présence. Mais c'est quand même dans ce quartier que vous trouverez certaines des plus vieilles et belles maisons victoriennes de la région. Toutefois, le réel point d'intérêt de cette «première colline» (c'est ici que les premiers riches de la ville élurent domicile, d'où le nom pompeux de First Hill) est son musée, le plus traditionnel qui soit dans cette ville à l'affût de la nouveauté.

«Conservatisme» serait un mot faible pour décrire le **Frye Art Museum** ★★ *(704 Terry Ave.,* ☎*622-9250),* qui, cependant, n'est pas dénué d'intérêt. À l'extérieur du musée se trouve un «bassin-miroir», une chute d'eau ainsi qu'un petit jardin. Vous devez traverser une

rotonde bien éclairée puis un élégant hall avant de découvrir la collection privée des Frye. Vous remarquerez que les murs, peints de couleur aubergine et taupe, rehaussent la palette foncée des collections permanentes.

Charles et Emma Frye, de richissimes Seattlois de la fin du siècle dernier, se sont procuré nombre de peintures d'artistes américains des XIXe et XXe siècles. Parmi ceux qui méritent qu'on retienne leur nom, mentionnons Winslow Homer, Thomas Hart Benton et Edward Hopper. Charles Frye se procure sa première peinture européenne à l'Exposition internationale de Chicago en 1893; plus de 200 tableaux décoreront sa demeure de First Hill.

Ce premier achat engendrera une passion pour l'art européen, comme en témoignent les collections de peintures allemandes datant de la période qui s'étale de 1870 à 1900, époque qui servira de tremplin aux artistes tourmentés de l'expressionnisme (circa 1900-1919). À l'instar des impressionnistes français, ces peintres allemands dépeignent la nature avec tous ses caprices lumineux, et les panoramas ainsi que les portraits englobent la

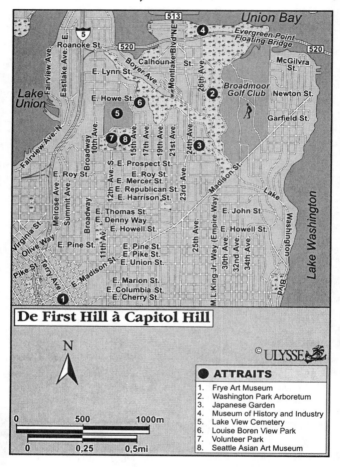

De First Hill à Capitol Hill

N

↑

© ULYSSE

● **ATTRAITS**

1. Frye Art Museum
2. Washington Park Arboretum
3. Japanese Garden
4. Museum of History and Industry
5. Lake View Cemetery
6. Louise Boren View Park
7. Volunteer Park
8. Seattle Asian Art Museum

0   500   1000m

0   0,25   0,5mi

majorité des œuvres que le musée expose. Un peu de piquant activera peut-être vos neurones artistiques lorsque vous arriverez devant le *Péché* de Franz Von Stuck, artiste bien connu pour sa hantise des femmes et son goût du morbide. Cette œuvre dépeint une femme et un serpent de telle sorte que la symbiose entre les deux sujets rend difficile la distinction de ces derniers. Certes troublant. En outre, le musée abrite une salle de spectacle contenant 142 places.

Sis complètement à l'est de la ville, le quartier de **Capitol Hill** repose sur une colline qui s'incline vers l'ouest, et ce, jusqu'au centre-ville. Ce quartier, séparé du centre-ville par l'autoroute 5, qui scinde la ville en deux, constitue depuis plusieurs années l'un des plus agréables où vivre grâce à son atmosphère détendue et à sa proximité relative du quartier des affaires. Toutefois, le visiteur se rendra vite compte qu'il n'y a pas grand-chose à voir; vous y déambulerez librement et, si le cœur vous en dit, vous vous mêlerez aux résidants, des discussions vives et sympathiques s'ensuivant quasi automatiquement. Mentionnons aussi que ce quartier abrite «officieusement» la population gay, les boutiques, les librairies et les bars destinés aux gays et lesbiennes y pullulant.

En fait, selon certains observateurs, Seattle serait devenu la *pink city* américaine par excellence, supplantant même sa voisine du sud, San Francisco. L'un des nombreux recueils d'informations gays qui circulent à Seattle s'intitule *The Pink Pages*.

Mais le point culminant de Capitol Hill est certes son effarante collection de boutiques, où les achats sont à l'honneur. Disquaires, librairies, friperies et autres magasins de vêtements branchés y ont pignon sur rue, et l'ambiance décontractée omniprésente dans ce quartier vous poussera peut-être, sans préavis, à vous diriger vers le plus proche tatoueur...

Malgré son nom bien local, le **Washington Park Arboretum** ★★★ *(entrée libre; tlj 7h à la brunante; 2300 Arboretum Dr. E., ☎543-8800)* ne se limite pas à présenter des espèces de plantes particulières au Nord-Ouest américain puisque environ 70 pays y présentent leur flore. En fait, cet espace vert, que vous rejoindrez en empruntant Madison Street depuis le centre-ville vers l'est jusqu'au Lake Washington Boulevard East, est

Orchidée

Attraits touristiques

limité au sud par 40th Avenue East et Madison Street, et au nord par l'autoroute SR-520 et Lake Washington Boulevard East. Il comblera les amants de végétation puisque y sont exposées plus de 4 800 espèces, réparties sur 80 ha de terrain dignement aménagés.

Les collections de ce musée vivant, qui met l'emphase sur les arbres du Nord-Ouest américain, sont agencées dans le but de mettre en valeur leur beauté tout en favorisant la fonction que les différentes espèces remplissent dans le paysage urbain. L'éducation du public, la familiarisation à l'écologie et la diversité des espèces s'e retrouvent également au cœur des préoccupations du personnel de l'arboretum. Vous pourrez même devenir membre de cet organisme sans but lucratif, qui compte sur un budget de 700 000 dollars et possède plus de 3 000 fidèles.

Vous ne pourrez choisir meilleure saison que le printemps pour visiter cette gigantesque exposition arboricole, alors que plusieurs fleurs éclosent et que les oiseaux gazouillent dans les environs; vous n'y verrez pas que des magnolias ou autres plantes communes, car l'exotisme est tout autant à l'honneur que l'humble brochette de plantes locales. Ce sera alors l'occasion pour vous de découvrir ou de revoir des érables japonais, des azalées et des rhododendrons. Vous partagerez l'engouement pour cette passion florale avec les résidants de Seattle qui, beau temps mauvais temps, n'hésitent pas à s'y rendre pour déambuler sur l'Azalea Way, un sentier quelquefois peu praticable mais qui

réveillera l'«aventurier» en vous, ou l'Arboretum Drive East, moins téméraire, de laquelle vous apercevrez des cerisiers en fleurs. Si vous désirez vous munir d'une carte de l'arboretum pour mieux en apprécier les bijoux naturels, rendez-vous au **Donald G. Graham Visitors Center** *(tlj 10h à 16h; 2300 Arboretum Dr. E.)*, où un préposé vous remettra une carte des différents sentiers que vous pouvez arpenter. Cette carte vous informera également des visites guidées gratuites, entre autres celles organisées les samedis et dimanches après-midi à 13h.

La perle rare de ce musée à ciel ouvert est certes le **Japanese Tea Garden** ★★ *(2,50$; mars à nov tlj 10h à 16h, l'heure de fermeture varie selon la saison; 1502 Lake Washington Blvd. E., ☎684-4725)*, où vous verrez des tortues, des carpes et des poissons rouges exotiques se dandiner dans les eaux cristallines d'un petit étang. C'est le designer Juki Iida qui orchestra la construction de ce jardin qui s'étend sur 1,4 ha dont les lignes droites dénuées d'artifice font tout le charme. Il faut mentionner que Iida n'en était pas à ses premières armes, puisque le designer avait déjà conçu plus de 1 000 jardins japonais du genre! Pour ce faire, plus de 500 blocs de granit furent extraits du Cascade Range; Iida décida ensuite de l'emplacement de chacun de ces blocs, puis supervisera la plantation des différents arbres tels que les pins, les érables, les rhododendrons

Attraits touristiques

Naissance d'un éden vert

Conçu dans les années trente par James Dawson, employé par les frères Olmsted, l'arboretum abrite 40 000 arbres et vignes ainsi que 139 espèces en voie d'extinction: il n'est pas appelé le «zoo des arbres» pour rien. L'arboretum a vu le jour en 1934 grâce à une entente entre l'University of Washington et la Ville de Seattle. En effet, cette dernière détenait ce terrain que l'on nommait alors Washington Park. Par la suite, Dawson et Frederick Law Olmsted, Jr. conçurent l'arboretum que l'on connaît aujourd'hui, cela sans compter les modifications apportées par le directeur Brian O. Mulligan, qui changea l'ordre de classement «primitif-avancé» des plantes, ce qui était la norme dans les années trente, en replantant certaines espèces pour favoriser leur développement. C'est ainsi que le Winter Garden et le Woodland Garden naquirent tout juste après la Deuxième Guerre mondiale.

ainsi que des espèces végétales comme les mousses et les fougères. Comme au Seattle Asian Art Museum, vous pourrez vous initier dans ce cas au rite du thé, à 13h30 le troisième samedi des mois de mars à novembre.

Depuis l'autoroute SR-520, peut-être verrez-vous un étroit sentier qui porte le nom d'**Arboretum Waterfront Trail**. Aussi anodin qu'il puisse paraître, il est parsemé de beautés inattendues (que les enfants comme les plus vieux apprécieront) et possède même une touche romantique, car le spectacle, gracieusement offert par la faune et la flore, incitera les amoureux à se chuchoter des mots doux à l'oreille. On peut emprunter ce sentier depuis le Waterfront Arboretum ou le Museum of History and Industry, soit les deux endroits où vous pourrez vous procurer un dépliant explicatif sur les différentes espèces qui habitent ce petit coin de paradis. De plus, cette marche exploratoire ne vous prendra pas plus d'une heure, à moins que, frappé par la beauté que recèle ce sentier, vous vous attardiez à quelque vue spectaculaire et alliez jusqu'à refaire le trajet en sens inverse!

Le sentier passe par **Foster Island ★**, sur laquelle habitent une faune et une flore composées de bouleaux, de chênes, de pins ainsi que de papillons de nuit, de grands hérons bleus, de troglodytes de marais et de merles d'Amérique. Si vous ouvrez l'œil, peut-être apercevrez-vous un castor fuyant, téméraire, les rames d'un canoteur. En effet, il est possible de naviguer dans Montlake Cut en louant un canot à l'University of Washington. Il n'est pas rare de voir flotter dans l'Union Bay des bouquets de nymphéas tubéreux, que l'on aperçoit depuis le sentier ou d'une plate-forme d'observation construite à cet effet. Avec un peu de patience, vous ferez connaissance avec des plantes, des canards et d'autres oiseaux.

Malheureusement, comme c'est le cas pour la plupart des parcs de la ville, la circulation, cette fois causée par l'autoroute SR 520 (qui, toutefois, ne recouvre que la partie extrême-nord du sentier), ruine la magie qui découle de cette oasis de paix. Rendu à l'extrême-nord de l'île, vous passerez par une étroite promenade longeant Montlake Cut, où ont lieu chaque année un défilé de bateaux et quelques courses. Puis vous traverserez le plus grand des derniers marécages de Seattle, avant d'arriver dans le stationnement du Museum of History and Industry (voir ci-dessous).

Juste avant de pénétrer dans le campus de l'University of Washington terre universitaire, vous découvrirez un autre des musées de la ville de Seattle, soit le **Museum of History and Industry ★★** *(5,50$; lun-ven 11h à 17h, sam-dim 10h à 17h; 2700 24th Ave. E., ☎324-1346, www.historymuse-nw.org).* Et

Castor

comme l'histoire, ce musée est en mouvement perpétuel, y faisant alterner les expositions présentant des archives de baseball régional ou une rétrospective de la Pilchuck Glass School. Les amateurs d'histoire, et plus particulièrement ceux qui affectionnent la région du Nord-Ouest américain,

seront aux anges dans ce musée qui abrite une vaste collection de photographies d'époque *(sur réservation seulement,* ☎*324-1126)*; au sous-sol, ne manquez pas de visiter la salle multimédia qui reproduit le Great Seattle Fire, où vous aurez l'impression d'assister à la destruction de la ville en 1889.

Fondé en 1914, le Museum of History and Industry se targue d'être la plus grande organisation privée à collectionner des archives.

Vous trouverez tout dans ce musée, depuis les gouvernails de bateaux jusqu'aux par d'anciennes robes de soirée, qui décrivent fort bien les soirées galantes d'antan, et certains des vestiges datent de la fin du XVIIIe siècle. Mais ce musée demeure fort contemporain, comme en témoigne la nouvelle mode bien seattleoise représentée dans ce musée, soit celle du «soufflage de verre»; le musée ne se fait pas prier pour reproduire une de ces séances qui fait appel à des techniques ancestrales. Vous y verrez aussi une reconstitution d'une rue qui date d'avant le grand incendie ainsi que nombre d'objets d'époque. Ce musée, comme nous l'avons dit, s'adresse surtout aux «grands» amateurs d'histoire : tenez-vous-le pour dit. Malgré tout, tout le monde devrait apprécier les vestiges qui y sont présentés. Ne manquez pas les curiosités que renferme ce musée, entre autres l'«Empathy Belly», création d'une résidante de Seattle pour donner aux hommes l'impression d'être «enceints»! Et, pour le prix d'entrée, c'est quasiment donné. De plus, vous aurez accès à quelque 800 000 livres, cartes, manuscrits et photographies à même le musée ou par l'entremise de son site Web : *www.historymuse-nw.org*.

Aux États-Unis, c'est bien connu, les mythes prennent parfois des proportions inimaginables. Et le cas des Lee, soit Bruce et Brandon, ne fait pas exception à cette règle d'or. En effet, vous pourrez vous remémorer les acrobaties du premier et les rôles obscurs du deuxième au **Lake View Cemetery** ★ *(tlj 9h à la brunante, bureaux ouverts tlj 9h à 16h30; angle 15th Ave. E. et Garfield St.)*, qui, faute d'émerveiller ou d'enivrer le visiteur, sert de dernier refuge à quelques-unes des figures marquantes de l'histoire de Seattle. Outre ces deux mégastars du grand écran, toutes deux

mortes dans des circonstances nébuleuses, bizarres et tragiques, vous pourrez vous recueillir sur la tombe de la princesse Angeline, la fille du Chief Sealth, sur celle de Doc Maynard, un des pionniers et premiers hommes d'affaires de la ville, sans oublier celle d'Asa Mercer, grâce à qui Seattle a vu naître sa première génération de véritables

Seattleois. Les tombes de la famille Denny, celle de Hiram M. Chittenden, artisan des Ballard Locks, ainsi que celle de Henry Yesler, premier vrai businessman de la ville à qui Seattle doit une fière chandelle, se trouvent également dans ce cimetière.

Si les panoramas à couper le souffle vous attirent et que la visite du cimetière vous a déprimé, n'hésitez pas à découvrir le **Louisa Boren View Park** *(angle 15th Ave. E. et E. Olin St.)*, situé en face de l'entrée du cimetière. Ce parc offre quelques avantages notables : il est rarement envahi par les touristes et la quiétude de son environnement laisse rêvasser les âmes les plus sensibles devant les beautés du lac Washington et du lac Union.

Situé en plein centre de Capitol Hill, le **Volunteer Park** ★★ *(hiver tlj 10h à 16h, été tlj 10h à 19h; 1247 15th Ave. E., ☎322-4112)*, un espace vert de 16 ha, fut ainsi nommé en l'honneur des volontaires qui participèrent à la guerre hispano-américaine de

Attraits touristiques

1898, qui eut lieu dans les Philippines. C'est J. Willis Sayers qui a pensé à cette appellation alors qu'il revenait lui-même du front.

L'histoire de ce parc regorge d'anecdotes... et de réorganisations. En effet, la ville achète le terrain au prix modique de 2 000$ en 1876. Puis, en 1885, le Washelli Cemetery y prend place et accueille les morts pendant deux ans; l'ancien cimetière prend aujourd'hui le nom de Lake View Park. Puis, Leigh Hunt, le propriétaire du *Post-Intelligencer*, un des quotidiens de Seattle, vit une expérience mystique : il entend des voix! Ces dernières lui disent de déménager les corps des défunts car cet espace a été conçu pour les vivants.

En 1893, on abat 2,4 ha d'arbres pour y construire la première serre du Volunteer Park à venir. C'est par 15th Avenue que vous pénétrerez dans ce parc où, après avoir gravi la centaine de marches qui se présenteront devant vous, vous apercevrez le château d'eau, qui date de 1906, son réservoir étant construit en 1901.

Ici, vous verrez sûrement l'œuvre d'Isamu Noguchi, *Black Sun*, qui attire les voyageurs de tous les coins du monde. Les *kids Kodak*

de la planète ne pourront résister à cette œuvre puisque, en arrière-plan, se trouve la Space Needle : soyez certain que vos photos impressionneront vos amis! Rendu au sommet des marches (106 pour être

Black Sun

précis), vous aurez le loisir d'observer la ville depuis une plateforme d'observation, et cela, gratuitement : cette version pauvre de l'observatoire de la Space Needle n'égale nullement la qualité de la vue que vous auriez en plein Seattle Center, mais qui ne paie rien n'a rien en retour... ou presque.

Vous pourrez aussi vous instruire à propos des frères Olmsted – ceux-là mêmes qui construisirent la Seattle moderne en la dotant de parcs – car une exposition permanente retrace les hauts moments de ces architectes célèbres qui ont transformé à tout jamais le visage de la ville.

Le parc abrite aussi un **conservatoire de verre** *(hiver tlj 10h à 16h, été 10h à 19h)* de style victorien, qui prend l'allure du London Crystal Palace. Chacune des cinq pièces qu'abrite le conservatoire représente un environnement unique au monde : la Palm House, la Bromeliad House, la Fern House, la Cactus House ainsi qu'une «maison» saisonnière. En fait, les frères Olmsted le firent préfabriquer et il fut assemblé par les employés du parc. La fierté du conservatoire est toutefois la collection d'orchidées, très fragiles, que l'on a dû entourer de clôtures afin de les préserver. Il est malgré tout possible de les apercevoir. La serre, pour sa part, a été construite en 1912 par les frères Olmsted, qui ont aménagé le parc au grand complet. Les ventes d'automne et de printemps, qui attirent les «pouces verts» de la région, sont deux des événements annuels très populaires du parc.

Dans les années cinquante, Willis Sayers et quelques vétérans de guerre vinrent poser une plaque commémorative

pour rappeler à tout le monde pourquoi ce parc avait été nommé «Volunteer». Vous pourrez y lire que le parc est dédié à la mémoire des combattants qui périrent au combat lors des guerres de Cuba, de Puerto Rico et des Philippines.

Toutefois, le Volunteer Park est surtout fréquenté la fin de semaine, alors que nombre de quidams s'y prélassent ou s'y dégourdissent les jambes en courant après un frisbee; d'autres préfèrent se lancer des balles de baseball, et les plus pachas d'entre eux se dorent au soleil en écoutant les musiciens qui font résonner avec leurs instruments des rythmes tribaux.

Le parc a abrité le Seattle Art Museum de 1933 à 1991. Le **Seattle Asian Art Museum** ★★ *(3$; mar-mer et ven-dim 10h à 17h, jeu 10h à 21h; 1400 E. Prospect St.)*, qui a ouvert ses portes en 1994 et qui loge dans un bâtiment Art déco, s'avère l'attraction par excellence du Volunteer Park, et il occupe à l'extrême-nord du parc. Les amateurs d'art asiatique seront ravis de savoir qu'il contient une des 10 plus importantes col-

Attraits touristiques

dynasties s'étalant sur des siècles et des siècles : les arts du Sud-Est asiatique, de la Chine, du Japon, de la Corée, du Vietnam et autres emballeront les néophytes

lections d'art asiatique à l'extérieur de l'Orient.

Si vous comptez visiter ce musée en 1999, sachez que cette année est consacrée à un pays en particulier, soit le Japon. Or, du 19 août 1999 au 13 février 2000 se déroulera l'exposition temporaire intitulée *Modern Masters of Kyoto: Transformation of Japanese Painting Tradition, Nihonga from the Griffith and Patricia Way Collection*. Elle mettra en valeur 80 exemples de *Kyoto Nihonga* créés par 40 artistes. Ces peintures s'échelonnent sur une période de 80 ans, soit de 1860 à 1940. De plus, vous pourrez visionner des courts métrages et assister à des performances, sans oublier les *Free First Saturday* qui proposent une panoplie d'activités pour toute la famille notamment des films pour enfants *(11h à 14h)*.

Vous y retrouverez également l'art de moult

comme les grands connaisseurs. Une salle est réservée à l'art funéraire chinois, une autre à de vieux kimonos japonais; une autre salle, surprenante, abrite des sculptures religieuses de pierres du sud de l'Asie. Les sculptures datant de la dynastie Yuan (XIIIe siècle) impressionnent tout autant les unes que les autres, que ce soit les gardiens de tombe, les simples reproductions de paysans ou les guerriers. La salle qui abrite l'art bouddhiste peut mener à une expérience de recueillement, comme l'a vécue votre tout dévoué. Des figurines travaillées à la main fascinent par leur précision et leur minutie. Bref, la visite de ce musée vaut le détour. Si vous réservez à l'avance, vous

pouvez participer à une cérémonie traditionnelle du thé au **Tea Garden** ★ *(jeu 11h à 17h30, ven-dim 11h à 16h30).*

★★
Quartier universitaire

Mieux connu sous le nom de «U District», le quartier de l'University of Washington bénéficie d'un environnement plus qu'admirable pour se consacrer aux études. Du fait de son emplacement complètement séparé du centre-ville, éloignant ainsi les distractions que pourraient causer les aléas de la vie urbaine, vous y sentirez une atmosphère nettement détendue, le quartier étant parsemé de cafés et de restaurants – fréquentés presque exclusivement par une clientèle estudiantine –, de boutiques d'avant-garde et branchées, sans parler des nombreuses librairies et des kiosques à journaux marginaux.

En fait, ce quartier est tellement différent de la «vraie» ville qu'on pourrait se croire parachuté dans une autre cité, voire dans un autre État. Ce quartier, à l'instar de celui de Capitol Hill, n'offre pas grand-chose d'essentiellement touristique : vous y découvrirez plutôt un autre visage, certes plus jeune, loin de tous ces gratte-ciel et des Starbucks situés, on le croirait, à tous les coins de rue du centre-ville.

Même si la ville de Seattle n'en est pas une où l'on vous regarde de haut, le quartier universitaire s'avère encore plus ouvert aux différentes tangentes qu'empruntent ceux et celles qui ont choisi d'y élire domicile, le temps de leurs études, ou simplement pour vivre loin du brouhaha urbain.

Vous emprunterez la désormais célèbre autoroute 5 pour vous y rendre, et le trajet se fait facilement en moins de 20 min,

Attraits touristiques

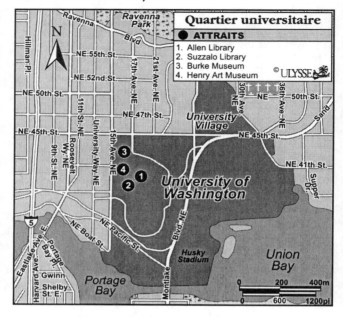

Quartier universitaire

● **ATTRAITS**

1. Allen Library
2. Suzzalo Library
3. Burke Museum
4. Henry Art Museum

© ULYSSE

à moins que vous ne restiez coincé dans l'un des bouchons que cette autoroute n'a su éradiquer. L'action, si vous me permettez de m'exprimer ainsi, se passe principalement sur University Way, élégamment surnommée «The Ave». C'est en effet ici que vous trouverez tout ce dont vous avez besoin, que ce soit le dernier disque de Korn ou des friperies de vêtements usagés. Bref, ce quartier incontournable de la Ville-Émeraude mérite une visite exhaustive, ne serait-ce qu'un après-midi ensoleillé (si vous êtes chanceux...).

Entamons ce circuit par son attrait principal, soit l'**University of Washington** ★ *(angle NE 45th St. et 17th Ave. NE, ☎543-2100)*. Auparavant, vous pouvez vous documenter au **Visitor Information Center** *(lun-ven 8h à 17h; 4014 University Way NE)*. L'université a déménagé à quelques reprises depuis sa fondation en 1861; elle

n'occupait alors qu'un seul bâtiment sur l'University Street d'aujourd'hui, située au cœur du centre-ville actuel. Cette partie de la ville était surnommée «Denny Knoll». Puis, avec le développement de la région environnante, force fut de constater que le premier site choisi ne convenait plus, et c'est alors qu'un terrain vierge de tout bâtiment, au nord des baies de Portage et d'Union, fut choisi. La construction des bâtiments débute en 1891, mais, faute de fonds, le projet avorte. Toutefois, l'initiative de Regent David Kellogg fait que le Denny Hall, le premier édifice du site à venir, est terminé en 1895 et accueille les premiers universitaires la même année. Aménagé par George W.

Lawton et Charles Saunders, ce bâtiment abrite la cloche originale de l'université, fondue en 1861.

Les frères Olmsted sont encore employés à la construction de divers édifices : ils élaborent le plan «Liberal Arts Quadrangle» en 1904, mais doivent repousser à plus tard sa mise en œuvre puisque l'exposition Alaska-Yukon-Pacific de 1909 allait occuper le site de l'université. Plus récemment, quelques bâtiments se sont ajoutés à ceux déjà en place, dont celui qui abrite l'**Allen Library ★**, nommée en l'honneur du richissime donateur Paul Allen de Microsoft; Edward Barnes s'est affairé à construire ce bâtiment moderne, qui contraste nettement avec la **Suzzalo Library ★**, au look plus gothique. Aujourd'hui, le campus s'étend sur 315 ha et accueille quelque 30 000 étudiants bon an, mal an.

Vous accéderez à l'entrée principale par 17th Avenue NE, où vous croiserez, à droite en entrant, un des joyaux du campus de l'université, soit le **Burke Museum ★** *(5,50$; ven-mer 10h à 17h, jeu 10h à 20h; visites guidées possibles sur rendez-vous, ☎543-5591, 543-5590 ou 543-7907, ≈685-3039).* Avant même de pénétrer dans ce musée, vous apercevrez un totem autochtone à l'entrée qui rappelle ceux que l'on peut également voir à Vancouver, en Colombie-Britannique. Puis, après avoir traversé le hall lumineux du musée, vous verrez une réplique format géant d'un de nos «frères» depuis longtemps disparus, un dinosaure. Une dizaine de mètres plus loin, vous verrez une quarantaine d'objets tout aussi fascinants les uns que les autres, représentant bien la quantité subjuguante de vestiges que le musée contient (sans les avoir comptés, il est dit qu'il abrite plus de quatre millions d'objets d'art et d'artisanat). L'un des hauts points du musée est certes son imposante collection d'art autochtone, englobant une trentaine de tribus et retraçant l'histoire de l'État de Washington à partir du jour où les dinosaures régnaient seuls sur la Terre jusqu'aux premiers mouvements humains dans la région.

D'ailleurs, l'exposition permanente *Pacific Voices* illustre la culture et la langue de ces tribus qui se trimballaient, nomades, sur la Côte Ouest. L'autre nouvelle exposition permanente (l'autre étant celle de *Pacific Voices*) se nomme *Life and Times of Washington State* et retrace la vie sur terre et de ses animaux sur une période couvrant 500 millions d'années. En outre, vous pourrez vous prélasser devant un bon *latte* au café du musée, The Boiserie (☎543-9854).

Empruntez ensuite Memorial Way (où le prolongement de 17th Avenue NE) et vous croiserez, à votre gauche, le Denny Hall. Continuez votre périple vers l'est.

Vous verrez le «**Red Square**», conçu dans les années soixante; c'est ici que nombre de manifestations sociales eurent lieu au temps du *peace and love*. Puis, la **Suzzallo Library**, qui offre tout un contraste avec la muraille qu'est le «Red Square», a été sacrée «cathédrale des livres» grâce à son ampleur et à la quantité incroyable de livres qu'elle contient. Si vous la visitez, vous verrez pourquoi elle est appelée ainsi, ses plafonds atteignant une hauteur vertigineuse. À l'est, l'Allen Library voisine la Suzzallo, puis dirigez-vous au point le plus au sud du campus, où vous verrez les jets d'eau qui surgissent de la Drumheller Fountain, aussi appelée «Frosh Pond», et entourée des célèbres jardins de roses de l'université.

Puis dirigez-vous vers l'ouest où vous croiserez le Meany Hall, qui a récemment été reconstruit, car un tremblement de terre en 1965 avait fait beaucoup de ravages. On y présente des récitals et de la musique de chambre. L'escalier adjacent à l'édifice mène à la Henry Art Gallery.

Située sur le campus de l'université depuis 1927, la **Henry Art Gallery** ★ *(5$;, ven-dim et mar-mer 11h à 17h, jeu 11h à 20h;angle 15th Ave. NE et NE 41st St, ☎543-2280, ≈685-3123)* a été retapée en 1997, et sa taille a plus que quadruplé. Ses collections d'art des XIXe et XXe siècles, qui regroupent sur la photographie et la peinture, ainsi que différents matériaux textiles, sont les plus pertinentes du musée.

Les expositions permanentes se retrouvent à l'étage dans la petite North Gallery. Elle fait dans le contemporain, contrairement au Burke Museum, qui se veut un musée plus historique (voir plus haut). Les modifications apportées en 1997 ont vu naître un auditorium qui peut contenir une centaine de personnes, ainsi qu'un grand espace nommé S. Gallery, où sont exposées différentes œuvres d'art contemporain avec installations multimédias. Le contenu des expositions temporaires change souvent, aussi est-il difficile de voir la même pièce plus d'une fois si vous n'y retournez pas dans la même semaine. Parmi les expositions temporaires qu'il nous a été donné de voir, mentionnons celle qui s'intitulait *Coming to Life* et qui explorait l'évolution qu'a connu l'art depuis la période de l'expressionnisme abstrait jusqu'au pop art.

Sortez du campus en empruntant le passage piétonnier tout près de la Henry Art Gallery et prenez University Way vers le nord jusqu'à NE 50th Street, puis tournez à gauche ou vers l'ouest.

Environs de Seattle

★

Nord de Seattle

Au nord du Seattle Center se trouvent deux étendues d'eau nommées **Lake Union** et **Green Lake**. Et, dans les environs de ces deux lacs, de tranquilles quartiers résidentiels dorment paisiblement. Plusieurs des résidants ne cachent pas leur côté «en forme» puisque la plupart pratiquent plusieurs activités de plein air,

Attraits touristiques

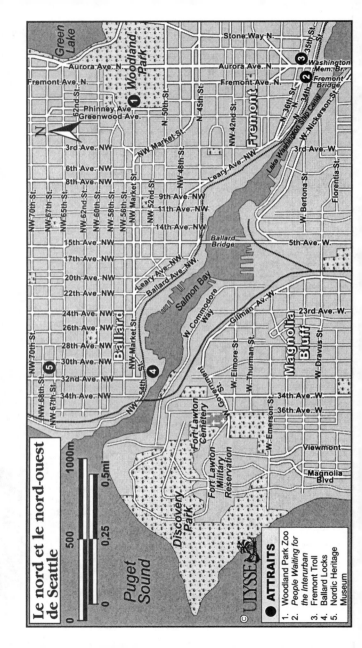

Le nord et le nord-ouest de Seattle

ATTRAITS

1. Woodland Park Zoo
2. *People Waiting for the Interurban*
3. Fremont Troll
4. Ballard Locks
5. Nordic Heritage Museum

© ULYSSE

l'environ-
nement
choyé que
ces
quartiers
occupent
leur
permettant
de courir,
de faire du
patin à
roues
alignées et

même de faire de la voile.

Si vous voyagez avec des enfants, vous vous aventurerez sûrement dans cette partie de la ville puisque c'est là que vous trouverez le **Woodland Park Zoo ★ ★** *(8$; tlj 9h30 à 16h; 5500 Phinney Ave. N., ☎684-4800, ≈233-7278)*. Celui-ci abrite une quantité impressionnante d'animaux en voie d'extinction, comme l'aigle à tête blanche, les éléphants d'Afrique et d'Asie, le loup gris, le jaguar, l'ocelot, l'orang-outang, le léopard des neiges et le tigre du Sumatra; ce zoo assure aussi la protection de certaines plantes, entre autres 13 espèces d'orchidées. Vous y verrez un jeune lion dont le rugissement fait frissonner tous les autres animaux du zoo. L'Afrique profonde est très présente dans ce zoo, comme en témoigne la présence de girafes et de zèbres.

En outre, vous pourrez vous sustenter dans un petit café fort sympathique dénommé Rain Forest Cafe. Vous pourrez également visiter le **Woodland Park Rose Garden ★** *(☎684-4040)*, qui abrite plus de 5 000 roses entretenues avec soin sur un peu moins d'un hectare.

Nord-ouest de Seattle

Dans les quartiers excentrés que sont Fremont et Ballard, attendez-vous à quelque étrangeté. En effet, l'art avec un grand *A* s'est emparé du premier, comme en témoigne l'appellation

Aigle à tête blanche

Statues et monstres...

L'œuvre **People Waiting for the Interurban** ★★, complétée en 1979, représente cinq personnes qui, vraisemblablement, attendent l'autobus. Ces quidams en aluminium siègent à l'angle de Fremont Avenue N. et N. 34th Street, tout juste au nord du **Fremont Bridge**★, le pont mobile le plus traversé au monde selon le livre des records Guinness. Les personnages du *People Waiting for the Interurban* sont souvent habillés (littéralement) par les résidants, surtout lors de la fête de Noël et, particulièrement en hiver. Un peu à l'est se situe l'Aurora Bridge, sous lequel vous apprécierez les traits étranges du **Fremont Troll** ★★★, un personnage qui, avec son visage démesurément grand, ses narines presque offensantes et ses doigts monstrueux, semble sortir d'un film de série B. Il n'est pas rare de rencontrer des gens qui, comme vous, se demandent pourquoi ce personnage si hideux nous apaise tant. Peut-être que, comme votre tout dévoué, vous le sentirez vulnérable et inoffensif, piégeant sa *Coccinelle* des années soixante avec son poing gauche.

quelque peu loufoque de «Republic of Fremont» ou de «Center of the Universe» : quelques illuminés en sont convaincus! Toutefois, c'est dans ce quartier, qui a parfois la prétention de se croire au centre de l'univers, qu'un art public pour le moins inusité expose l'originalité de ses résidants.

Le quartier de Ballard, pour sa part, est situé à l'ouest de Fremont. Depuis un siècle et des poussières, une atmosphère bien scandinave y est palpable puisqu'une forte population issue du Danemark, de la Suède, de la Finlande, de l'Islande et de la Norvège y habite; on y commémore même l'Acte constitutionnel norvégien, le 17 mai de chaque année, par des festivités qui rappellent l'héritage scandinave aux arrière-petits-fils et petites-filles d'immigrants du siècle dernier.

Le point de mire touristique du quartier : les **Ballard Locks** ★ *(entrée libre; tlj 7h à 21h; 3015 NW 54th St., ☎783-7059)*. En 1917, les **Hiram M. Chittenden Locks**, comme ils sont appelés officiellement, sont terminés après des années de labeur, et c'est ici que, fait rarissime à travers le monde, l'eau salée du Puget Sound et l'eau douce du lac Washington se rejoignent et s'entremêlent; si vous choisissez de visiter ces barrages entre les mois de juin et d'août, vous aurez de bonnes chances de voir des saumons effectuer leur parcours de reproduction, alors qu'ils mettent bas en eau douce. Ce sera également l'occasion de voir passer des dizaines et des dizaines de bateaux, qui font le trajet d'un bassin d'eau à l'autre, des bateaux de plaisance comme des navires commerciaux naviguant dans ces eaux.

Si vous vous aventurez plus au nord, à l'angle de 30th Avenue NW et de NW 67th Street, vous pourrez visiter un des musées particuliers de Seattle, soit le **Nordic Heritage Museum** ★ *(4$; mar-sam 10h à 16h, dim 12h à 16h; 3014 NW 67th St., ☎789-5707)*, qui retrace les premiers pas des immigrants scandinaves qui ont élu domicile à Seattle depuis le milieu du XIXe siècle. Vous y admirererez des costumes, des outils et des textiles des différents pays situés au nord de l'Europe, sans oublier, au troisième étage du musée, une exposition où la culture danoise, finnoise, suédoise, norvégienne et islandaise sont à l'honneur.

La pointe extrême nord-ouest de Seattle, pour sa part, englobe le quartier de Magnolia et est surtout fréquentée pour son merveilleux parc, le **Discovery Park** ★★ (voir p 89).

Sud de Seattle

Lorsque vous visiterez les quartiers au sud du Pioneer Square, vous vous rendrez vite compte qu'il n'y a pas grand-chose d'intérêt essentiel. En fait, vous découvrirez un quartier industriel qui s'étend sur plusieurs kilomètres et qui avoisine le Waterfront. Toutefois vous devrez vous y promener ne serait-ce que pour visiter le **Museum of Flight** ★★ *(8$; ven-mer 10h à 17h, jeu 10h à 21h; 9404 E Marginal Way S.,* ☎ *764-5720)*, un des joyaux célébrés de Seattle. Installé sur une ancienne base de Boeing, ce musée abrite des avions inimaginables, plusieurs modèles authentiques y étant mis en vedette dans la **Great Gallery**. Il y a 80 ans, on appelait alors ce musée à venir la «Red Barn», et Boeing y tenait ses premières activités de production. Des expositions interactives amuseront sûrement enfants; en effet, pas besoin d'être un expert pour apprécier ces avions parfois bizarres, parfois loufoques, et même déconcertants d'originalité. Si l'aviation en général ne vous intéresse que vaguement, faites-y quand même un tour et dites-vous que vous n'avez pas à y rester quatre heures...

Hébergement

Ce ne sont pas les hôtels qui manquent à Seattle et, parmi les établissements qui ponctuent la ville, vous serez assuré d'en trouver un qui comblera vos attentes.

Mais comme Seattle connaît un important essor économique, il est difficile de trouver des chambres à la fois correctes et peu dispendieuses. Toutefois, nombre d'établissements offrent une superbe vue soit sur l'Elliot Bay et le Puget Sound, soit sur le centre-ville ou même sur le lac Washington.

Vous trouverez la majeure partie des établissements hôteliers au centre-ville, alors que les autres quartiers se voient bien pauvrement garnis. Ceux qui jonchent le Seattle Center proposent un confort standard et une vue en gros plan de la Space Needle. Dans le Pike Place Market, vous trouverez une des auberges de jeunesse de la ville ainsi qu'un

superbe *boutique hotel*, soit un petit hôtel de charme rappelant ceux que l'on trouve en Europe. Vous devrez parfois sortir des sentiers battus pour trouver l'établissement qui sied le mieux à vos exigences, c'est pourquoi nous vous invitons à feuilleter les pages de ce chapitre avec soin, sans laisser pour compte les quartiers moins bien nantis en complexes hôteliers.

Tous les prix indiqués dans le présent chapitre s'appliquent à des chambres pour deux personnes avant taxes durant la haute saison touristique, soit d'avril à octobre. En effet, au cours de cette période, le taux d'occupation des hôtels est exceptionnellement élevé. Par conséquent, si vous prévoyez loger à Seattle en saison, on vous suggère vivement de réserver votre chambre quelques mois à l'avance. La majorité des hôtels exigent un numéro de carte de crédit afin qu'ils puissent garder votre chambre en réserve. Durant la saison basse, de novembre à mars, de nombreux hôtels louent leurs chambres moins cher, mais la température moins clémente risque fort de rendre votre séjour moins agréable.

Les établissements qui se distinguent

Pour la vue

Cavanaughs on Fifth Avenue 188
Claremont Hotel 186
Inn at the Market 182
Madison Renaissance Hotel 189
Paramount Hotel, A WestCoast Hotel 190
Seattle Hilton 189
Sheraton Hotel and Resorts 186
Sorrento Hotel 199
The Edgewater 180
Wall Street Inn 196

Pour le luxe

Alexis Hotel 191
Cavanaughs on Fifth Avenue 188
Claremont Hotel 186

Homewood Suites Hotel 187
Seattle Hilton 189
Sheraton Hotel and Resorts 186
Sorrento Hotel 199
WestCoast Vance Hotel 185
Westin Hotel 192

Pour le rapport qualité/prix
Inn at the Market 182
WestCoast Vance Hotel 185

Pour l'indéniable charme
Alexis Hotel 191
Hotel Vintage Park 191
Hotel Monaco 190
Inn at the Market 182
Mayflower Park Hotel 188

Pour le service plus que courtois
Holiday Inn Express 193

Pour les dégustations de vin
Alexis Hotel 191
Hotel Monaco 190
Hotel Vintage Park 191

Pour le décor californien
Hotel Monaco 190

Pioneer Square

Pioneer Square Hotel
99-159
77 Yesler Way, WA 98104
☎340-1234
☎800-800-5514
≈467-0707

Le seul hôtel de ce quartier est le Pioneer Square Hotel, que la chaîne d'hôtels Best Western a pris en main et rénové en 1995 et 1996. Le look «début de siècle» de cet hôtel, bâti en 1914, plaira sûrement aux amateurs des années vingt, alors que le mobilier, tout

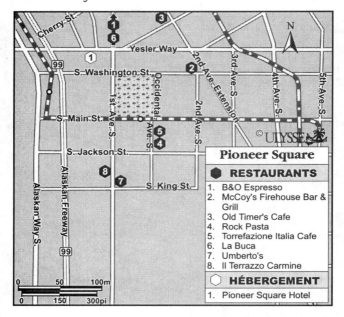

Pioneer Square

🔶	**RESTAURANTS**
1.	B&O Espresso
2.	McCoy's Firehouse Bar & Grill
3.	Old Timer's Cafe
4.	Rock Pasta
5.	Torrefazione Italia Cafe
6.	La Buca
7.	Umberto's
8.	Il Terrazzo Carmine

⬡	**HÉBERGEMENT**
1.	Pioneer Square Hotel

comme le hall d'entrée, rappelle cette période faste aussi appelée «années folles». Il est facile de se rendre au Waterfront depuis l'hôtel car il est situé dans l'ouest du quartier historique : vous n'avez qu'à emprunter Yesler Way vers l'ouest jusqu'au front de mer.

Waterfront

The Edgewater
130-250
2411 Alaskan Way, Pier 67 angle Wall St., WA 98121
☎ *728-7000*
☎ *800-624-0670*
≈ *441-4119*
Construit dans les années soixante, l'hôtel The Edgewater tient le monopole du front de mer, aucun autre établissement ne lui portant ombre. Rénové en 1997, il abrite

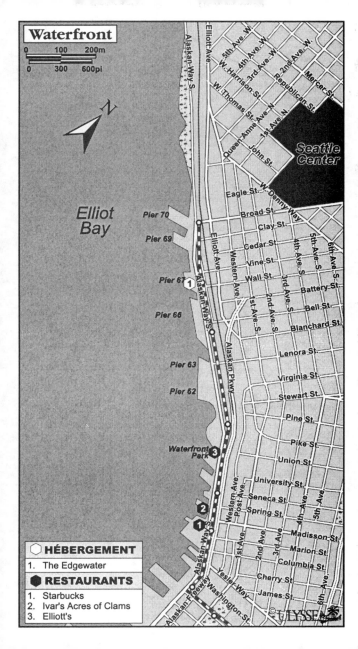

pas moins de 236 chambres au décor rappelant les *lodges* de l'Ouest canadien. Tout dépendant de la chambre que vous choisirez, vous aurez une vue hallucinante sur l'Elliot Bay, les îles du Puget Sound ou les montagnes de l'Olympic Peninsula; les chambres qui donnent sur l'est de la ville procurent une vue sans pareille sur les gratte-ciel de la ville et la Space Needle. Peut-être hésiterez-vous avant de vous aventurer à cet hôtel qui semble bien isolé de toute la ville : détrompez-vous. Tous les attraits touristiques – particulièrement le Pike Place Market – sont à deux pas de cet hôtel unique en son genre.

Pike Place Market

Green Tortoise Hostel
15-40
1525 2nd Avenue, WA 98101
☎*340-1222*
☎*888-4AHOSTEL*
⇌*623-3207*
C'est à quelques pas du Pike Place Market que vous trouverez le Green Tortoise Hostel, qui attire surtout de jeunes voyageurs. L'accès à l'Internet ainsi qu'une buanderie sont quelques-uns des services offerts par l'établissement.

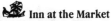 **Inn at the Market**
155-345; ≡, ℝ
86 Pine St., WA 98101
☎*443-3600*
☎*800-446-4484*
www.innatthemarket.com
Situé au cœur du Pike Place Market, l'Inn at the Market constitue un choix judicieux pour le voyageur qui préfère les petits hôtels de charme aux grandes chaînes. De votre chambre, spacieuse et bien éclairée, vous aurez une excellente vue sur le Puget Sound : si vous avez la chance de voir le soleil se lever, cette image s'imprégnera à même votre cortex cérébral, parole d'honneur! L'établissement favorise les teintes sombres que sont le bleu et le taupe, et c'est dans des tissus soyeux que vous trouverez le repos. Dans son hall d'entrée chaleureux, vous pourrez vous réchauffer devant un bon feu de foyer ou prendre un café en lisant un quotidien local ou un roman de votre choix. Pour un dîner immanquablement bon, rendez-vous au restaurant Campagne (voir p 220), attenant à l'hôtel, où les fruits de mer sont un délice. Un membre du personnel se fera un plaisir de vous réserver une place.

Centre-ville

Hostelling International Seattle
15-17 membre
18-20 non-membres
84 Union St., angle 1st Ave. ,WA 98101
☎622-5443
⇒682-2179
www.HiHotels.com
Les jeunes voyageurs voudront sûrement passer une nuit à l'Hostelling International - Seattle, soit l'auberge de jeunesse de la ville. Elle compte 199 lits et il est possible d'obtenir une chambre privée; les groupes sont aussi les bienvenus mais il est préférable de réserver à l'avance. Entre les mois de juin et septembre, il est aussi avantageux de réserver sa place, vu l'abondance de demande. Prenez d'ailleurs note que seuls les membres pourront y loger entre les mois de juin et de septembre.

YWCA
33-50; ≈, ☉
1118 5th Ave., WA 98101
⇒461-4860
L'un des lieux d'hébergement les moins chers en ville est certes le YWCA, qui n'accueille toutefois que les femmes. Les chambres quelque peu exiguës, à la décoration hasardeuse, ne sauraient empêcher les voyageuses en quête de quiétude d'y trouver leur compte. De plus, elles pourront nager dans sa piscine intérieure ou se défouler dans son centre de conditionnement physique. Il est aussi possible d'obtenir un tarif à la semaine.

YMCA
60$; ≈
909 4th Ave., WA 98104
☎382-5000
Pour un lieu d'hébergement simple et un accueil sympathique, rendez-vous au YMCA, situé en plein cœur du centre-ville. Vous y trouverez des chambres bien éclairées et de grandeur moyenne, et serez certain de ne pas vous faire déranger par d'impertinents couche-tard. Vous pourrez relaxer dans sa salle de télévision, jouer un match de racket-ball ou de squash, ou encore faire quelques longueurs dans sa piscine intérieure. Comme le dit en anglais leur slogan : «*The nicest people stay with us!*» (les gens les plus gentils logent chez nous). Soyez assuré de l'amabilité du personnel.

Hotel Seattle
90-120
315 Seneca St., angle 3rd Avenue, WA 98101
☎623-5110
☎800-426-2439
⇒623-5110
L'Hotel Seattle, avec ses 11 étages, offre un confort sommaire. Dans chaque chambre, on retrouve un

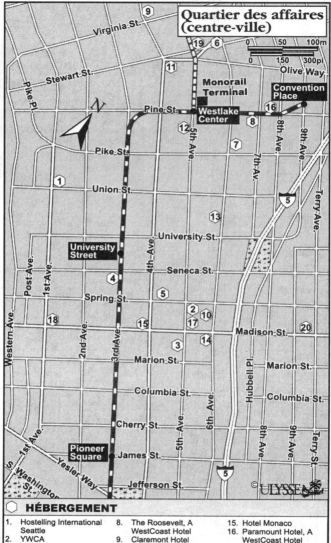

Quartier des affaires (centre-ville)

0 50 100m
0 150 300pi

Virginia St.
Stewart St.
Pine St.
Pike St.
Union St.
University St.
Seneca St.
Spring St.
Marion St.
Columbia St.
Cherry St.
James St.
Jefferson St.

Olive Way
Monorail Terminal
Westlake Center
Convention Place
University Street
Madison St.
Marion St.
Columbia St.

Pike Pl.
Post Ave.
1st Ave.
Western Ave.
2nd Ave.
3rd Ave.
4th Ave.
5th Ave.
6th Ave.
7th Ave.
8th Ave.
9th Ave.
Terry Ave.
Hubbell Pl.

Pioneer Square
S. Washington St.
Yesler Way
1st Ave.

© ULYSSE

⬡ **HÉBERGEMENT**

1. Hostelling International Seattle
2. YWCA
3. YMCA
4. Hotel Seattle
5. Pacific Plaza Hotel
6. WestCoast Vance Hotel
7. Sheraton Hotel and Resorts
8. The Roosevelt, A WestCoast Hotel
9. Claremont Hotel
10. Crowne Plaza
11. Mayflower Park Hotel
12. Cavanaughs on Fifth Avenue
13. Seattle Hilton
14. Madison Renaissance Hotel
15. Hotel Monaco
16. Paramount Hotel, A WestCoast Hotel
17. Hotel Vintage Park
18. Alexis Hotel
19. Westin Hotel
20. Sorrento Hotel (First Hill)

beau mobilier, un téléviseur ainsi qu'un magnétoscope. Pour votre bien-être, quelques petites chaises et une belle table de chevet, ornée d'une lampe artisanale, agrémentent le décor qui aurait intérêt, toutefois, à être repensé : le papier peint gris aux feuilles qui se fondent l'une dans l'autre ainsi que le plafond foncé qui rend impossible l'éclairage ne sont pas les hauts points de l'hôtel. Toutefois, la salle de bain a été refaite à neuf et est munie d'un bain-douche standard; un grand espace de rangement, à l'entrée de votre chambre, demeure fort utile. Au sous-sol de l'hôtel, vous pouvez prendre votre petit déjeuner au restaurant Bernard's on Seneca (voir p 221).

Pacific Plaza Hotel
90-125 pdj
400 Spring St., angle 4th Ave., WA 98104
☎ *623-3900*
☎ *800-426-1165*
≈ *623-2059*
Rénové en 1980, le Pacific Plaza Hotel fut originalement construit en 1929 par l'architecte A.O. Baumgartner. Ces petites chambres historiques, toutefois démodées, étaient en rénovation (encore!) au moment de notre passage. Dans quelques-unes des chambres, vous aurez une vue sur l'activité de 4th Avenue. Toutes les

chambres ont un téléviseur de 60 cm, des prises pour modem ainsi qu'une boîte vocale. La salle de bain, exiguë, est munie d'une douche rudimentaire. L'hôtel communique avec le restaurant Red Robbin (voir p 221) ainsi qu'avec un café Starbucks.

WestCoast Vance Hotel
135$
620 Stewart St., WA 98101
☎ *441-4200*
☎ *800-426-0670*
≈ *441-8612*
www.westcoasthotels.com/vance
Si vous empruntez Stewart Street depuis le Pike Place Market, vous ne pourrez manquer le WestCoast Vance Hotel, qui occupe la partie sud de Stewart Street ainsi qu'une bonne partie de 7th Avenue. Voici un autre hôtel qui a été conçu dans les années vingt et qui fut restauré en 1990. Un cachet bien début de siècle s'y retrouve encore, son hall et ses fenêtres givrées en témoignant. Les chambres aux couleurs chaleureuses et l'attention apportée à la décoration en font un hôtel de grand goût vivement conseillé. Si les mets italiens vous font saliver, rendez-vous au restaurant de l'hôtel, le Cittá Ristorante. Bref, voilà un hôtel de luxe à prix abordable.

Sheraton Hotel and Resorts
135-650; ≈, ®
1400 6th Ave., angle Pike St.
WA 98101
☎ *621-9000*
⇟ *621-8441*
www.sheraton.com

De dire que le Sheraton Hotel and Resorts est un hôtel de luxe relève de l'euphémisme. Les propriétaires de cet établissement ne se soucient guère de la dépense, l'établissement ayant été récemment rénové au coût de 11 millions de dollars. Ces 840 chambres procurent tout ce dont vous pouvez rêver dans le domaine du faste, des boîtes vocales au superbe bureau, en passant par la piscine intérieure et la baignoire à remous. Les gens d'affaires apprécieront sûrement cet établissement qui compte 108 suites. L'un des hauts points de l'hôtel est certes son point d'observation situé au 35e étage, alors que la vue sur la ville et sur ses environs est à couper le souffle.

The Roosevelt, A WestCoast Hotel
135-180; ≡, ☺
1531 7th Ave., WA 98101
☎ *621-1200*
☎ *800-426-0670*
⇟ *233-0335*
www.westcoasthotels.com/roosevelt

Situé dans le même pâté de maisons que le Niketown, The Roosevelt, A WestCoast Hotel fait revivre une époque révolue de notre siècle par son hall d'entrée aux teintes sombres, et le mobilier des chambres rappelle les années vingt : cela semble bien à la mode à Seattle. Ses 151 chambres satisferont les attentes des voyageurs autonomes comme celles des gens d'affaires, qui pourront tenir des réunions dans une des quatre salles réservées à cet effet. Dans le hall d'entrée, vous apercevrez un piano sur lequel jouent quelques musiciens réputés. Le Von's Grand City Cafe accueille les voyageurs dans une ambiance sociale où le martini est à l'honneur.

Claremont Hotel
139-199; ☺
2000 4th Ave., angle Virginia St., WA 98121
☎ *448-8600*
☎ *800-448-8601*
⇟ *441-7140*
www.claremonthotel.com

Le très *classy* Claremont Hotel prend un look classique, empruntant son style à ceux des hôtels européens du début du siècle. Vous aimerez sûrement les hauts plafonds de son hall ainsi que son design classique avec marbre et bronze. La plupart des chambres offrent une vue sur la ville ou le Puget Sound. Peut-être vous éterniserez-vous dans la salle de bain où tout, de la robe de chambre aux parfums gracieusement offerts, vous retiendra l'avant-midi durant, avec en main votre *USA Today!* Vous aurez également accès à une salle de conditionnement physique munie des plus récents équipements du genre. Son restaurant troisétoiles, l'Assaggio Ristorante, a gagné moult prix de gastronomie (voir p 223).

Crowne Plaza
140-240 pdj; ⊘
1113 6th Ave., WA 98101
☎ *464-1980*
☎ *800-2CROWNE*
↪ *340-1617*
www.crowneplaza.com
Le Crowne Plaza occupe le coin nord-est du pâté de maisons compris entre 5th Avenue et 6th Avenue, à l'angle de Seneca Street. Plusieurs gens d'affaires apprécient les neuf salles

de conférences que l'établissement réserve à leur intention; le touriste, quant à lui, tirera avantage de son centre de conditionnement physique et de la vue impressionnante que procurent les fenêtres panoramiques des 415 chambres de cet hôtel impeccable. Vous aurez droit à toutes les commodités courantes, comme le fer et la planche à repasser, et si la faim vous tenaille, vous pourrez déguster les mets savamment préparés du City Views ou prendre un café au lait à l'Espresso Cart. Si l'envie d'écouter du jazz sirupeux vous prend, prenez un apéritif au Sax on Seneca Lounge.

Homewood Suites Hotel
149-209 pdj; ℂ, ℝ
206 Western Ave.
entre John St. et Thomas St.,
WA 98119
☎ *281-9393*
☎ *800-225-5466*
↪ *283-5022*
www.homewood-suite.com
Si vous recherchez un luxe certain, n'hésitez plus et pointez-vous au Homewood Suites Hotels, dont la vue donne directement sur l'Elliot Bay ainsi que sur l'Olympic Peninsula. Votre confort représente le premier souci du personnel et l'on ne lésine pas : chacune des suites se compose de deux pièces où vous retrouverez un lit *king*, une cuisinette, un four à mi-

cro-ondes, un réfrigérateur, un lave-vaisselle (!), une cafetière ainsi que des couverts et des ustensiles. Ces grandes suites manquent toutefois d'originalité, les murs ayant besoin d'un peu plus de vie. Toutefois, qui peut vraiment se plaindre lorsque la décoration est la seule chose qui fait un tantinet soit peu défaut?

🦐 Mayflower Park Hotel
150-365; ≡, ⊘
405 Olive Way, WA 98101
☎*623-8700*
⇋*382-6997*
www.mayflowerpark.com
Le Mayflower Park Hotel, qui communique directement avec le centre commercial Westlake Center (voir p 269), constitue une aubaine pour le service qu'il offre et la qualité des chambres qu'il procure. En effet, les chambres spacieuses, où le salon est séparé de la chambre à coucher par un mur mitoyen, confèrent un sentiment de chez-soi que l'on retrouve rarement dans d'autres établissements de la ville. La plupart des 20 suites qu'abrite l'hôtel sont munies de minibar, mais ce qui fait de cet établissement l'un de nos préférés, c'est le service attentionné du personnel, qui n'hésitera pas à vous conseiller telle ou telle boîte de nuit où vous pourrez danser jusqu'aux

petites heures du matin. Son superbe hall d'entrée en fait un endroit de choix pour rêvasser en attendant que la faim vous tenaille, ou simplement pour discuter avec des voyageurs qui, comme vous, ne pourront que formuler des commentaires positifs à propos de cet établissement impeccable. Pour vous détendre, vous pourrez prendre un des meilleurs martinis en ville chez Oliver's (voir p 224) et, pour satisfaire votre estomac, le restaurant Andaluca (voir p 224) comblera vos attentes culinaires.

🦐 Cavanaughs on Fifth Avenue
155-225
1415 5th Ave., entre Pike St. et Pine St., WA 98101
☎*971-8000*
⇋*971-8100*
www.cavanaughs.com
Savamment situé entre les centres commerciaux de Westlake Center et du Rainier Square, l'hôtel Cavanaughs on Fifth Avenue propose des chambres luxueuses avec vue sur le Puget Sound à l'ouest et sur la Space Needle au nord. En activité depuis 1996, il compte 297 chambres au décor raffiné, un beau bureau pour vous aider à planifier votre horaire de la journée et tout ce dont vous avez besoin pour faire votre toilette. Les chambres,

vastes, comportent un lit très confortable ainsi qu'un grand salon avec téléviseur câblé, magnétoscope et lecteur de disques compacts. Une cafetière, une planche et un fer à repasser sont également mis à votre disposition. Son restaurant, le Terrace Garden, procure une belle vue sur l'Elliot Bay et sert une cuisine typique du Nord-Ouest américain. Dans son *lounge*, vous pourrez écouter des groupes de jazz qui berceront vos oreilles de tendres mélodies.

Seattle Hilton

155-500; ℝ, ☉
1301 6th Ave., entre University St. et Union St., WA 98101-2304
☎ *624-0500*
☎ *426-0535*
↪ *682-9029*
www.seattlehilton.com
Les gens d'affaires choisissent le Seattle Hilton en raison de la proximité du Washington State Convention and Trade Center (voir p 139). D'une de ses 237 chambres, vous plongerez dans le rêve alors que la vue que vous obtiendrez du haut de cet édifice de luxe vous laissera bouche bée devant l' «Olympic Peninsula» et le Puget Sound. Les chambres offrent les commodités qui sont la norme à Seattle pour les établissements de cette catégorie, soit le sèche-cheveux ainsi que le fer et la planche à repasser,

sans parler du réfrigérateur. Son centre de conditionnement physique, situé au 29e étage, vous permettra de remettre du tonus dans vos muscles. Pour délecter votre palais, rendez-vous au restaurant Macaulay's qu'abrite l'établissement.

Madison Renaissance Hotel

160-220 pdj; ☉
515 Madison St., angle 6th Ave., WA 98104
☎ *583-0300*
☎ *800-HOTELS-1*
↪ *624-8125*
www.renaissanceHotels.com
Situé tout juste à l'ouest de l'autoroute 5, le Madison Renaissance Hotel propose des chambres qui ont une superbe vue sur les montagnes, le centre-ville ou l'Elliot Bay. Décorées de peintures aux couleurs pastel, elles sont munies de quelques fauteuils, les murs coquille d'œuf et le grand lit aux draps soyeux invitant à la détente. L'établissement vous offre un quotidien local que vous pourrez lire en vous faisant une tasse de café. Si vous aimez les jeux vidéo (à vos frais), il suffit d'en commander un par l'entremise de la manette du téléviseur câblé. Toutes les chambres sont aussi agrémentées d'un grand espace de rangement, d'un sèche-cheveux, d'une planche et d'un fer à repasser, ainsi que d'un minibar. L'établissement

abrite également un centre de conditionnement physique, une piscine intérieure au 20e étage, un bassin à remous et un restaurant au 28e étage.

Hotel Monaco

195-775; ◊, ☉
1101 4th Ave., angle Spring St.,
WA 98101
☎*621-1770*
☎*800-945-2240*
⟿*624-0060*
www.monaco-seattle.com

L'Hotel Monaco, qui fait partie de la chaîne d'hôtels Kimpton Group, se présente comme un joyau tout confort où vous aurez le loisir de déguster certains des meilleurs vins que l'État de Washington produit. En effet, vous êtes invité à une dégustation qui a lieu à tous les jours de 17h à 19h dans son magnifique hall d'entrée, finement décoré par une artiste de Los Angeles, Cheryl Rowley, qui allie les lignes classiques attribuées à la Grèce antique au modernisme typique de la «cité des anges». Son lustre haut perché au plafond confère une atmosphère digne et relevée, et la sélection de vins que l'on y propose étonne par sa diversité. Quant aux chambres, l'établissement fait montre d'une originalité peu commune et a eu la bonne idée de peindre ses murs de couleurs chaudes, ce qui n'est pas le cas de beaucoup d'hôtels à Seattle. En outre, vous pourrez vous servir dans le minibar et écoutez la musique de votre choix grâce au lecteur de disques compacts. Pour vous sustenter, le Sazerac (voir p 223, 224) propose une fine cuisine du Nord-Ouest américain.

Paramount Hotel, A WestCoast Hotel

200-225; ®
724 Pine St., angle 7th Ave., WA 98101
☎*426-9500*
☎*800-426-0670*
⟿*292-8610*
www.westcoasthotels.com/paramount

Situé à l'extrême nord-est du centre-ville, le Paramount Hotel, A WestCoast Hotel, malgré son look original, est probablement l'hôtel le plus facile à manquer de Seattle. Mais son emplacement peu judicieux n'enlève rien au cachet certain de cette adresse. Une superbe vue sur la Space Needle et sur le lac Washington vous y attend, tout comme le charme de ses chambres bien décorées dans un style sobre. Vous y trouverez les commodités habituelles pour Seattle (fer et planche à repasser, sèche-cheveux et cafetière) dans chacune des 146 chambres. Les suites sont, pour leur part, agrémentées de baignoire à remous : avis aux intéressés.

Hébergement

compose des plats
d'inspiration italienne.

Alexis Hotel

210-625; 🛏, ⊛
1007 First Ave., angle Madison St.
WA 98104
☎ *624-4844*
☎ *800-264-8482*
⇢ *621-9009*
www.alexishotel.com

La centaine de chambres
que propose l'Alexis Hotel,
le troisième hôtel de la
chaîne Kimpton Group,
présente un décor
romantique où il fait bon se
prélasser sous les
couvertures en sirotant un
alcool de son choix. La
spacieuse salle de bain
vous incitera à vous reposer
dans un bain moussant,
avant de partir arpenter les
rues de Seattle. Certaines
des suites contiennent un
foyer, d'autres, des
baignoires à remous pour
deux personnes; bref, le
confort et le luxe de cet
établissement incitent les
voyageurs qui recherchent
une haute qualité à y
revenir de séjour en séjour.
Pour détendre vos muscles,
rendez-vous au 6ᵉ étage
dans le bassin à remous. Le
restaurant The Painted Table, attenant à l'établissement, sert une cuisine dite
«New American Cuisine».

Hotel Vintage Park

200-435; ☉
1100 5th Ave., angle Spring St.
WA 98101
☎ *624-8000*
☎ *800-624-4433*
⇢ *623-0568*
www.hotelvintagepark.com

Donnant sur la trépidante
Fifth Avenue, l'Hotel Vintage Park, avec son foyer
en face de la réception,
constitue un autre de ses
boutique hotels où le charme
européen et la modernité
américaine se fondent en
parfaite symbiose. Tout
comme ses acolytes de la
chaîne Kimpton Group (les
hôtels Monaco et Alexis), il
propose une dégustation de
vins de l'État de Washington dans un petit salon où
vous pourrez discuter avec
des voyageurs d'à travers le
monde. La gentillesse du
personnel vous étonnera,
car il fait l'impossible pour
rendre votre séjour
mémorable. Les 126
chambres qu'abrite
l'établissement sont
décorées de teintes foncées,
le téléviseur siégeant dans
un beau meuble en cerisier.
Pour votre estomac, le restaurant Tulio (voir p 224)

🛥 Westin Hotel

240-350
S, ≈, △, ☉, ⊛, 🐾, ♿
1900 5th Ave., angle Stewart St.,
WA 98101
☎*728-1000*
☎*800-228-3000*
⇄*728-2007*

L'architecte John Graham a fait du Westin Hotel, qui occupe tout le pâté de maisons compris entre les rues Stewart et Virginia, ainsi que 5th Avenue et 6th Avenue, l'un des plus impressionnants hôtels de Seattle. Vous n'aurez aucun problème à y garer votre voiture puisque l'hôtel, composé de deux gigantesques tours reliées par une passerelle (la première tour fut réalisée en 1969 et compte 40 étages au coin de Stewart Street, tandis que la deuxième, au nord, possède 47 étages et fut conçue en 1981), communique avec le Westin Building, là où s'étend un stationnement de plusieurs paliers. On pourrait résumer cet établissement par le mot «luxe». En effet, il compteplus de 800 chambres donnant sur le Puget Sound, la Space Needle ou le Safeco Field, et votre chambre ne manquera de rien : bar privé, cafetière, fer et planche à repasser, téléviseur câblé, boîte vocale, sans oublier le très beau bureau sur lequel

vous pourrez planifier votre itinéraire de la journée. Il abrite trois restaurants, à savoir le Roy's Seattle, le Nikko et le Golden Bagel Cafe, ainsi que la plus grande salle de bal, (Grand Ballroom) au nord de San Francisco et à l'ouest du Mississippi, au plafond de 20m de haut et pouvant accueillir jusqu'à 2 000 convives à la fois. Luxe oblige, vous pourrez vous détendre dans sa piscine intérieure, son sauna, vous muscler à son centre de conditionnement physique, ou relaxer dans son bassin à remous.

Belltown (Denny Regrade) et Seattle Center

Commodore Motel Hotel

39-65
2013 2nd Ave., entre Virginia St. et Lenora St., WA 98121-2215
☎*448-8868*
⇄*269-0519*
www.commodorehotel.com

L'un des établissements les moins dispendieux de Seattle est le Commodore Motel Hotel, bien situé au milieu de la ville. Ces chambres correctes au décor peu imaginatif constituent un choix judicieux pour les voyageurs au budget restreint.

Vagabond Inn
55-100
🐕, ≈, ◉, ℝ, △
325 Aurora Ave. N., WA 98109
Le Vagabond Inn a vu le jour en même temps que l'Exposition universelle de 1962 et a été rénové en 1998. Ses chambres les mieux assorties sont munies d'un réfrigérateur et d'un four à micro-ondes. Ce lieu d'hébergement constitue une option intéressante pour les voyageurs qui désirent loger un peu à l'écart du centre-ville, tout en demeurant à moins de 5 min de tous les attraits touristiques importants de la ville.

Kings Inn
60-100; ℝ
2106 5th Ave., WA 98121
☎ 441-8833
☎ 800-546-4760
⇔ 441-0730
travelbase.com/destinations/ seattle/kings-inn
Au Kings Inn, vous serez assuré d'un service aimable et de chambres propres et confortables. Toutefois, le décor mériterait d'être un brin rafraîchi. Si vous en faites la demande, le personnel vous fournira un four à micro-ondes ou un réfrigérateur, commodités bien utiles si l'on désire se sustenter sans avoir à sortir de sa chambre!

Seattle Inn
70-100; ≈
225 Aurora Ave. N., WA 98109
☎ 728-7666
⇔ 567-5265
Situé en face du Holiday Inn Express, le Seattle Inn se démarque grâce à son immense piscine intérieure, mais vous serez déçu des chambres dépourvues de goût. L'établissement mise surtout sur son emplacement qui procure une certaine vue sur la Space Needle.

Best Western Loyal Inn
75-105 pdj; △, ◉, ≡
2301 8th Ave., WA 98121
☎ 682-0200
⇔ 467-8984
Le service et l'accueil du personnel du Best Western Loyal Inn sont le haut point de ce maillon de la chaîne d'hôtels bien connue. Parmi les commodités proposées, mentionnons la boîte vocale, le sauna et la baignoire à remous accessibles 24 heures par jour, ainsi que le *USA Today* que l'on vous remettra gratuitement chaque matin.

Quality Inn & Suites City Center
79-159 pdj
△, ◉, 🐕
2224 8th Ave., WA 98121
☎ 624-6820
☎ 800-228-5151
Un autre hôtel pratique mais austère, le Quality Inn & Suites City Center s'attire une clientèle désireuse d'arpenter les rues de Seat-

tle à vélo puisque l'établissement en fait la location. Le confort et les commodités de base vous sont fournies et, en outre, vous pourrez relaxer dans son sauna ou son bassin à remous accessibles 24 heures par jour.

Days Inn
89-139; S
2205 7th Ave., WA 98121
☎ *448-3434*
≈ *441-6976*
Se loger au Days Inn ne comporte qu'un véritable avantage : vous serez à deux pas de la Space Needle et du Seattle Center. En effet, le confort minimal de ce genre d'établissement ainsi que le décor quelconque des chambres ne vous inspireront aucune prose lyrique! Celles-ci bénéficient toutefois d'un grand miroir. Et, malheureusement, vous aurez une vue «trépidante» sur 7th Avenue (pas très romantique) ou, pis encore... sur le stationnement! Enfin...

Best Western Executive Inn
99-149
200 Taylor Ave. N., WA 98109
☎ *448-9444*
☎ *800-351-9444*
≈ *441-7929*
www.exec-inn.com
Les gens d'affaires voudront sûrement résider au Best Western Executive Inn, alors qu'une grande salle de conférences accueille

souvent des congrès. Le touriste, pour sa part, regardera la Space Needle depuis sa chambre, si celle-ci fait face au nord; l'établissement fournit un fer et une planche à repasser, une cafetière et, surtout, deux lits *queen* dans beaucoup de ses chambres.

Sixth Avenue Inn
100-120 pdj; S
2000 6th Ave., entre Virginia St. et Lenora St., WA 98121
☎ *441-8300*
☎ *800-648-6440*
≈ *441-9903*
Les quelque 160 chambres bien éclairées du Sixth Avenue Inn en font un hôtel de choix, situé tout juste au sud de la Space Needle. Pour votre loisir, vous y trouverez un téléviseur câblé, un magnétoscope, une panoplie de *Reader's Digest*, sans oublier l'éternelle *Bible*. Sa décoration quelque peu terne, aux teintes de beige, est toutefois rehaussée de photos d'époque, d'une table et de chaises en osier. Un espace de rangement intéressant pour vos valises ainsi qu'une salle de bain standard mais petite contenant un bain-douche et un espace de rangement restreint s'ajoutent aux commodités de la chambre. Du côté est, couché sur un lit confortable et douillet, vous aurez une vue sur Queen Anne Hill. Le service

irréprochable et poli, ainsi que l'accès au restaurant du même nom, vous assurent un séjour mémorable. Le petit déjeuner est servi de 7h à 11h.

Ramada Inn Downtown Seattle
100-165
2200 5th Ave.,WA 98121
☎*441-9785*
⇋*448-0924*
www.ramada.com
Occupant tout le pâté de maisons compris entre 5th Avenue et 6th Avenue à la hauteur des rues Blanchard et Bell, le Ramada Inn Downtown Seattle propose 120 chambres au look quelque peu ringard qui mériterait d'être repensé. Néanmoins, les non-fumeurs y trouveront leur compte puisque 75% des chambres leur sont réservées, et la propreté des chambres tout comme le service hors-pair offert par le personnel compensent nettement pour le manque flagrant de goût qu'exhument les chambres et son restaurant, le Big Cliff's.

Holiday Inn Express
119-159 pdj; ≈, ⊘, ⊛, ৬
226 Aurora Ave. N., WA 98109
☎*441-7222*
☎*800-HOLIDAY*
⇋*441-0786*
Conçu au début de l'année 1998 et offrant une vue en contre-plongée de la Space Needle, le Holiday Inn Express constitue un choix judicieux pour les voyageurs au budget restreint qui désirent tout de même loger dans un hôtel respectable. Il abrite 195 chambres, dont 45 suites, 10 d'entre elles étant munies d'une baignoire à remous. Toutes les chambres comportent une cafetière ainsi qu'un fer et une planche à repasser, et une petite piscine intérieure ainsi qu'un centre de conditionnement physique sont mis à la disposition des voyageurs, qui pourront prendre le petit déjeuner continental, gracieusement offert, dans le hall de l'hôtel. Cet établissement accueille surtout des familles, mais les gens d'affaires y trouveront également leur compte puisqu'il abrite deux salles de conférences, à savoir la Pike Place Room et la Pioneer Square Room. En outre, le service irréprochable offert par les membres du personnel rend le séjour dans cet établissement fort plaisant.

Travelodge
119-159 pdj; ®, ≈
200 6th Ave., WA 98121
☎*441-7878*
☎*800-578-7878*
⇌*448-4825*

Travelodge
60-90
2213 8th Ave.
☎*624-6300*
☎*800-578-7878*
⇌*233-0185*
www.travelodge.com

Le Travelodge est un autre de ses hôtels de grandes chaînes qui proposent un lieu d'hébergement correct mais sans grand avantage. La maison offre le café (ou le thé) ainsi qu'un pseudo petit déjeuner continental; une piscine extérieure ainsi qu'un bassin à remous complètent les installations de l'hôtel. Vous trouverez deux succursales de cette chaîne d'hôtels dans la ville de Seattle.

The Warwick
140-380; ⊘, ≈, ⌂
401 Lenora St., angle 4th Ave.,
WA 98121
☎*443-4300*
☎*800-426-9280*
⇌*441-9488*
www.warwickhotel.com

L'hôtel The Warwick propose quelque 220 chambres finement décorées de marbre italien et de tissus savamment choisis. L'athlète en vous se dégourdira les jambes au centre de conditionnement physique ou à la piscine; prenez ensuite un bain de vapeur au sauna. Le personnel de l'établissement se veut particulièrement serviable : ne vous gênez donc pas pour poser des questions! En outre, si un goût profond pour le luxe vous démange, choisissez l'une des suites qui sauraient plaire aux plus difficiles des aristocrates. Le restaurant de l'hôtel, Liaison, allie les subtiles saveurs de la cuisine du Nord-Ouest américain à l'ambiance typique des bistros européens.

Wall Street Inn
150-209 pdj; ℂ
2507 1st Ave., WA 98121
☎*448-0125*
☎*800-624-1117*
⇌*448-2406*

Vous ne trouverez pas beaucoup d'hôtels le long de 1st Avenue dans le quartier de Belltown. Le Wall Street Inn n'a pour ainsi dire aucune concurrence. En fait, ce *bed and breakfast* est un lieu d'hébergement où chacune des chambres se voit baignée de lumière. La vue sur le Puget Sound et le sur front de mer mérite à elle seule que vous choisissiez cet établissement. C'est dans une ambiance quasi familiale que vous prendrez votre petit déjeuner continental, tout en lisant un quotidien local et en avalant une bonne tasse de café. L'établissement a eu la bonne idée d'aménager un foyer dans son hall d'entrée, bien apprécié des voyageurs lors des journées pluvieuses. Notez que 5 de ses 20 chambres sont réservées aux voyageurs qui désirent y loger pour une période prolongée.

⭐ Vermont Inn
299-425, ⊖, ℂ
2721 Fourth Ave., angle Clay St., WA 98121
☎441-0101

En retrait de toute l'activité routière de Denny Way, se trouve le Vermont Inn, qui, depuis cinq ans, propose des appartements ou des studios qu'il est possible de louer à la semaine (*299-425*) ou au mois (*795$-1 195$*) seulement. Ses appartements standards au décor quelconque sont munis de lits qui se transforment en sofa confortable; une planche et un fer à repasser, un frigo, un four à micro-ondes et tout ce qu'il vous faut pour cuisiner vous-même vous sont fournis. Vous pouvez accéder à la buanderie du sous-sol, tout comme au toit de l'établissement qui se transforme en terrasse où, lors des journées ensoleillées, vous aurez une belle vue sur l'Elliot Bay. Bref, cette adresse constitue l'endroit idéal si le luxe n'est pas pour vous impératif. Une salle de conditionnement physique est aussi mise à la disposi-

tion des voyageurs... et aux «résidants» de l'établissement.

Queen Anne

Inn at Queen Anne
110-160; ℂ
505 First Ave. N., WA 98109
☎282-7357
☎800-952-5043
⇒217-9719
www.pacificws.com/iqa

Bien situé près du Seattle Center, l'Inn at Queen Anne se dresse au bas de Queen Anne Avenue. L'établissement est fier de la propreté de ses chambres, bien aménagées pour votre confort. Vous y trouverez une cuisinette et un four à micro-ondes, et toutes les chambres offrent le service de boîte vocale. Il est possible d'obtenir des tarifs à la semaine ou au mois.

⭐ MarQueen Hotel
159-219; ℂ, ℝ, ℜ
600 Queen Anne Ave. N., WA 98109
☎282-7407
☎888-445-3076
⇒283-1499

Si vous avez la chance de loger dans un *boutique hotel*, soit l'un de ces petits hôtels de charme, notez que le MarQueen Hotel mérite notre palme du plus chaleureux hôtel de ce genre. Il loge dans un élégant édifice datant de 1918, les rénovations de 1998 ayant rehaussé le

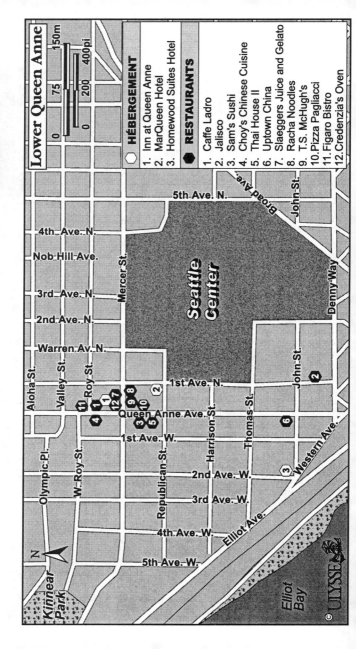

Lower Queen Anne

0   75   150m
0   200   400pi

HÉBERGEMENT

1. Inn at Queen Anne
2. MarQueen Hotel
3. Homewood Suites Hotel

RESTAURANTS

1. Caffe Ladro
2. Jalisco
3. Sam's Sushi
4. Choy's Chinese Cuisine
5. Thai House II
6. Uptown China
7. Slaeggers Juice and Gelato
8. Racha Noodles
9. T.S. McHugh's
10. Pizza Pagliacci
11. Figaro Bistro
12. Credenzia's Oven

5th Ave. N.

4th Ave. N.

Nob Hill Ave.

3rd Ave. N.

2nd Ave. N.

Warren Av. N.

1st Ave. N.

Queen Anne Ave. N.

1st Ave. W.

2nd Ave. W.

3rd Ave. W.

4th Ave. W.

5th Ave. W.

Aloha St.

Valley St.

Roy St.

W. Roy St.

Olympic Pl.

Mercer St.

Republican St.

Harrison St.

Thomas St.

John St.

Broad Ave.

Denny Way

Western Ave.

Elliot Ave.

Seattle Center

Elliot Bay

Kinnear Park

N

© ULYSSE

caractère européen de l'établissement. Vous pénétrerez dans un somptueux hall ayant un grand escalier qui mène aux deux étages supérieurs où vous attendent des chambres spacieuses et éclairées, lesquelles donnent sur la magnificence du Puget Sound. Peut-être aurez-vous de la difficulté à sortir de votre chambre, tellement le charme envoûtant du mobilier tout comme le raffinement des lits à baldaquin étonnent et enivrent. À l'aide de sa cuisinette et de son réfrigérateur, vous pourrez vous concocter de petits délices tout en faisant jouer la musique de votre choix avec le système de son muni d'un lecteur de disques compacts.

First Hill

Sorrento Hotel
225$-1 200$; ⊛
900 Madison St., WA 98104-1297
☎ *622-6400*
☎ *800-426-1265*
⊶ *343-6155*
www.hotelsorrento.com
Le plus vieux des hôtels de luxe de Seattle est juché sur une colline, First Hill, et se nomme le Sorrento Hotel. Il a ouvert ses portes en 1909 et a été remanié en 1981, rehaussant par la même occasion son look Renais-

sance italienne. Vous serez charmé par l'élégance de l'hôtel, qui allie le *mahogany* hondurien aux antiquités et aux tapisseries qui ornent son hall d'entrée. Et ces chambres ne manquent de rien : un télécopieur, deux lignes téléphoniques avec boîte vocale ainsi qu'une prise pour modem. Si vous avez le loisir de loger dans son *penthouse*, vous bénéficierez des vertus régénératrices de sa baignoire à remous, sans oublier la vue incroyable sur le Puget Sound. Les chambres prennent l'allure de petits appartements, alors que la chambre des maîtres et le salon sont séparés par des portes. En outre, pour votre palais, l'établissement abrite le Hunt Club (voir p 231), un restaurant réputé de Seattle. Si vous désirez prendre un apéritif, la Fireside Room vous accueillera avec son foyer qui lui confère une atmosphère fort chaleureuse.

Quartier universitaire

University Plaza Hotel
85-150; ≈, ♿
400 NE 45th St., WA 98105
☎ *634-0100*
☎ *800-343-7040*
⊶ *633-2743*
www.travelbase.com/destinations/
seattle/univ-plaza

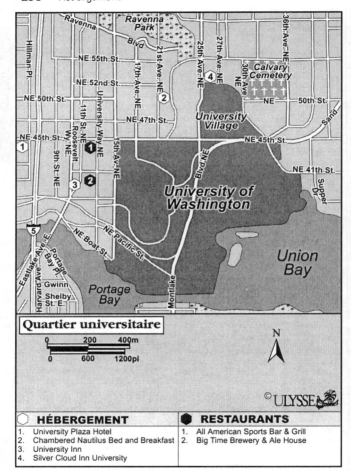

Quartier universitaire

```
0        200      400m
0        600     1200pi
```

N

© ULYSSE

⬡ **HÉBERGEMENT**	⬢ **RESTAURANTS**
1. University Plaza Hotel	1. All American Sports Bar & Grill
2. Chambered Nautilus Bed and Breakfast	2. Big Time Brewery & Ale House
3. University Inn	
4. Silver Cloud Inn University	

L'University Plaza Hotel compte quelque 130 chambres au look ordinaire, sans que cela n'affecte le confort pour autant. Une buanderie est mise à la disposition des voyageurs, tout comme la piscine extérieure, qui saura vous rafraîchir si vous choisissez de visiter Seattle durant l'été. Dans le hall de l'hôtel, vous remarquerez le piano Steinway sur lequel des musiciens démontrent leur savoir-faire en agrémentant les soirées des convives. Les mets proposés à son restaurant, l'Excalibur, sauront satisfaire les palais les plus exigeants. Pour vous y rendre, empruntez l'autoroute 5 puis la sortie 169 vers l'ouest.

Chambered Nautilus Bed and Breakfast
99-115 pdj; bp, ℜ
5005 22nd Ave., angle NE 50th St., WA 98105
☎ *522-2536*
☎ *800-545-8459*
⇆ *528-0898*
www.bed-breakfast-seattle. com
Si vous désirez loger chez l'habitant, réservez une des chambres au Chambered Nautilus Bed and Breakfast, où vos hôtes Karen, Steve et Joyce vous accueilleront dans une maison d'architecture georgienne construite en 1915. Avant de pénétrer dans le hall d'entrée où sont amoncelées nombre

d'antiquités, vous admirerez les jardins bien entretenus qui ornent la devanture de la maison. Ce *bed and breakfast* abrite six chambres toutes munies d'une chambre de bain privée, et un charmant ourson de peluche vous attend, confortablement assis sur votre lit. Réservez à l'avance car vous pourriez choisir la seule chambre équipée d'un foyer!

University Inn
95-145 pdj; ⊛, ≈, ☉
4140 Roosevelt Way NE, WA 98105
☎ *632-5055*
☎ *800-733-3855*
⇆ *547-4937*
www.universityinnseattle.com
Les 102 chambres de l'University Inn n'ont rien à envier à celles des hôtels les plus renommés du centre-ville. En effet, elles disposent de prise pour modem, en plus d'offrir une vue sur la Portage Bay, le lac Union et les quartiers huppés de l'ouest de la ville. Vous pourrez vous sustenter au Portage Bay Cafe tout en lisant votre quotidien local gracieusement offert par l'établissement. En été, les

voyageurs peuvent se délasser dans sa petite piscine extérieure. Pour vous y rendre, empruntez l'autoroute 5 puis la sortie 169 vers l'est. Prenez ensuite Roosevelt Way NE vers le sud jusqu'à NE 42nd Street.

Silver Cloud Inn University
110-150; ≡
5036 25th Ave. NE, WA 98105
☎ *800-551-7207*
www.scinns.com
Situé près de l'University of Washington et de l'University Village (voir p 167), le Silver Cloud Inn University est reconnu pour son personnel accueillant et cordial qui vous indiquera les hauts points du quartier universitaire. L'établissement propose quelque 180 chambres réparties sur 4 étages et sont toutes munies de cafetières et de sèche-cheveux. Sur demande, il est possible d'obtenir un fer et une planche à repasser, un four à micro-ondes et une prise pour modem.

Près de l'aéroport

Georgetown Inn
55-155 pdj; ⊛, ⊝, △, ℂ
6100 Corson Ave. S, autoroute 5, sortie 162, WA 98108
☎ *762-2233*
≈ *763-6708*
Au sud de la ville, près du Boeing Field, se trouve le Georgetown Inn, construit en 1993. Cet établissement constitue un choix intéressant si vous ne comptez pas vous rendre jusqu'au centre-ville après un long périple en avion. L'hôtel abrite des chambres standards au décor quelconque, mais vous pouvez choisir l'une de ses suites ou chambres de luxe. Certaines d'entre elles sont munies d'une cuisinette et, si le cœur vous en dit, vous pourrez relaxer vos muscles dans un bassin à remous, au centre de conditionnement physique ou au sauna. Bon à savoir : une salle de lavage vous permettra de nettoyer vos vêtements gratuitement.

Comfort Inn & Suites
70-170 pdj; ≈, ⊝, ઇ
19333 Pacific Highway S., au sud de 188th St., WA 98188
☎ *878-1100*
☎ *800-228-5150*
Le Comfort Inn & Suites a récemment aménagé des suites confortables dénotant un certain luxe qui saura satisfaire les voyageurs après leur périple dans les airs. On y propose une gamme de services, comme la piscine intérieure et le centre de conditionnement physique, et les moins de 18 ans y séjournent gratuitement. Dans ses chambres standards, on trouve le confort habituel de cette chaîne d'hôtels.

Days Inn
75-135 pdj; ⊛, ℝ, ☉
19015 International Blvd S.,
WA 98188
☎*244-3600*
☎*800-DAYS-INN*
⇌*241-4556*
Après un dur vol en avion,
rendez-vous au Days Inn,
cet établissement offrant le
transport en navette depuis
l'aéroport et ce, 24 heures
par jour. Lieu
d'hébergement correct, il
voit la plupart de ses
chambres munies d'un four
à micro-ondes et d'un
réfrigérateur. Parmi les
nombreux services
auxquels vous aurez droit,
mentionnons son centre de
conditionnement physique
et une buanderie; les suites
invitent à la détente grâce à
leur baignoire à remous. De
plus, le personnel bien
renseigné se fera un plaisir
de vous suggérer un
itinéraire ou de vous
indiquer les meilleurs restaurants de la ville.

Clarion Hotel
110$; ⊛
3000 S. 176th St., autoroute 5, sortie
152, WA 98188
☎*242-0200*
⇌*242-1998*
www.hotelchoice.com
Les voyageurs qui désirent
loger près de l'aéroport
pourront le faire au Clarion
Hotel, qui abrite 210
chambres décorées
sobrement. L'hôtel propose
quelques services et installations comme une piscine

intérieure, un bassin à
remous et même un salon
de beauté. Le transport
depuis le SeaTac Airport
s'effectue 24 heures par
jour en navette.

Holiday Inn - Sea-Tac
100-130; ☉, ⊛, ≈
17338 International Blvd, WA 98188
☎*242-1000*
⇌*242-7089*
Situé presque en face de
l'aéroport, le Holiday Inn -
Sea-Tac se fait un plaisir
d'accueillir les voyageurs
dans une de ses 260
chambres. Pour le prix,
vous ne trouverez pas
mieux dans la région
environnante de l'aéroport.
Son centre de
conditionnement physique,
son bassin à remous, sa
piscine intérieure, sans
compter le service courtois
du personnel, font de cet
hôtel un choix intelligent.

Radisson Hotel Seattle Airport
130-300; ≈
17001 Pacific Highway S., WA 98188
☎*244-6000*
☎*800-333-3333*
Le plus grand avantage que
recèle le Radisson Hotel
Seattle Airport est certes sa
très grande piscine
extérieure, agrémentée
d'une terrasse verdoyante
où il fait bon prendre du
soleil. Il compte quelque
160 chambres dont

quelques suites luxueuses où toutes les commodités sont offertes. Les chambres standards, pour leur part, présentent une décoration ennuyeuse où le confort, néanmoins, est au rendez-vous.

Doubletree Hotel
135-500; ⊖, △
18740 Pacific Highway,
WA 98188
☎*246-8600*
☎*800-222-TREE*
≈*431-8687*
www.doubletreehotels.com
On trouve tout ce que l'onattend d'un hôtel de classe au Doubletree Hotel. L'établissement renferme pas moins de 838 chambres, sans compter les 12 suites, sa piscine, son centre de conditionnement physique et son sauna. L'hôtel offre aussi le transport en navette depuis l'aéroport, et ce, 24 heures par jour.

Restaurants

Que vous cherchiez un restaurant où les fruits de mer sont la spécialité ou que vous préfériez savourer une excellente cuisine française, vous ne saurez où manger, tellement la ville regorge de restaurants originaux au menu invitant et à l'ambiance sympathique.

Nous avons classé les établissements par circuit, en ordre alphabétique, et en ordre de prix. Sachez qu'il est difficile de se sustenter convenablement pour moins de 10$; il est en effet préférable de mettre la barre un peu plus haute. Alors, il serait surprenant que vous ne soyez pas satisfait de votre repas ou du service (l'attitude peu guindée de la ville, en général, fait que les gens qui vous serviront le feront avec politesse et, surtout, avec le sourire!). Les moins chers (*$*) proposent des repas en-deçà de 10$ pour une personne avant taxe,

boisson et service, et la qualité des repas que l'on y prend laisse parfois à désirer, sans que cela soit une généralité; la catégorie moyenne (*$$*) montre des prix oscillant entre 11$ et 20$, avec un service fort cordial; les établissements présentant des menus entre 21$ et 30$ (*$$$*) ne devraient, en principe, déplaire à personne; puis les hauts points de la gastronomie seattleoise (*$$$$*) proposent des plats raffinés, avec un service irréprochable, et vous devrez débourser au moins 31$.

Tarifs des restaurants	
$	moins de 10$
$$	de 11$ à 20$
$$$	de 21$ à 30$
$$$$	plus de 31$

Bon appétit!

Les restaurants par types de cuisine

Américaine

All American Sports Bar
& Grill 232
Bernard's on Seneca 221
Caffè Minnie's 225
Red Robbin Pub 221
Rock Bottom Brewery 221
Rock Pasta 210
Wild Ginger 218

Cafés et boulangeries

B&O Espresso 209
Caffe Ladro 229
Le Panier Very French
Bakery 214
No Boundaries Cafe 214
Pike Place Bagel's 214
Pike Place Bakery 215
Slaeggers Juice and Gelato 230
Starbucks 211
Three Girls Bakery 215
Torrefazione Italia Cafe 210

Chinoise

Choy's Chinese Cuisine 229
Uptown China 229

Commandes à emporter

Cinnamon Works 213
Mr. D's Greek Deli 214

Éclectique (cuisines diverses)

2218 226
Axis 226
Il Bistro 219
Shea's Lounge 220

Française

Café Campagne 220
Campagne 220
Chez Shea 220
Figaro Bistro 231

Fruits de mer

Andaluca 224
Athenian Lunch Seafood 216
Elliott's 212
Etta's Seafood 217
Flying Fish 226
Ivar's Acres of Clams 212
Lowell's 216
Maximillien French
Market Cafe 217
Oliver's 224
Place Pigalle Restaurant
and Bar 218
Space Needle 228

Restaurants

Italienne

Il Terrazzo Carmine 211
La Buca 210
The Pink Door's 219
Tulio 228
Umberto's 211
Very Italian Assaggio 223

Japonaise

Four Seas Restaurant 210
Japanese Gourmet
Restaurant 216

Louisianaise

Old Timer's Cafe 210
Sazerac 223

Méditerranéenne

Credenzia's Oven 231

Mexicaine

Jalisco 229

Northwest

Avenue One 227
Emerson's on Western 218
Hunt Club 231

Petit déjeuner

Bacco Juice Bar 212

Pizzas

Pizza Pagliacci 230

Pubs

Big Time Brewery
& Ale House 233
Elephant and Castle Pub
and Restaurant 221
Palmer's Cocktail,
A Gathering Place 225
Pike Pub and Brewery 215
T.S. McHugh's 230

Steak Houses

El Gaucho 228
Mccoy's Firehouse Bar
& Grill 209
Metropolitan Grill 225
Queen City Grill 227

Thaïlandaise

Sam's Sushi 229
Thai House II 229

Végétarienne

Alibi Room 216

Restaurants

Pioneer Square

B&O Espresso
$
103 Cherry St.
☎621-9372
Pour un café vite fait dans un établissement agrémenté d'un feu de foyer, le B&O Espresso constitue une belle occasion de savourer autre chose que du Starbuck's...

McCoy's Firehouse Bar & Grill
$
173 S. Washington St.
☎652-5797
≈652-5798
À l'angle de South Washington Street et de 2nd Avenue se trouve le McCoy's Firehouse Bar & Grill, où l'odeur des steaks, évidemment, envahira vos narines. Le T-Bone, un colosse, ou le steak Peppercorn New York, un autre solide gaillard, sont concurrencés par de simples burgers et des

salades. On y sert aussi le petit déjeuner jusqu'à 15h.

Old Timer's Cafe
$
620 1st Ave.
☎*623-9800*
On vient surtout à l'Old Timer's Cafe pour prendre une bière en regardant un match télévisé (voir p 245). Mais vous pouvez aussi vous y sustenter de mets aux saveurs du sud des États-Unis, la cuisine louisianaise inspirant le chef de ce café.

Four Seas Restaurant
$-$$
dim-jeu 10h30 à minuit
ven-sam 10h30 à 2h
dim 10h30 à 15h
714 S. King St.
☎*682-4900*
Pour une joyeuse expérience de *dim sum*, rendez-vous au Four Seas Restaurant, où, malheureusement, on ne propose pas grand-chose d'autre d'invitant, si ce n'est de bonnes côtes levées. Pour le reste, ce grand restaurant débonnaire devrait chercher à raffiner le goût et la présentation de ces plats.

Rock Pasta
$-$$
322 Occidental Ave. S.
☎*682-ROCK*
www.wsim.com
Les amateurs de sport se rejoignent souvent au Rock Pasta lors des matchs des

Mariners, des Sonics ou des Seahawks. Ce grand restaurant, muni d'une petite mezzanine à l'intention des non-fumeurs, sert des plats cuits au four à bois, ce dernier s'avérant le point culminant du décor quelque peu regrettable de ce genre d'établissement. Toutefois les pizzas vous feront oublier ce détail, surtout celle dénommée *The Blues*, une pizza qui allie saucisses italiennes, poivrons forts et sauce tomate.

Torrefazione Italia Cafe
$-$$
320 Occidental Ave. S.
☎*624-5847*
≠*625-0287*
Situé au cœur du Pioneer Square, le Torrefazione Italia Cafe accueille ceux et celles à la recherche d'un endroit paisible afin de prendre un bon café avec des viennoiseries, dans un décor simple mais chaleureux où les hauts plafonds dominent les clients.

🐉 La Buca
$$
102 Cherry St.
☎*343-9517*
C'est une ambiance plutôt éclectique qui vous attend à La Buca, situé en-deçà du niveau de la rue Cherry, et où le propriétaire Luigi ne se lasse jamais de raconter des histoires et de faire rire

ses convives. Peut-être viendra-t-il bavarder avec vous pendant que vous vous régalerez d'un choix de «vraies» pâtes italiennes. Les plats de *penne*, de *fettuccine* et de *rigatoni* copieux satisferont tous ceux qui n'ont pas peur du cholestérol! Le restaurant accueille souvent des groupes qui viennent y célébrer un anniversaire ou un mariage. Le personnel cosmopolite du restaurant ne se gênera pas non plus pour vous indiquer les incontournables recoins de la ville.

Umberto's
$$
100 S. King St.
☎*621-0575*
≈*621-8554*
Si vous recherchez un restaurant familial où le décor et les plats méritent une excellente note, n'hésitez plus et prenez un bon repas chez Umberto's. Essayez la savoureuse pizza *pomodoro*, simple mais efficace, ou le *farfalle tutta di mare*, composé de crabe, de crevettes et de coquillages, le tout baignant dans une sauce au sherry : excellent!

Il Terrazzo Carmine
411 1st Ave. S., angle King St.
☎*467-7797*
Le restaurant Il Terrazzo Carmine, ouvert depuis 1984, est apprécié des résidants de Seattle qui ne

se lassent pas de sa cuisine italienne. L'ambiance qui y règne vous rappellera peut-être certaines scènes de *Godfather*, meurtres en moins! Parmi les plats suggérés par le chef, mentionnons le sauté de veau accompagné de câpres.

Waterfront

Starbucks
$
tlj 7h à 19h
Pier 52
Vous trouverez des cafés Starbucks un peu partout à Seattle car, en effet, c'est dans cette ville qu'est née cette chaîne. À vrai dire, il est à se demander, à première vue, si ces établissements ne tiennent pas le monopole total de l'industrie du café. Si vous êtes dans les environs du Waterfront, plus précisément au Pier 52, vous pourrez vous réchauffer avec un bon *lattè* en attendant votre traversier pour l'île de votre choix.

Branche d'olivier

Restaurants

🛶 Ivar's Acres of Clams
$$-$$$
Pier 54
☎624-6852

Le restaurant le plus connu du Waterfront, Ivar's Acres of Clams plaira aux familles et à tous ceux qui désirent regarder le Puget Sound. À l'entrée, vous apercevrez une immense peinture représentant Ivar Haglund, le fondateur et maintenant défunt père de cet établissement qui propose de bonnes portions de fruits de mer, soit un amalgame de crabe, de crevettes, de flétan et de saumon. Le service souriant et hospitalier se veut un agréable complément au repas et à la vue qu'offre ce restaurant prisé de beaucoup de voyageurs. Vous pourrez aussi compter sur une bonne gamme de vins à des prix oscillants entre 15$ et 55$. Et, à son petit bar, on présente parfois des matchs télévisés.

Elliott's
$$-$$$$
Pier 56
☎623-4340

Un autre établissement préféré des voyageurs, le restaurant Elliott's propose une atmosphère enjouée, et ses fruits de mer de bonne qualité valent vraiment le déplacement. La vue superbe qu'il offre sur le Puget Sound en incite plusieurs à déguster du

saumon ou d'excellentes huîtres. Le crabe

constitue un choix judicieux, alors que les convives qui préféreraient du poulet ou du bœuf pourront goûter le filet mignon aux champignons et fromage bleu. En outre, le service inattaquable fait de ce restaurant un juste choix.

Pike Place Market

🛶 Bacco Juice Bar
$
86 Pine St.
☎443-5443

Le Bacco Juice Bar, attenant à l'Inn at the Market (voir p 182), représente l'endroit idéal pour commencer sa journée du bon pied, le restaurant faisant dans la très saine gastronomie. Au menu : 11 sortes de jus de fruits arborant des noms de dieux grecs comme Zeus, Pluton, Pan ou Cupidon. L'orange, la papaye et l'ananas, entre autres, composent ces différents élixirs, divins pour le palais. Pour le petit déjeuner, les œufs Bénédictine constituent notre premier choix.

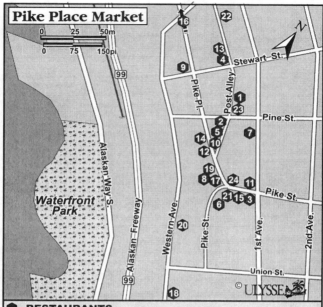

Pike Place Market

| 0 | 25 | 50m |
| 0 | 75 | 150pi |

RESTAURANTS

1. Bacco Juice Bar
2. Cinnamon Works
3. Les Crêpes de France
4. Le Panier Very French Bakery
5. Mr. D's Greek Deli
6. No Boundaries Cafe
7. Pike Place Bagel's
8. Pike Place Bakery
9. Starbucks Cafe
10. Three Girls Bakery
11. Pike Pub and Brewery
12. Athenian Lunch Seafood

13. Japanese Gourmet Restaurant
14. Lowell's
15. Alibi Room
16. Etta's Seafood
17. Maximillien French Market Cafe
18. Emerson's on Western
19. Place Pigalle Restaurant and Bar
20. Wild Ginger
21. Il Bistro
22. The Pink Door's
23. Campagne et Cafe Campagne
24. Chez Shea et Shea's Lounge

Restaurants

Puis, pour le déjeuner, vous aurez le choix entre une gamme de paninis ou de sandwichs faits des aliments les plus frais.

Cinnamon Works
$
1530 Pike Place
☎583-0085
Chez Cinnamon Works, comme son nom l'indique en anglais, vous pourrez vous gaver de roulés à la cannelle et aux raisins secs. La très bonne tarte à

l'avoine et aux bleuets vaut aussi quelques billets verts. Commandes à emporter seulement.

Les Crêpes de France
$
95 Pike St.
☎*624-2195*
Un peu à l'ouest du kiosque à journaux se trouve Les Crêpes de France, où vous pourrez manger de succulentes crêpes garnies de mozzarella ou de ricotta, de tomates fraîches, de cannelle ou de fraises, bref, d'une panoplie de délicieux ingrédients qui fondent littéralement dans la bouche. De la vanille, de la crème, du sucre...

Le Panier Very French Bakery
$
1902 Pike Place, angle Pine St.
☎*441-3669*
À la pâtisserie et boulangerie Le Panier Very French Bakery, située dans le Triangle Market, vous pourrez acheter de délicieux croissants ou, si une fantaisie vous prend, pourquoi pas un gâteau Opéra, une charlotte, une

baguette, une miche, une couronne, etc.

Mr. D's Greek Deli
$
1518 Pike Place
☎*622-4881*
Chez Mr. D's Greek Deli, vous trouverez toutes sortes de pâtisseries, des pains à la cannelle, des croissants, des saucisses bavaroises, tout comme des sandwichs jambon-fromage avec épinards et des quiches.

No Boundaries Cafe
$
Economy Market Atrium
Si vous désirez manger seul et ne pas vous faire déranger par d'importuns personnages, offrez-vous une soupe ou un sandwich au No Boundaries Cafe.

Pike Place Bagel's
$
1st Ave., angle Pine St.
Pour de bons *bagels*, rendez-vous au Pike Place Bagel's, où ceux à la dinde fumée sont un régal. Vous aurez aussi un choix varié de viandes comme du bœuf rôti, du jambon ou autres charcuteries. Plusieurs sortes de pains sont également disponibles : à l'ail, faible en gras, nature, aux fines herbes, etc. Le personnel jeune et sympathique – l'air content de vous servir, sourire aux lèvres – ainsi que la vue que vous aurez sur 1st Avenue font de ce restaurant

un choix éclairé et peu dispendieux.

Pike Place Bakery
$

Main Arcade

La Pike Place Bakery fait aussi dans les gâteries à la cannelle; ses délicieux bretzels aux pommes s'envolent comme des petits pains chauds, sans parler de ses croissants aux cerises : de minuscules délices!

Starbucks Cafe
$

1912 Pike Place

☎*448-8762*

Vous trouverez un Starbucks Cafe dans le marché. C'est en fait le premier Starbucks à avoir vu le jour. Commandes à emporter seulement.

Three Girls Bakery
$

1514 Pike Place, stand n° 1

☎*622-1045*

Le Three Girls Bakery est le plus vieux commerce du marché; vous pourrez vous y offrir de la soupe et des sandwichs à la viande froide à tout petit prix. Plusieurs sortes de pains sont disponibles et les condiments ne sont pas en reste. Que vous ayez des envies de salami ou de bacon, vous y trouverez votre compte. Le personnel est assez jeune et souriant, les cafés disparaissent pour 85 sous et vous pouvez en

demander à volonté gratuitement.

Pike Pub and Brewery
$-$$

1415 1st Ave.

☎*622-6044*

⌨*622-8730*

www.pikebrewing.com

Le Pike Pub and Brewery qui s'étend sur deux étages, sert des bières locales, ainsi que cinq *Pike Ales*, soit les bières que brasse l'établissement. Ce grand bar-restaurant, au plancher carrelé noir et blanc, accueille des quidams de tout acabit, soit pour fumer un cigare dans son *lounge*, soit pour jouer au billard sur une de ses quatre tables ou simplement prendre une bouchée en dégustant quelques bières.

Le moins que l'on puisse dire, c'est que le décor de style pub du restaurant lui va à ravir. Vous pourrez y manger le Capitol Hill Crab Chowder, la soupe du jour, une salade César, ou des artichauts avec de la bière (*weiss Bier!*), sans oublier la très bonne terrine de crabe et les pizzas. Le scotch et les alcools forts sont également à l'honneur à la salle inférieure, où, assis dans un confortable fauteuil, vous pourrez lire un quotidien local, un roman ou discuter avec un convive quelconque. C'est aussi ici qu'ont lieu les Organic Farmers Days in the

Restaurants

Pike Place Market, de la mi-juin à la fin octobre.

Athenian Lunch Seafood
$-$$
1517 Pike Place
☎624-7166

Plusieurs voyageurs prennent un repas à l'Athenian Lunch Seafood, où la vue sur le Puget Sound et le capharnaüm qui décore l'établissement éveillent la curiosité de plus d'un. Vous y verrez des réservoirs où se dandinent les homards avant qu'on ne les mange. On y vient aussi pour prendre un cocktail en regardant passer les traversiers, ou encore le petit déjeuner, les œufs à la *Golden Rhodes* volant la vedette.

Japanese Gourmet Restaurant
$-$$
82 Stewart St.
☎728-6204
⇒728-8805

Bien situé dans le Pike Place Market, le Japanese Gourmet Restaurant vous concocte de petits plats aux saveurs japonaises que le chef agrémente à sa fantaisie. Voici donc l'occasion d'essayer un *sashimi*, un *sushi* ou un *dunburi. Sayonara!*

Lowell's
$-$$
☎622-2036

S'étendant sur trois étages dans le Campus Market, le restaurant Lowell's propose un menu de fruits de mer dont la qualité n'équivaut pas à la vue que vous aurez sur le Puget Sound. Empli de voyageurs, cet établissement mise sue une éuipe jeune et enthousiaste qui, à la vitesse de l'éclair, vous servira un hamburger au flétan, une salade ou un sandwich au crabe. Vous pourrez aussi goûter à quelques bières issues de microbrasseries de la région ou d'ailleurs, entre autres l'Anchor Stream, la Red Hot E.S.B., la Sierra Nevada Stout (Nouveau-Mexique) et la Schutz Mirror Pond Pale Ale.

Alibi Room
$$
85 Pike St.
☎623-3180

L'Alibi Room, située à l'étage inférieur du marché entre l'Economy Atrium et la Main Arcade, constitue une expérience romantique et relax sans pareille. Le pain y est fraîchement cuit tous les jours, et la bonne variété de vins rouges et blancs ne fera que rehausser la qualité de votre repas : les bouteilles se vendent entre 20$ et 40$. Vous pourrez y prendre un verre de muscat, de cherry, de porto, de sangria, de pinot noir, etc. En ce qui a trait au menu, vous serez gâté par des hors-d'œuvre simples mais délicieux, comme des salades et des soupes, des *crustinis,* du fromage brie cuit, des mousses et des légumes rôtis, et ce, à des prix raisonnables. Les plats principaux, quant à eux, font aussi dans la simplicité, plusieurs plats végétariens étant proposés. Le Mexique y est aussi à l'honneur grâce au poulet *burrito*; la tarte aux épinards, les pirojkis et la lasagne végétarienne sont fortement recommandés par vos hôtes. C'est dans une ambiance parfois jazzée, parfois disco, que des artistes se rejoignent ici pour prendre un verre et discuter cinéma et théâtre. Les poutres de bois élancées soutenant le plafond donnent un aspect chaleureux à l'établissement, tandis que les grandes fenêtres ont malheureusement vue sur un grand building moderne abritant la Hill Climb Chiropractic Clinic, cachant

par la même occasion l'Elliot Bay. Le service y est courtois et accueillant.

Etta's Seafood
$$
2020 Western Ave.
☎*443-6000*
443-0648

Pour une vue superbe sur le Puget Sound et le Victor Steinbrueck Park (voir p 129), prenez un bon repas chez Etta's Seafood, un des préférés des Seattlois. La «chaudrée» de palourdes n'a pas son pareil, tandis que le flétan d'Alaska constitue l'un des hauts points du menu de ce restaurant. Avant votre repas, vous pourrez goûter à quelques bières locales ou importées, notamment la succulente Ayinger Jarhundert, une bière d'un litre.

Maximillien French Market Cafe
$$
fermé lun
81A Pike St.
☎*682-7270*

Le restaurant Maximillien French Market Cafe, situé à l'angle de l'Economy Market et de la Main Arcade, propose comme hors-d'œuvre des coquilles Saint-Jacques et des huîtres Rockefeller à des prix quelque peu déplaisants. Ce restaurant rénové en 1997 accueille une clientèle d'affaires le midi, les voyageurs se mêlant aux

Restaurants

habitués pour admirer le Puget Sound depuis les grandes fenêtres. Essayez la bouillabaisse du marché ou le loup de mer au rhum; les plats de homard sont aussi conseillés. Le petit déjeuner y est servi tous les jours et, le dimanche, vous pourrez vous y offrir un brunch entre 9h30 et 15h30. Vous aurez alors droit à de bonnes assiettes de fruits frais, des brioches, du jambon et du fromage, ainsi qu'aux spécialités matinales, à savoir le saumon fumé, les œufs Bénédictine et Rothchild.

Emerson's on Western
$$-$$$
1010 Western Ave.
☎682-1918

Aménagé dans un bâtiment historique classé, le restaurant Emerson's on Western se veut à la fois un synonyme pour «dîner à la dandy» et «repas entre amis». Le chef prépare des plats aux saveurs italienne et américaine de l'Ouest. L'atmosphère plutôt légère fait que, si le menu ne vous titille pas, vous pourrez faire une demande spéciale à votre serveur qui, si cela est possible, exaucera votre petit caprice culinaire! Dans le *lounge* et le bar, le jazz se fait entendre, martelant les touches noires et blanches du piano.

Place Pigalle Restaurant and Bar
$$-$$$
81 Pike St.
☎624-1756

L'ambiance rappelant les bistros de Paris saura charmer les convives qui choisiront de prendre un repas au Place Pigalle Restaurant and Bar, où ils auront une belle vue sur l'Elliot Bay. L'établissement se targue de proposer d'excellentes moules cuites à la vapeur, du calmar arrosé de sauce dijonnaise et de bonnes assiettes de crabe. C'est pourquoi autant les résidants de Seattle que les voyageurs s'y agglutinent pour se sustenter jusqu'à plus faim. Vous aurez également le loisir d'ingurgiter de bonnes soupes et salades à des prix abordables. Tout dépendant de la saison à laquelle vous visiterez Seattle, vous pourrez vous régaler de côtelettes de porc à la *boyourdone* ou encore de flétan braisé servi sur un lit de nouilles *yudon* et agrémenté de champignons *shitake*; les palourdes aux poivrons rouges sont vivement conseillées.

Wild Ginger
$$-$$$
1400 Western Ave.
☎623-4450
⌨623-8265

L'un des endroits les plus chauds en ville, le restaurant Wild Ginger se spécialise dans une fusion des cuisines asiatique et américaine, et arbore un autre détail culinaire bien particulier à son menu, le *satay*, mot indonésien qui signifie «grillé et embroché». C'est dans un établissement vaste mais amoureusement décoré – qui ensorcelle indubitablement – que vous prendrez part à une expérience culinaire digne de mention; les plats de nouilles, comme ceux servis avec du canard, sont grandement suggérés et, si vous ne pouvez avoir une table dans l'immédiat, vous prendrez un verre au bar que fréquentent des gens dans la trentaine, nombre d'Asiatiques dans la vingtaine en faisant également l'un de leurs favoris.

Il Bistro
$$$
93A Pike St.
☎682-3049
Situé à l'étage inférieur du Pike Place Market, le restaurant Il Bistro comblera les cœurs sensibles et les couples en mal d'aimer. Romantisme oblige, l'éclairage tamisé ainsi que les bas plafonds confèrent une ambiance unique à cet établissement en activité depuis plus de 30 ans. Vous pourrez vous installer au bar et siroter un alcool de votre choix, la cave abritant

une cargaison impressionnante des meilleurs vins de la région. Pour votre palais, vous aurez une dure décision à prendre, le veau, les côtes levées ainsi que les plats de pâtes finement apprêtés fondant littéralement dans votre bouche.

The Pink Door's
$$$
1919 Post Alley
☎443-3241
Tous les restaurants du Pike Place Market ne sont pas des «attrape-touristes», comme en témoignent la qualité gastronomique et l'éloquente localisation du restaurant The Pink Door's, situé dans la ruelle à l'est du marché. Son menu, essentiellement composé de plats italiens, propose des soupes, des *antipastas* et du *risotti* à des prix abordables. Outre ces entrées auxquelles vous goûterez avec délice, optez pour les *paninis* comme plat principal, la spécialité de l'établissement. La convivialité du décor, malgré le plafond amoché (quoique rustique), confère à cet établissement un charme indéniable. En été, on se précipite sur sa terrasse extérieure qui donne une vue époustouflante sur le Puget Sound et ses îles.

Restaurants

Campagne
$$$$
86 Pine St.
☎ 728-2800
Café Campagne
$$-$$$
Dans les environs du Pike Place Market, vous ne trouverez pas mieux

que le restaurant Campagne et le Café Campagne, où la cuisine française a acquis ses lettres de noblesse. Les voyageurs comme les amants de gastronomie s'y retrouvent dans une ambiance feutrée où, dans la salle à manger comme au bar, ils se délectent de plats inspirés de traditions françaises, rehaussées de saveur typique du Nord-Ouest américain. Ainsi, le chef James Drohman vous suggèrera le menu dégustation, composé de terrine de betteraves, d'aubergines et de foie de veau; vous avalerez ensuite de délicieux raviolis aux arômes de truite fumée, sans oublier les fromages crémeux à souhait.

Chez Shea
$$$$
94 Pike Street, n° 34
☎ 467-9990
L'un des meilleurs restaurants de Seattle est aussi l'un des plus difficiles à trouver. En fait, le restaurant Chez Shea, caché au troisième étage du Corner Market, se spécialise dans la cuisine française, alors que tous ses aliments sont tirés du marché. Le propriétaire Sandy Shea fait en sorte que l'on n'outrepasse pas son établissement, car il a créé un décor et une ambiance des plus romantiques – chandelles à l'appui –, avec une vue sur l'Elliot Bay à couper le souffle.

Shea's Lounge
$$$
Ou, si vous préférez, dans le *lounge* surnommé Shea's Lounge – un petit bistro fort sympathique –, au deuxième étage, vous vous sustenterez de cuisine méditerranéenne et espagnole, où les prix siéent mieux au porte-feuille que Chez Shea.

Centre-ville

Bernard's on Seneca
$
317 Seneca St.

Au sous-sol de l'Hotel Seattle (voir p 183, 190) se trouve le restaurant Bernard's on Seneca, un *diner* américain typique qui propose des omelettes, des salades aux épinards, des hamburgers et des *fish and chips*.

Red Robbin Pub
$
angle Spring St. et 4th Ave.
☎**474-1909**

Une statue du Chief Seatlh trône à l'entrée du Red Robbin Pub, un *delicatessen* à l'ambiance enjouée, où les convives semblent se connaître et où l'on vient principalement pour prendre un verre au bar en regardant un match télévisé. La salle à manger, située à l'arrière de l'établissement, est décorée de fanions des équipes locales de sport; vous pourrez y manger de bons sandwichs, des salades et des hamburgers. La bière en fût et les *happy hours* y sont fort prisés *(tlj 15h30 à 18h30 et 21h30 à la fermeture).*

Elephant and Castle Pub and Restaurant
$-$$
1417 5th Ave.
☎**624-9977**
⇄624-9944

L'Elephant and Castle Pub and Restaurant, entre Pine Street et Pike Street, se veut un *pub* traditionnel où la *shepperd's* pie, les hamburgers et les salades composent la majeure partie du menu. On y propose aussi une bonne salade César ainsi que des plats de pâtes copieux. La cuisine du Nord-Ouest américain est également à l'honneur, le flétan et les *fish and chips* s'avérant fort populaires. Voilà donc l'établissement idéal pour savourer une *Guinness* (ou plusieurs marques de bières importées) dans un décor ardent où les murs de brique et les belles boiseries invitent à boire et à discuter.

Rock Bottom Brewery
$$
1333 5th Ave.
☎**623-3070**
www.rockbottom.com

Vous retrouverez une ambiance typique de brasserie à la Rock Bottom Brewery, qu'une clientèle dans la

Restaurants

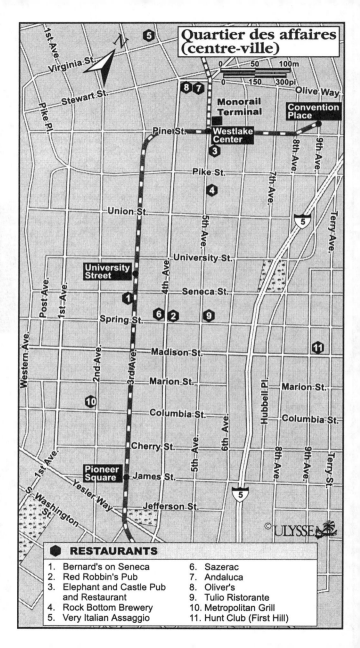

vingtaine fréquente pour son atmosphère festive ou simplement pour regarder un match télévisé tout en jouant une partie de billard. Les côtes levées et les pizzas étant les spécialités de l'établissement, venez en mordre à pleines dents et vous comprendrez pourquoi cette chaîne de restaurants comporte tant d'adeptes. En fait, une quinzaine de Rock Bottom comblent les citoyens des villes qui s'étendent à l'ouest de Chicago jusqu'à la côte.

Very Italian Assaggio
$$
2010 4th Ave.
☎441-1399

Le restaurant Very Italian Assaggio constitue un rendez-vous fort charmant dont la décoration faisant dans le rococo est sans égale à Seattle. Les tables entassées et l'atmosphère bruyante invitent au partage et à la rencontre des voisins de table qui, comme vous, se régaleront de plats concoctés avec finesse. Les statues d'anges et de

madones donnent une touche presque éthérée à l'établissement, alors que la reproduction d'une peinture de Michel-Ange couronne le décor. Il est préférable de réserver à l'avance, vu sa grandissante popularité. Vous trouverez une table d'hôte abordable *(12$)*, les *linguini* accompagnés de *pesto* maison se savourant lentement mais sûrement.

Sazerac
$$-$$$
1101 4th Ave.
☎624-7755
≈624-0050

Agréablement situé dans l'Hotel Monaco (voir p 190), le restaurant Sazerac dégage une ambiance californienne, fortement ressentie dans le décor de l'artiste Cheryl Rowley. Les hauts plafonds donnent l'impression d'être en plein air, et vous goûterez aux plats de *Big Dawg* Jan Birnbaum, qui affectionne la cuisine du sud des États-Unis, plus particulièrement, la louisianaise. Si, malheureusement, vous ne pouvez vous résoudre qu'à y manger une seule fois, laissez vous tenter par un New York Strip Steak garni de rondelles d'oignon au babeurre, de sauce *sazy* et de fromage. Le petit déjeuner y est aussi servi jusqu'à 10h.

⚓ Andaluca
$$$
407 Olive Way
☎ *382-6999*

Installé dans l'aile ouest du Mayflower Park Hotel, le restaurant Andaluca est un autre de ces établissements romantiques où l'éclairage tamisé se reflétant sur les murs de bois de rose confère une atmosphère fort appréciable. Le look européen du restaurant annonce des plats du Vieux Continent, mais c'est plutôt la proximité de la mer qui incite le chef à composer des plats où les fruits de mer sont le point de mire. Vous pourrez partager des tartelettes aux champignons ou des gâteaux au canard, tandis que la carte des plats principaux, savoureux et copieux, met en vedette le poulet arrosé d'une sauce aux épices marocaines et le Zarzuela Shellfish Stew, composé de crevettes, de palourdes, de moules et de pieuvre. Le service irréprochable de cet établissement non-fumeurs lui donne un cachet unique.

Oliver's
$$

L'Oliver's, situé lui aussi dans le Mayflower Park Hotel, sert pour sa part de bons sandwichs de flétan et des gâteaux au crabe; on y vient toutefois pour boire l'un des meilleurs martinis en ville, sinon le meilleur.

⚓ Tulio Ristorante
$$$
1100 5th Ave.
☎ *624-5500*

L'une des meilleures raisons de résider au Vintage Park Hotel (voir p 191) est certes son restaurant italien Tulio Ristorante, qui attire autant les résidants que les voyageurs à la recherche de mets italiens dignes de mention. Assis à l'une des tables qui donnent sur 5th Avenue, vous aurez une vue sur le branle-bas de combat qui a lieu sur cette

trépidante artère. Si vous préférez le style «tête-à-tête», demandez une table à l'écart des autres, au fond de l'établissement. Finement décoré

Cette pagode, don de la Ville de Taipei à la Ville de Seattle, est située au Hing Hay Park, dans l'International District.
- *Nick Gunderson SKCCVB*

Le monorail qui part du Westlake Center est un des vestiges de l'Exposition internationale de 1962.
- *SKCCVB*

La Space Needle trône seule dans le ciel
de la «duchesse du nord-ouest des États-Unis». - *Camirique*

de boiseries aux couleurs sombres, cet établissement, où le service et l'accueil ne font jamais défaut, propose un menu bien italien, comme on le suppose. Mettez-vous sous la dent quelques *antipastis* comme les asperges rôties avec du *prosciutto* ou des *gnoccis* aux pommes de terre sucrées. Puis, comme plat principal, savourez le risotto Zafferano, composé de coquillages de mer, de basilic et d'un zest d'orange. Le chef cuit aussi d'excellents steaks, comme le Grilled Marinated Ribeye ou les côtelettes de veau grillées, accompagnées de *prosciutto* et de mozzarella.

Metropolitan Grill
$$$-$$$$
820 2nd Ave.
☎624-3287

S'il est un restaurant réputé pour ses steaks, c'est bien le Metropolitan Grill, qui, à moult reprises, a mérité le prix du «meilleur steak en ville» décerné par les quotidiens locaux. Vous pénétrerez dans un colossal établissement où règne le goût et où tout évoque la classe. Le chef s'occupe personnellement d'acheter le meilleur steak disponible en ville et concocte des viandes à tout égard sublimes. Vous pourrez vous laisser tenter, entre autres, par un menu pour deux personnes, soit un chateaubriand ou un Dou-

ble Top Sirloin. Au bar, l'alcool coule à flots, surtout le bourbon, le scotch et le whisky.

Belltown et Seattle Center

Caffè Minnie's
$-$$
angle 1st Ave.et Denny Way

Parfaitement situé à l'angle où se rejoignent les quartiers de Belltown, du Seattle Center, du Waterfront et de Lower Queen Anne, le Caffè Minnie's se veut un digne représentant des *diners* américains et est ouvert «*around the clock*». Le menu se compose de hamburgers, de salades et de fruits de mer; c'est ici le rendez-vous de ceux et celles qui reviennent d'un concert au Key Arena (voir p 259) qui ont vu le ciel de Seattle depuis le sommet de la Space Needle, ainsi que des habitués du quartier.

Palmer's Cocktail, A Gathering Place
$-$$
2034 3rd Ave.
angle Lenora St.
☎728-2337

La cuisine du pub irlandais Palmer's Cocktail, A Gathering Place ne fait pas dans le très imaginatif : hamburgers, sandwichs et salades. Il accueille les universitaires et des gens de tous âges et de tout acabit qui viennent

Restaurants

y passer une bonne soirée. C'est aussi un bar accueillant où les serveuses comme les convives fraternisent devant un match télévisé ou en écoutant de la musique rock. Plusieurs Irish Whiskies disponibles.

2218
$$
2218 1st Ave.
☎*441-2218*
www.2218.com

Le restaurant 2218, qui se transforme en bar branché après 22h, arbore un look des plus minimalistes rappelant la Factory d'Andy Warhol, mais en beaucoup plus petit. Le saumon grillé et les *penne rigate* constituent des choix judicieux, alors que la table des desserts, dont fait partie le New York Cheesecake, fait titiller les papilles gustatives.

 Axis
$$-$$$
dim-jeu 17h à minuit
ven-sam 17h à 3h
2214 1st Ave.
☎*441-7924*

Au restaurant Axis, où les traditions américaines et asiatiques s'entremêlent, vous vous sentirez presque chez vous. En fait, ce restaurant sans prétention affiche l'une des cartes de vins les plus reconnues de la ville, sans parler de sa cuisine fusion fébrile en imagination. La pieuvre grillée tout comme le *ahi* baigné dans une sauce au *guava* méritent que vous dépassiez les limites de la gêne car, à priori, l'ambiance d'habitués, peut-être, vous subjuguera-t-elle. Mais détrompez-vous et entamez la conversation avec un célibataire de votre choix, et vous vous serez vite ravisé car cet établissement accueille autant les artistes guindés que les ouvriers avides de plats apprêtés avec ingéniosité.

Flying Fish
$$-$$$
2234 1st Ave.
☎*728-8595*

En activité depuis 1995, le restaurant Flying Fish baigne ses invités dans une ambiance tamisée où le temps semble suspendu. Vous assisterez à la cuisson de votre plat, alors que le chef se donne en spectacle derrière l'immense four à bois. Que vous choisissiez le saumon Red King, l'*escolar* grillé ou les plats d'amuse-gueule à partager, vous ne serez pas déçu. Et si, par malheur, vous ne rencontrez personne avec qui entreprendre une conversation, vous pourrez scruter l'établissement du regard et admirer son décor chaleureux aux teintes orangées tout en trinquant un des 200 vins que le restaurant propose.

Queen City Grill
$$-$$$

2201 1st Ave.
☎443-0975

Le quartier de Belltown est choyé en ce qui a trait à la restauration, et le Queen City Grill ne déroge pas de la norme. Des gens dans la trentaine s'y agglutinent et savourent un apéritif au bar, pour ensuite se délecter de gâteaux au crabe, d'un bon New York Steak ou d'une assiette de légumes grillés. Vous voudrez sûrement mordre à pleines dents dans sa tarte au citron et, pour terminer la soirée, quoi de mieux qu'un des 10 portos que l'établissement propose.

Avenue One
$$$

1921 1st Ave.
Ouvert depuis presque deux ans, le restaurant Avenue One, à l'ambiance très légère, et excessivement bien éclairé, accueille des gens dans la trentaine qui viennent s'y restaurer et assister à un bon concert de musique de jazz. Vous pourrez prendre un cocktail au bar ou à votre table (*7$*)

dans ce restaurant très romantique (et non-fumeurs) aux couleurs chaudes comme l'orangé, les fumeurs n'étant admis qu'au bar. Six banquettes sont séparées par de belles poutres; essayez de réserver une place donnant sur la superbe mur de brique au sud de l'établissement. Une immense peinture, que vous ne pourrez manquer, représente le restaurant et annonce la classe et le bon goût que dégage cet établissement de choix. À l'arrière, vous trouverez une salle bleue plus qu'intime, qui procure une belle vue sur l'Elliot Bay. Encensé par moult magazines de gastronomie, notamment le *Bon Appétit* du mois de novembre 1998, l'Avenue One propose d'excellents plats d'inspiration Northwest et italienne. Sa sélection de vins est imposante : chardonnay, pinot gris, riesling, sauvignon blanc, cabernet, merlot, pinot, sans oublier la dizaine de champagnes que l'on peut acheter à la bouteille (*de 50$ à 320$*). La cuisine ferme à 23h, alors que des convives prennent un verre au bar tout en discutant avec le propriétaire. L'établissement présente des concerts de jazz tous les mardis soir à 21h, et Kelly Johnson, une chanteuse locale, s'y produit parfois.

Space Needle
$$$-$$$$
Seattle Center
☎*443-2100*

Malheureusement, le menu que propose le restaurant de la Space Needle s'avère une mauvaise surprise. En effet, la vue qu'offre ce restaurant panoramique constitue la raison principale du prix exorbitant des différents plats, quels qu'ils soient. Cet établissement, rappelant quelque peu les chics restaurants asiatiques, est composé de pièces séparées les unes des autres par des paravents élégants. Un aquarium, à la sortie de l'ascenseur, fascinera les plus jeunes ébaubis devant des poissons de toutes les couleurs. Mais au bout du compte, ce restaurant présente l'un des pires rapports qualité/prix de la ville.

 El Gaucho
$$$$
2505 1st Ave.
☎*728-1337*
≈*728-4477*

Convivialité et *nec plus ultra* seraient des mots faibles pour décrire l'atmosphère qui prédomine au restaurant El Gaucho. En fait, vous retrouverez à peu près n'importe qui dans ce restaurant accueillant autant le

motocycliste tatoué que la chanteuse d'opéra, le magnat des finances ou l'écrivain en mal d'inspiration. Le pianiste ne fait pas dans la *muzack*, et de ses doigts agiles apprivoise-t-il la salle, alors qu'on lui redemande son interprétation d'une pièce de Duke Ellington ou de Bill Evans. Votre serveur s'assurera que tout est à votre satisfaction (n'hésitez pas si vous désirez une coupe de champagne-jus d'orange : ici, vous êtes le patron!); vous pourrez ensuite satisfaire vos papilles gustatives. En entrée, vous aurez le choix entre un cocktail ou un gâteau au crabe, une «chaudrée» de palourdes ou la salade Gaucho garnie de crevettes. Puis les plats principaux se composent de steaks juteux, de homards et de

Space Needle

pâtes, que vous pourrez arroser de l'alcool de votre choix, l'établissement n'étant pas à la veille d'en manquer... Pour finir la soirée en beauté, rendez-vous au rez-de-chaussée, où une salle appelée Romper Room (voir p 255) présente parfois des spectacles dans une ambiance de cabaret.

Lower Queen Anne

carte voir page 198

Caffe Ladro
$
600 Queen Anne Ave. N.
☎*282-1549*
Pensez orange. Réfléchir devant une exposition d'art : voilà ce à quoi vous invite le Caffe Ladro, l'ambiance alliant le style de *Trainspotting* et la gourmandise de *The Cook, the Thief, his Wife and her Lover*. Des pâtisseries de toutes sortes, des salades improvisées et de l'excellent café tenteront les gourmets comme les gourmands.

Jalisco
$
122 1st Ave. N.
☎*283-4242*
Les mets mexicains, c'est le domaine de la *taquería* Jalisco, où *tostadas*, *burritos* et *enchiladas* composent la majeure partie du menu. Le décor aux couleurs mexicaines ne fera que

vous immergez encore plus dans l'univers du *sombrero*.

Sam's Sushi
$
521 Queen Anne Ave.
☎*282-4612*
Entre 2nd Avenue North et Queen Anne Avenue North, vous trouverez une panoplie de restaurants asiatiques au décor rappelant la Chine et la Thaïlande. Parmi ceux-ci, mentionnons Sam's Sushi, qui propose un bon *yakisoba*.

Choy's Chinese Cuisine
$
601 Queen Anne Ave. N.
☎*283-1598*
Choy's Chinese Cuisine est bien connu pour son poulet *mu-shu* servi avec des crêpes.

Thai House II
$
517 Queen Anne Ave. N.
☎*284-3700*
Le porc au gingembre de la Thai House II constitue une décision gastronomique éclairée.

Uptown China
$
200 Queen Anne Ave. N.
☎*285-7710*
Et c'est à l'Uptown China que vous apprécierez les plats de légumes dont notre préféré, le Buddha's Delight.

Restaurants

Slaeggers Juice and Gelato
$
12 Mercer St.
☎*285-7557*
≈*285-7597*
Pour vous rafraîchir d'un
bon jus de fruits ou d'un
sorbet, choisissez le
Slaeggers Juice and Gelato,
qui présente un décor
fort accueillant au haut
plafond et décoré de
façon plus
qu'originale.

Racha h
$-$$
537 1st Ave. N.
☎*281-8833*
Le quartier de Lower
Queen Anne recèle de
nombreux restaurants
asiatiques, notre préféré se
nommant le Racha h, qui
propose une grande variété
de plats thaïlandais, les
serveurs rapides et polis se
faufilant entre les tables à
une vitesse fulgurante.
Essayez la soupe *tom ka*,
composée de lait de noix
de coco, de champignons
Oyster et de feuilles de
kafir. Comme plat principal,
les assiettes de curry constituent une juste alternative
aux plats de nouilles.

T.S. McHugh's
$-$$
21 Mercer St.
☎*282-1910*
T.S McHugh's, dont le slogan en irlandais est *Céad
Mile Fáilte!*, emprunte le
nom de Thomas Shannon

McHugh, un Irlandais de
Galway qui s'est installé à
Seattle au cours du XXe
siècle. L'institution est
célèbre pour sa «chaudrée»
de palourdes ainsi que pour
son steak d'aloyau, son
goût étant relevé par une
divine sauce à la moutarde.
Cet établissement se targue
aussi de proposer une
imposante
quantité
de bières
du pays
de James
Joyce, que
vous
pourrez
trinquer
en conver-
sant avec
un habitué ou un voyageur
de passage. Quelques
ardents partisans de sport
rivent leurs yeux sur les
téléviseurs pendant que des
athlètes collégiaux et
professionnels se donnent
en spectacle.

Pizza Pagliacci
$$
550 Queen Anne Ave. N.
4529 University Way
426 Broadway E.
☎*285-1232*
Si une envie de pizzas vous
tenaille l'estomac, le restau-
rant Pizza Pagliacci, qui a
mérité moult prix et une
mention dans le célèbre
magazine gastronomique
Bon Appétit, saura calmer
votre fringale. Le fromage
fondant et la minceur de la
pâte représentent les

qualités premières de ces pizzas, celle au fromage de chèvre nous faisant encore saliver!

Figaro Bistro
$$-$$$
11 Roy St.
☎284-6465

Les propriétaires Philippe Bollache et Laurent Gabrel, deux Français d'origine que la Ville-Émeraude a adoptés, sont les maîtres à penser derrière le joyau qu'est le Figaro Bistro. Adjacent au MarQueen Hotel (voir p 192), cet établissement aux allures de bistro parisien charme par ses hauts plafonds, sa décoration attentionnée et son service... à la française. Vous pourrez vous régaler de plats du pays de Rimbaud comme les palourdes bretonnes, les crevettes provençales ou la terrine de légumes en entrée. Puis vous voudrez entamer un plat de veau à la normande, arrosé d'une onctueuse sauce aux pommes et au calvados. Un délice digne des dieux!

Credenzia's Oven
$$
10 Mercer St.
☎284-4664
⇨284-4854

Malgré un décor quelque peu mal assorti, le tout nouveau Credenzia's Oven, soit l'ancienne Credenzia Village Bakery que la propriétaire et chef Laura Dewell a récemment transformé en restaurant, concocte une cuisine rare que vous ne retrouverez nulle part ailleurs à Seattle. En fait, Laura affectionne particulièrement les mets méditerranéens, plus particulièrement ceux provenant de la Géorgie.

First Hill

Hunt Club
$$$$
900 Madison St.
☎343-6156

Logé dans un des plus prestigieux hôtels de Seattle, le Sorrento Hotel (voir p 199), le restaurant Hunt Club plaira aux couples en manque de romantisme, dont la cuisine Northwest excite les papilles gustatives. En fait, ce restaurant que fréquentent en grande partie les gens

Les établissements qui se distinguent

Pour l'ambiance festive :
La Buca

Pour le rapport qualité/prix :
Ivar's Acres of Clams

Pour le petit déjeuner :
Bacco Juice Bar

Pour l'ambiance décontractée :
Alibi Room
Andaluca
Axis
Caffe Ladro
El Gaucho
Shea's Lounge
Wild Ginger

Pour les romantiques :
Andaluca
Avenue One
Campagne
Chez Shea
Hunt Club
Il Bistro
The Pink Door's

Pour les insomniaques :
Caffè Minnie's

d'affaires a de tout pour satisfaire tous les goûts : les viandes y sont succulentes, les fruits de mer sont apprêtés avec art et le service se veut un des plus cordiaux en ville. Le décor vous aidera à vous transporter quelque part en Italie, le look Renaissance étant favorisé par vos hôtes. Les aliments les plus frais composent le menu qui change de façon hebdomadaire, parfois tous les jours, et soyez assuré d'y passer une bonne soirée, un cognac à la main.

Quartier universitaire

All American Sports Bar & Grill
$
4333 University Way NE
☎*545-7771*
Comme son nom l'indique en anglais, l'All American Sports Bar & Grill se présente comme un bar sportif et est situé en plein

cœur du quartier universitaire. Un menu appétissant mais des plus conventionnels vous est proposé, alors que le steak et les hamburgers volent la vedette. Plusieurs universitaires l'affectionnent et viennent y boire une bière en fût (ou plusieurs bières...).

Big Time Brewery & Ale House
$
4133 University Way NE
☎ 545-4509
L'ambiance de pub que dégage la Big Time Brewery & Ale House incite les invités à essayer l'une des nombreuses bières que l'établissement brasse à même son antre. Vous y trouverez une cuisine typique de ce genre d'établissement : *shepperd's pie*, steaks et burgers. L'établissement est très bondé après 21h.

Dans le présent chapitre, nous vous proposons moult façons de vous divertir, que ce soit au cinéma, au théâtre ou à l'opéra; nous avons également réparti les différents établissements que nous avons visités par quartiers et en ordre alphabétique, ce qui facilitera votre choix d'escapades nocturnes.

Nous n'avons pas oublié les amateurs de sport et avons décrit les divers endroits où les Mariners, les Seahawks et les Supersonics disputent la victoire à leurs adversaires.

Seattle offre aux voyageurs et aux résidants d'innombrables possibilités de sorties. Si vous êtes amateur de musique classique, sachez que l'Opera House du Seattle Center propose des concerts de qualité, avec une acoustique surprenante. Ceux qui préfèrent se divertir au théâtre seront comblés puisque les quartiers de Belltown et de Capitol Hill, entre autres, fourmillent de salles où les pièces classiques et marginales alternent. Côté bars, Seattle se voit amoncelé de nombreux établissements sans prétention où la discussion constitue le point de mire des rencontres nocturnes;

côté discothèques, les danseurs gays n'auront aucun problème à trouver un établissement de choix car, en effet, la plupart des discothèques de la région s'adressent à cette clientèle, quoique les hétérosexuels soient tolérés sans trop de chichi. Toutefois, ces derniers ne trouveront pas de discothèques réservées aux hétérosexuels qui en valent la peine.

Contrairement aux autres grandes métropoles américaines, les lois de l'État de Washington font que les soirées débutent assez tôt à Seattle. Cela commence souvent par un «5 à 7» que beaucoup de quidams affectionnent; puis, l'heure limite pour consommer de l'alcool étant 2h, les établissements sont forcés de fermer leurs portes à cette heure peu tardive. Les fêtards trouveront néanmoins quelques établissements qui ferment plus tard; ces *after hours* ne proposent pas de boissons alcoolisées après 2h.

Pour être à la fine pointe de l'information

culturelle, consultez les quotidiens locaux *Seattle Times (www.seattletimes.com)* et *Seattle Post-Intelligencer (www.seattle-pi.com)* Les deux possèdent une excellente section «Arts et spectacles» dans leurs éditions de la fin de semaine. Si vous vous aventurez dans le Pike Place Market, prenez des exemplaires du *Pike Place Market News*, étalés çà et là dans le marché historique. Pour s'y retrouver facilement dans le quartier historique du Pioneer Square, procurez-vous le *Discovering Pioneer Square Map & Guide*, disponible, entre autres, à l'Elliott Bay Book Company (voir p 268, 277).

Pour des sources plus marginales mais tout aussi valables, procurez-vous le *Seattle Weekly (www.seattleweekly.com)* ou *The Stranger (www.thestranger.com)*, d'excellents hebdomadaires culturels. Tous deux paraissent chaque jeudi et offrent une foule de renseignements sur les restaurants à fréquenter, les boîtes les plus branchées, les concerts à venir, etc. Ces publications gratuites sont disponibles partout à travers la ville dans les kiosques à journaux, les centres commerciaux et certaines boutiques.

Les gays et lesbiennes voudront se procurer *The Lesbian & Gay Pink Pages*, publié au printemps et à l'automne. Et les internautes pourront recueillir une ribambelle de renseignements sur le site du *Seattle Gay News Online (www.sgn.org)*.

Si vous désirez des cartes précises ou toute autre forme de renseignements touristiques, contactez le Seattle-King County News Bureau, situé dans le Washington State Convention Center. On peut aussi acheter des billets par son entremise.

Seattle-King County News Bureau
520 Pike St., Suite 1325, Seattle, WA 98101
☎ *461-5840*
www.seeseattle.org

Comptoirs Ticketmaster

Vous trouverez des comptoirs Ticketmaster (appelés Ticket Centers) partout à travers la ville.

Ticketmaster
☎ *628-0888*

Centre-ville
RITE AID
319 Pike St.
☎ *206-223-1128*
☎ *206-223-0512*

Seattle Center et environs
KeyArena
305 Harrison St.

Tower Records
500 Mercer St.
☎ *283-4456*

Pioneer Square
Seahawks EndZone Store
88 S. King St.
☎ *682-2900*
⇌ *808-8314*

Quartier universitaire
Tower Records
4321 University Way

Capitol Hill
Wherehouse
206 Broadway E.
☎ *628-0888*

Musique classique, théâtre et cinéma

Théâtre

Musique classique

Opera House
angle 3rd Ave. et Mercer St.
☎684-7200
≈684-7342
C'est dans le quartier du Seattle Center que vous trouverez l'**Opera House**, les classiques de Wagner affichant souvent complet.

Pacific Northwest Ballet
301 Mercer St.
☎441-9411
Côté ballet classique, la troupe du Pacific Northwest Ballet présente des spectacles dans l'Opera House et se veut une des meilleures compagnies étasuniennes.

Benaroya Hall
200 University St.
☎215-4700
☎215-4747
≈215-4748
Le **Seattle Symphony** s'est longtemps déplacé d'un endroit à un autre pour satisfaire la clientèle avide de musique classique. Et c'est au Benaroya Hall que, tout récemment, l'orchestre s'est installé pour de bon, la salle de concerts pouvant accueillir jusqu'à 2 500 mélomanes.

5th Avenue Theatre
1308 5th Ave.
☎625-1417
La ville de Seattle recèle de nombreux théâtres, certains s'attardant aux créations contemporaines, tandis que d'autres préfèrent se concentrer sur les spectacles au succès garanti, «importés» de Broadway. Le 5th Avenue Theatre est de ceux-là, et le théâtre en soi se présente comme un établissement finement décoré et agréable à fréquenter.

Cabaret de Paris at Crepe de Paris
1333 5th Ave.
☎623-4111
Toujours au centre-ville, les amateurs de théâtre de style cabaret apprécieront les spectacles que présente le Cabaret de Paris at Crepe de Paris, situé dans le centre commercial Rainier Square (voir p 144, 268).

A Contemporary Theatre
700 Union St.
☎292-7676
A Contemporary Theatre (ACT) favorise les productions à caractère social, toujours imbues de contemporanéité.

Belltown Theatre Center
115 Blanchard St.
☎ *728-7609*

Brown Bag Theatre
1501 2nd Ave.
☎ *325-7152*

Annex Theatre
1916 4th Ave.
☎ *728-0933*

Dans le quartier de Belltown, fourmillant de théâtres alternatifs, vous trouverez quelques salles, entre autres le Belltown Theatre Center, le Brown Bag Theatre et l'Annex Theatre, qui affichent les productions marginales appelées *fringe theatre*.

Children's Museum Theatre
Seattle Center House

Les quartiers du Seattle Center et de Lower Queen Anne, pour leur part, abritent

un théâtre original, le Children's

Museum Theatre (voir «Children's Museum», p 153), qui s'adresse, comme son nom l'indique en anglais, aux enfants.

Intiman Theatre
au nord du Seattle Center sur Mercer Street
☎ *269-1901*

Un théâtre d'origine suédoise, l'Intiman Theatre, présente des classiques des pays scandinaves et est-européens comme les pièces de Henrik Ibsen et de Gogol.

Velvet Elvis Lounge Theatre
107 Occidental Ave. S.
☎ *624-8477*

Le quartier du Pioneer Square abrite probablement la plus originale des salles de théâtre de la ville, soit le Velvet Elvis Lounge Theatre, qui monte des pièces marginales mais très imaginatives. Une pièce sur Jack Kerouac, *Kerouac: The Essence of Jack*, faisait tout un tabac lors de notre passage.

Market Theatre
1426 Post Alley
☎ *587-2414*

Dans le quartier du Pike Place Market, vous pourrez vous réfugier dans le minuscule Market Theatre, qui se spécialise dans l'improvisation, le multimédia et les films d'art.

Broadway Performance Hall
1625 Broadway E.
☎ *325-3113*

Capitol Hill, où l'art est érigé en système, possède également sa part de salles de théâtre, comme le

Broadway Performance Hall, qui invite autant les amateurs sur la voie du professionnalisme que les plus anciennes troupes de théâtre de la ville.

Cornish College of the Arts
710 E. Roy St.
☎*323-1400*
Les pièces présentées au Cornish College of the Arts ne manquent pas d'originalité. En fait, des étudiants travaillent à des pièces qu'ils produisent par la suite. Ils mettent surtout en valeur la problématique de la contemporainéité.

Cinéma

Surnommée la «Hollywood du Nord», la ville de Seattle se voit recouverte d'un grand nombre de salles de cinéma, plus de 70 amphithéâtres ponctuent la grande région métropolitaine.

Seattle a aussi connu un certain succès par le biais de productions hollywoodiennes qui la mettaient en vedette, comme dans le film *Sleepless in Seattle*, Tom Hanks et Meg Ryan interprétant les rôles principaux. Il y a eu aussi *It Happened at the World*

Fair, où le *King*, Elvis Presley, chanteur émérite au talent d'acteur limité, partageait la vedette avec la Space Needle. Grâce aux nombreuses collines qui façonnent la ville, plusieurs productions hollywoodiennes qui doivent se passer à San Francisco sont actuellement tournées dans la Ville-Émeraude. Et malheureusement, le film d'auteur ou indépendant a plutôt de la difficulté à percer le marché de Seattle, quelques salles ayant même fermé leurs portes, faute de sous. Ce fut entre autres le cas du Casbah Cinema.

911 Media Arts Center
117 Yale Ave. N.
☎*682-6552*
Dans le quartier de Belltown, surtout réputé pour ses restos et ses boîtes branchées, vous trouverez quelques salles de cinéma, notamment le 911 Media Arts Center, qui fait dans le multimédia et le film d'art, avec son amphithéâtre d'une cinquantaine de places seulement.

Cinerama Theatre
2100 4th Ave.
☎*441-3653*
Le Cinerama Theatre présente des films de répertoire depuis la fin avril 1999. Des chefs-d'œuvre comme le film de science-fiction *Star Wars* y prennent l'affiche.

La famille Lee

Bruce Lee (1940-1973), cette superstar du kung-fu, est né à San Francisco en 1940, soit l'«année du Dragon». Son père, Lee Hoi Chuen, et sa mère, Grace Lee, le nomment Lee Jun Fan. Plus tard, Bruce prend les surnoms de «Little Dragon» (petit dragon) et de «Never Sits Still» (ne reste jamais assis tranquillement). En 1941, il déménage avec sa famille à Konlon, un quartier de Hong Kong. À l'âge de six ans, il joue dans *The Beginning of a Boy*, puis tient divers rôles dans une vingtaine de films en Asie.

À 14 ans, il étudie une branche du kung-fu, le Wing Chun. Plus tard la même année, il a des démêlés avec la mafia chinoise. Après moult batailles de rue, Bruce est arrêté et ses parents décident de l'envoyer étudier aux États-Unis. Il termine son cours secondaire à Seattle et s'inscrit par la suite en philosophie à l'université de Washington. Il rencontre alors la femme qu'il mariera, Linda Emery, abandonne l'école, mais publie son premier livre, *The Philosophical Art of Self Defense*. En 1966, la famille Lee déménage à Los Angeles, où Bruce ouvre une troisième succursale de son école de kung-fu, dans le Chinatown.

En 1971, Bruce Lee se voit confronté à une étrange réalité : *Green Hornet*, une série télé dans laquelle il a joué, est un vif succès à Hong Kong, et il devient une superstar instantanément! Puis il joue dans ses premiers vrais films, à savoir *Fist of Fury*, *Chinese Connection* et le célèbre *The Return of the Dragon*, où Bruce Lee bat, lors de la dernière scène, Chuck Norris. Un mauvais karma s'installe lors du tournage de *Game of Death*; Bruce ne peut le terminer. Il meurt le 20 juillet 1973 et 25 000 personnes assistent aux obsèques à Hong Kong. Il sera enterré à Seattle au Lakeview Cemetery.

Brandon Lee (1965-1993), son fils, connaît un destin aussi tragique que le père. Né à Oakland en 1965, il joue dans son premier film à 21 ans, soit *Kung Fu : The Movie*, en 1986, ainsi que dans *Legacy of Rage*. Il a un rôle dans *Rapid Fire*, mais ce qui le proclame «acteur culte», c'est le film *The Crow* : il perd la vie au cours du tournage. Lors d'une scène, un acteur est censé tirer avec un revolver sur Brandon; mais un fragment de balle s'est inséré dans le revolver et Brandon Lee meurt le 31 mars 1993. Il sera enterré à côté de son père au Lakeview Cemetery de Seattle.

Sorties

Boeing IMAX Theater
200 2nd Ave. N.
☎443-4629
Laser Fantasy Theater
200 2nd Ave. N.
☎443-2850
Le quartier de Lower Queen
Anne, qui abrite en partie le
Seattle Center (voir p 145),
accueille deux salles de
type IMAX, à savoir le
Boeing IMAX Theater et le
Laser Fantasy Theater, ce
dernier présentant des films
de groupes musicaux
comme Pink Floyd, Jimi
Hendrix Experience et les
Beastie Boys. Ces deux
salles se trouvent dans le
Pacific Science Center (voir
p 152).

Uptown Cinemas
511 Queen Anne Ave. N.
☎283-1960
Les Uptown Cinemas
présentent les plus récents
succès de Hollywood.

City Centre Cinemas
1420 5th Ave.
☎622-6465
Meridian 16 Cinemas
1501 7th Ave.
☎622-2434
Pacific Plaza 11
600 Pine St.
☎652-2404
Au centre-ville, où l'on
trouve moult centres
commerciaux, plusieurs
salles de cinéma ont été
construites à même ces
antres de la consommation.
C'est entre autres le cas du
City Centre Cinemas et du
Meridian 16 Cinemas, un

des plus récents et high-
tech du genre, ainsi que du
Pacific Plaza 11, qui, tous
trois, présentent
banalement les grands
succès box-office.

Omnidome
Pier 59
☎622-1869
Dans le quartier du Waterfront, vous aurez l'occasion
de profiter du savant travail
des réalisateurs à l'Omnidome. Des courts et longs
métrages à nature
écologique et, plus
largement, traitant de la
nature, composent la ma-
jeure partie de la
programmation, des films
comme *Alaska: Spirit of the
Wild* et *Eruption of Mount
St. Helens* y étant présentés.

Broadway Market Cinemas
Broadway Market
401 Broadway E.
☎323-0231
Le quartier où foisonnent le
plus de salles de cinéma est
celui de Capitol Hill,
véritable temple de la
marginalité. C'est dans ce
quartier que vous trouverez
la plupart des cinémas de
répertoire ainsi que
quelques salles qui
présentent des films
étrangers. Le plus gros
d'entre eux est le Broadway
Market Cinemas, qui pro-
pose des films
indépendants ainsi que des
productions étrangères.

Egyptian Theatre
801 E. Pine St.
☎*323-4978*

L'Egyptian Theatre, qui doit son nom à son décor qui rappelle le pays des pharaons, présente quant à lui des films de répertoire, comme le célébrissime *Blade Runner* de Ridley Scott.

Little Theatre
608 19th Ave. E., angle E. Mercer St.
☎*675-2055*

Harvard Exit Theatre
807 E. Roy St., angle Broadway
☎*323-8986*

Le Little Theatre privilégie les films étrangers, tandis que le Harvard Exit Theatre favorise les films de répertoire.

Bars et pubs

Trouver un bon endroit pour sortir à Seattle n'est pas la chose la plus difficile à accomplir. En effet, la ville recèle d'excellents pubs s'inspirant de la tradition irlandaise, écossaise et galloise. De plus, l'ambiance toujours décontractée et rarement guindée fait que les voyageurs se sentiront à l'aise dans la plupart des établissements mentionnés dans ce guide, à quelques exceptions près. Il n'est pas rare de s'asseoir seul à une table et de se voir interpeller pour jouer une partie de billard ou simplement pour partager un pichet de bière dûment entamé. La convivialité qui règne à Seattle séduira nombre de voyageurs, et les rencontres heureuses ne se comptent plus.

Vous trouverez la grande partie des bars branchés dans le quartier de Belltown, alors qu'il n'y a pas si longtemps, même les résidants ne s'aventuraient pas dans ce quartier en complète décrépitude. Mais tout cela a changé depuis environ 10 ans, au grand bonheur de tous. La faune nocturne qui fréquente l'université ainsi que les voyageurs dans la vingtaine voudront, pour leur part, se pointer dans le quartier du Pioneer Square, alors que l'on y propose un forfait d'entrée de 8,95$ donnant accès à 10 bars du quartier. La plupart de ces établissements accueillent des groupes de musique la fin de semaine et parfois en semaine, et c'est également dans ce quartier que vous pourrez entendre du blues, du *reggae*, du *rhythm and blues* et du jazz.

La population gay étant assez imposante à Seattle, il

n'était que normal qu'un des quartiers de la ville accueille cette faune enjouée et vive, débridée mais parfois très calme. C'est dans le quartier de Capitol Hill que se trouvent la grande majorité des boîtes gays, celles-ci ne faisant pas dans le sexisme : en effet, nombre de *straights* s'y retrouvent sans que la communauté gay s'en choque pour autant. On pourrait dire que les deux parties s'entendent comme larrons en foire, mais n'exagérons rien... C'est aussi dans ce quartier que vous trouverez les meilleures discothèques de la ville, laquelle, malheureusement, est assez mal nantie en ce type d'établissements. Alors, si vous avez un faible pour la danse et que vous n'êtes pas gay, vous n'aurez d'autre choix que de vous mêler à la faune pour vous trémousser sur du disco ou du techno.

Pioneer Square

Rock Pasta
322 Occidental Ave. S.
☎682-ROCK
www.wsim.com
Une ambiance de fête caractérise fort bien le Rock Pasta, où, lors des matchs télévisés des équipes locales, l'endroit s'emplit d'une foule fébrile

s'attendant à une victoire de leurs favoris.

Torrefazione Italia Cafe
320 Occidental Ave. S.
☎624-5847
Pour un bon café dans une ambiance sans chichi, le Torrefazione Italia Cafe se veut une alternative raisonnée si boire une bière en écoutant de la musique jouer à tue-tête n'est pas votre tasse de thé.

Bohemian Cafe
111 Yesler Way
☎447-1514
Si vous désirez vous trémousser sur du disco, du reggae et parfois du hip-hop, rien de mieux que le Bohemian Cafe, où, sur la petite piste de danse, des universitaires se laissent également aller sur les plus récents tubes radiophoniques. L'établissement est divisé en deux salles, des groupes se produisant dans la seconde. Vous pouvez aussi goûter à de la succulente cuisine jamaïcaine à l'arrière de ce café fort prisé.

Pioneer Square Saloon
73 Yesler Way
☎628-6444
L'un des plus vieux établissements de Seattle, le Pioneer Square Saloon, arbore un look révolu rappelant les westerns de John Ford. Vous pourrez vous asseoir au bar et ingurgiter l'une des

nombreuses bières locales comme la Pyramid ou la Full Sail. On y vient surtout pour son *happy hour*, et quelques adeptes du billard se donnent en spectacle à l'arrière de l'établissement.

New Orleans Restaurant
114 1st Ave. S.
☎622-2563

La cuisine louisianaise ainsi que son esprit transparaissent au New Orleans Restaurant, où, vous l'aurez deviné, le jazz est à l'honneur. L'établissement, véritable capharnaüm où s'amoncellent des photos de jazzmen connus comme Louis Armstrong – qui trône à l'entrée du bar-resto –, présente des spectacles hauts en couleur qui attirent une clientèle de connaisseurs, les néophytes se joignant timidement à la foule en délire.

Larry's Greenfront Cafe
209 1st Ave. S.
☎624-7665

Au Larry's Greenfront Cafe, attendez-vous à une ambiance respirant le *spleen* et la mélancolie. On y vient surtout pour écouter du bon blues, pour y prendre un burger sur le pouce, sans parler des bières qui

disparaissent à la vitesse du son, vu leurs prix fort abordables.

Old Timer's Cafe
620 1st Ave.
☎623-9800

L'Old Timer's Cafe est l'endroit idéal pour prendre une bière ou un café sur la terrasse qui donne sur le Pioneer Square Park. L'établissement présente des concerts de blues et parfois de reggae qu'une clientèle dans la vingtaine ou la trentaine apprécie.

Zasu
608 1st Ave.
☎682-1200

Adjacent au Doc Maynard's (voir ci-après), le Zasu plonge la foule dans une ambiance où le jazz résonne dans son antre. L'établissement de deux étages offre un décor sombre que les murs de brique rendent fort sympathiques. Les fins de semaine, des disques-jockeys font tourner de la *dance music* ainsi que du rock contemporain.

Sorties

Central Saloon
207 1st Ave.S.
☎ *625-1265*

Pour voir et entendre les
talents locaux, le Central
Saloon se révèle être un

27 : le nombre de la Bête...

Qui a vécu la révolution
des années soixante ne
peut renier avoir
fredonné; ne serait-ce
qu'une fois, les premières
lignes de «Purple Haze»,
chanson-phare de Jimi
Hendrix, qui nous a
quitté le 18 septembre
1970 (il est né à Seattle le
27 novembre 1942). C'est
en 1966 que ce fier
représentant des
autochtones de la région
de la côte nord-ouest des
États-Unis (son père était
américain et sa mère
cherokee) entreprend sa
conquête du monde
musical avec son premier
album, *Are You
Experienced?*. Découvert
dans un petit bar minable
de New York par le
producteur anglais Chas
Chandler, le jeune
Hendrix, avant de
conquérir les amants de
musique rebelle, avait
auparavant accompagné

Little Richard, ce pianiste
soul et flamboyant qui
chantait «Good Golly
Miss Jolly», qui l'avait
expulsé de son groupe
car, littéralement,
Hendrix lui volait la
vedette!

Il atteint l'apothéose de
sa popularité en 1969
lors du désormais
célébrissime concert de
Woodstock, alors qu'il
interprète sa version
ironique de l'hymne
national américain et que
le *Voodoo Child* laisse
béats ses fidèles ébaubis
devant tant de dextérité,
d'habileté et de passion
tirée du blues.

Jimi Hendrix meurt à
Londres étouffé dans son
vomi; il avait 27 ans.
Comme nombre d'artistes
de son époque, il
succombe avant la
trentaine.

établissement de choix qui présente autant des groupes jazz et de rock que de blues. Les fumeurs de cigares s'y retrouvent et tirent plusieurs bouffées des joyaux du pays de Fidel.

Colourbox
113 1st Ave. S.
☎340-4101
La musique alternative est le point de mire du Colourbox, qu'une clientèle jeune remplit sept jours sur sept. Voilà l'occasion d'entendre ce qui se fait de mieux (et de moins bon) dans la musique rock contemporaine, des groupes de musique punk-rock et alternatifs s'y produisant chaque soir. Les hauts plafonds et les murs de brique font un heureux contrepoids à la musique déchaînée favorisée par les propriétaires, la bière peu dispendieuse et les conversations enlevées conférant une ambiance éclectique et énergique à ce bar.

Doc Maynard's Pub
610 1st Ave.
☎682-4646
Le Doc Maynard's Pub, qui doit son nom à l'un des pionniers à l'origine de la fondation de la ville, attire pour sa part une clientèle vive et très variée, qui n'en a que pour le *rock'n'roll* et le blues lourd aux consonances du Mississippi. Cet établissement haut de deux

étages communique avec le Zasu (voir p 245).

Fenix
Fenix Underground
315 2nd Ave. S.
☎467-1111
Avec le Colourbox, les bars Fenix et Fenix Underground se veulent des choix judicieux pour l'amateur de musique punk, *gothic* et ses semblables. Une clientèle favorisant le cuir et n'ayant pas peur des préjugés s'y agglutine pour écouter des groupes locaux qui reprennent des airs de Jimi Hendrix et Marilyn Manson. Cette gigantesque institution s'étend sur deux étages, et la grande piste de danse à l'étage inférieur voit une foule énergique et à bout de souffle se lancer de tous bords tous côtés.

Comedy Underground
222 S. Main St.
☎628-0303
Vous retrouverez toutes sortes de boîtes de nuit dans le Pioneer Square, entre autres un cabaret où la comédie est le point de mire. Le Comedy Underground, en effet, présente quotidienne ment certains des meilleurs stand-up *comics* des États-Unis, une foule en

délire assistant à ces spectacles qui ne plaisent pas à tout coup : c'est alors que des spectateurs huent le comédien qui ne les fait pas rire à gorge déployée.

Ned's
206 1st Ave. S.
☎*340-8859*
La propriétaire et très colorée Tina Beacher est fière de son bar Ned's, qu'une clientèle dans la vingtaine fréquente pour jouer au billard, aux fléchettes, ou simplement pour écouter de la musique des années quatre-vingt-dix. Son *happy hour* attire de nombreux fêtards qui avalent quelques bières avant de faire la tournée du Pioneer Square.

Waterfront

Elliott's
Pier 56
☎*623-4340*
Le front de mer ne recèle pas beaucoup d'établissements qui méritent qu'on s'y attarde. Néanmoins, le bar du restaurant Elliott's propose une ambiance enjouée dont profitent les travailleurs de

ce quartier, un match télévisé et une bière dûment consommée terminant bien la soirée.

Pike Place Market

Athenian Inn
1517 Pike Place
☎*624-7166*
Quelques amateurs de bière en fût se délectent de la sélection que recommande l'Athenian Inn, la vue sur le Puget Sound valant bien le déplacement.

Place Pigalle Restaurant and Bar
81 Pike St.
☎*624-1756*
Le Place Pigalle Restaurant and Bar se veut un autre établissement où la vue sur le Puget Sound éblouit. Vous y trouverez une ambiance chaleureuse : boire seul ou en groupe ici ne présente que des avantages.

The Owl 'n Thistle
808 Post Ave.
☎*621-7777*
The Owl 'n Thistle plaira surtout à ceux et celles qui raffolent de bières peu dispendieuses et de

matchs de baseball ou de football. La Guinness coule à flots dans ce bar sans prétention à l'atmosphère typiquement américaine.

Il Bistro
93A Pike St.
☎682-3049

L'un des plus romantiques établissements de Seattle, Il Bistro s'avère un choix judicieux pour qui voudrait avaler quelques bons verres de vin en charmante compagnie. On y vient surtout pour manger, mais les hôtes qui s'installent au bar n'ont que faire de la boustifaille et s'adonnent à un flirt fort subtil.

The Pink Door
1919 Post Alley
☎443-3241

Ceux et celles qui voudraient admirer le Puget Sound depuis une terrasse surplombant le Pike Place Market se dirigeront vers le restaurant The Pink Door, où les martinis et la bonne liste de vins satisferont les amateurs de couchers de soleil.

Campagne
86 Pine St.
☎728-2800

Le restaurant Campagne est notre établissement préféré pour terminer la soirée en beauté, un scotch dans une main, un cigare dans l'autre. Les grandes fenêtres panoramiques donnent sur l'Elliot Bay et, que ce soit

au bar ou confortablement assis à l'une des petites tables, vous serez assuré d'être servi comme si vous étiez le fils ou la fille du patron! (voir p 220).

Shea's Lounge
94 Pike St., n°34
☎467-9990

Un autre endroit fort romantique est le Shea's Lounge, situé à l'étage du restaurant Chez Shea. Les quelques tables, élégantes, et la lumière on ne peut plus tamisée lui confèrent une atmosphère unique. Encore une fois, la vue sur l'Elliot Bay et ses traversiers est mémorable.

Pike Pub and Brewery
1415 1st Ave.
☎622-6044

Pour déguster des bières locales tout en étant confortablement assis dans de gros fauteuils de cuir, rien de mieux que la Pike Pub and Brewery, qui brasse elle-même cinq bières appelées Pike Ales.

Alibi Room
85 Pike St.
☎623-3180

L'un de nos endroits favoris, l'Alibi Room attire les artistes et les universitaires qui viennent s'échanger des tuyaux sur tel ou tel film, ou encore pour lire leur plus récente

Sorties

27 : le nombre de la Bête 2

Kurt Cobain grandit dans une famille dysfonctionnelle qui habite la banlieue pauvre de Seattle, et se berce de groupes punk comme les Sex Pistols et Richard Hell and the Voidoids. Comme Hendrix, il abandonne l'école au début de l'adolescence : le divorce de ses parents n'y sera pas pour rien. Il s'amourache tranquillement de la musique et écrit ses propres chansons qu'il crie dans les différents bars de Seattle; en même temps, plusieurs groupes éclosent dans la ville, comme Pearl Jam ou Soundgarden, de quelques 10 années l'aîné de ces groupes et doyen du son dit «grunge». C'est par l'entremise de la petite maison d'enregistrement Sub Pop que Cobain mène Nirvana, bien malgré lui, au sommet du hit-parade américain avec «Smells Like Teen Spirit», qui, littéralement, est une marque de déodorant que les adolescentes portaient à l'époque! Cette gloire

non désirée engendre des relations parfois houleuses avec les médias, qui ne manquent pas de passer outre le phénomène musical et d'attaquer Cobain dans sa vie privée : l'héroïne, cette amante maléfique, l'entraînera profondément dans la dépression.

Le deuxième album officiel du groupe (quelques albums moins médiatisés furent réalisés avant *Nevermind*, qui propulsa Nirvana à l'avant-scène du rock contemporain), *In Utero*, poussera l'ironie encore plus loin, frôlant le cynisme. Les chansons et seront de vifs succès, avant que Cobain ne se donne la mort en avril 1994.

Et Kurt Cobain, presque de façon sarcastique, s'est inscrit dans la légende en s'éteignant, comme Jimi Hendrix, au tendre âge de 27 ans; atteignant ainsi, le statut de mythe sans même l'avoir désiré...

production littéraire,
cinématographique, etc.
L'ambiance très
décontractée et la
convivialité qui y règne se
veulent les principaux
atouts de l'établissement.

Centre-ville

Jersey's Sports Bar and Grill
2004 7th Ave.
☎343-9377
Les amateurs de billard ont
l'embarras du choix à Seattle, et ceux et celles qui
fréquentent le Jersey's
Sports Bar and Grill
affectionnent également les
sports au sens large, alors
que des téléviseurs
diffusent les matchs des
Sonics et des autres équipes
locales. On y sert une
dizaine de bières en fût.

Rock Bottom Brewery and Restaurant
1333 5th Ave.
☎623-3070
L'ambiance festive du Rock
Bottom Brewery and Res-
taurant attire une jeune
clientèle avide de bières
locales que les tables de

billard incitent à socialiser.
On y présente aussi des
matchs télévisés.

Red Robbin Pub
angle Spring St. et 4th Ave.
☎474-1909
Les matchs télévisés
présentés au Red Robbin
Pub enjôlent une gamme
d'amateurs de sport qui
viennent prendre quelques
pichets et encourager les
Mariners ou les Seahawks.

Elephant and Castle Pub and Restaurant
1417 5th Ave.
☎624-9977
C'est dans un décor digne
des meilleures pubs
irlandais que vous pourrez
relaxer et converser avec
les hôtes de l'Elephant and
Castle Pub and Restaurant,
qu'un *staff* jeune et empres-
sé rend fort sympathique
(voir p 221). Les belles
boiseries ainsi que les
affiches de Guinness et de
Smithwick's lui confèrent
un cachet rappelant
certaines scènes d'*Ulysses* de
James Joyce. Les tables de
billard, à l'entrée de
l'établissement, complètent

les installations de ce bar et restaurant.

Oliver's
407 Olive Way
☎382-6999

On vient surtout au bar du restaurant Oliver's pour prendre ce que les quotidiens locaux ont décrété comme le «meilleur martini en ville». Une clientèle dans la trentaine ou la quarantaine fréquente, l'établissement et des discussions animées ont lieu au petit bar (voir p 224).

Belltown

Dimitriou's Jazz Alley
2033 6th Ave.
☎441-9729

Pour voir les grands de la scène du jazz, il faut faire un tour du Dimitriou's Jazz Alley, où vous pouvez également faire un bon repas tout en savourant les notes qui coulent des saxophones et des pianos. Lors de notre passage, McCoy Tyner, l'ancien pianiste de John Coltrane, s'y donnait en spectacle, au grand plaisir des gens de 30 ou 40 ans qui apprécient l'ambiance relax et très classique de cet établissement.

Timberline Tavern
2015 Boren Ave.
☎622-8807

Chapeau et bottes de cow-boy ou cow-girl à l'appui, la Timberline Tavern est l'établissement préféré des gays et lesbiennes qui désirent danser quelques *quadrilles;* cette taverne prend alors les allures d'un vrai bar western. Le dimanche, les consommations se vendent à des prix ridicules, ce qui attire une foule avide de bières peu chères.

Timberline Tavern
2015 Boren Ave.
☎622-8807

Le bar de quartier qu'est la Timberline Tavern accueille une clientèle d'habitués qui viennent savourer quelques bières du Northwest en faisant une partie de billard. Des groupes celtiques s'y produisent parfois.

Lava Lounge
2226 2nd Ave.
☎441-5660

Le Lava Lounge, un autre bar de quartier, fait dans le très kitsch comme en témoignent les lanternes asiatiques, les dieux miniatures et Godzilla lui-même, qui trône derrière le bar! Des juke-box au choix fort

varié vous offriront une alternative musicale si vous vous lassez des tubes de jazz et de blues qui résonnent dans l'établissement.

Sit & Spin
2219 4th Ave.
☎*441-9484*
Le concept pour le moins original derrière le Sit & Spin vous permet de faire votre lessive tout en sirotant une bière ou un café. Cet établissement au plafond très haut et à l'éclairage subtil est surtout fréquenté par la jeunesse branchée : toutefois, il n'est pas rare d'y rencontrer des familles et des aînés fredonnant un air d'une autre époque.

Speakeasy Cafe
2304 2nd Ave.
☎*728-9770*
Si vous vous ennuyez de vos amis et parents et que l'envie de «surfer» sur le Net vous prend, le Speakeasy Cafe est l'endroit où il vous faut aller. Les murs ornés d'art local ainsi que le mobilier quelque peu amoché confèrent à cet établissement un charme indéniable, et les consommations y sont bon marché.

2218
2218 1st Ave.
☎*441-2218*
Si l'absence de décor n'est pas pour vous un inconvénient, vous vous

sentirez chez-vous au 2218, où la mémoire des grands jazzmen est honorée. L'endroit se transforme en véritable influx énergétique la fin de semaine, alors que des disques-jockeys font jouer de la *dance music* qui rugit dans les haut-parleurs.

Two Bells Tavern
2313 4th Ave.
☎*441-3050*
Plusieurs artistes en manque d'inspiration s'agglutinent dans la Two Bells Tavern, endroit mythique bien connu pour son célèbre hamburger. Les grandes fenêtres donnent une vue sur 4th Avenue et il y est plaisant de regarder défiler la faune nocturne, un verre de bière maison à la main.

Virginia Inn
1937 1st Ave.
☎*728-1937*
Le bar de quartier qu'est le Virginia Inn prend des allures quelque peu hautaines lorsqu'il est temps de commander sa consommation. Le service n'y est pas toujours obligeant et les fumeurs s'y ennuieront puisqu'il y est interdit de fumer. Toutefois, si vous choisissez une table sur sa petite terrasse, vous aurez peut-être une belle vue sur l'Olympic Peninsula, suivant la clémence de Dame Nature.

Sorties

Courtney Love

Courtney Love (1964-) : la veuve du désormais mythique Kurt Cobain s'est rendue célèbre grâce au groupe entièrement composé de femmes qu'est Hole, qui fait dans le punk-rock. L'une des instigatrices du mosh-pit (soit le fait de danser et de grouiller dans tous les sens, contact physique à l'appui, lors de différents concerts) et ex-effeuilleuse, Love se rend à Los Angeles dans le but avoué de faire carrière dans le rock; elle passe aussi par Liverpool, en Angleterre, où elle fréquente le légendaire Julian Cope et s'affirme même à la tête du groupe Faith No More avant qu'il ne connaisse un certain succès dans les années quatre-vingt-dix. Love poursuit aussi une carrière d'actrice, comme en témoigne sa mémorable performance dans Sid and Nancy (1986), qui raconte la vie turbulente du bassiste Sid Vicious des Sex Pistols. Elle fonde Hole en 1989 à Los Angeles et, malgré des critiques fort enthousiastes, leur premier album *Pretty on the Inside* se vend modestement. Le tournant historique de sa carrière a lieu en 1991, lorsqu'elle se prend d'amitié pour Cobain, qui fait un tabac avec le premier album «officiel» de Nirvana, soit l'incontournable Nevermind. Puis, en 1992, les deux amants se marient, Love est enceinte et on l'accuse (à tort ou à raison?) d'avoir consommé de l'héroïne lors de sa grossesse. Love atteint sa pleine célébrité lorsque Cobain se suicide en avril 1994 : plusieurs rumeurs courent comme quoi Love aurait engagé un tueur à gages pour mettre fin aux jours du chanteur de «Rape Me», sans toutefois qu'on en fasse la preuve indubitable. Quelques arrestations plus tard (surdose...), Love revient au grand écran dans *Feeling Minnesota*, aux côtés de Keanu Reeves, ainsi que dans le très controversé *The People Versus Larry Flint* de Milos Forman, qui décrit l'escalade puis la dégringolade du fondateur du magazine porno *Hustler*.

The Vogue
2018 1st Ave.
☎443-0673

La jeunesse dans le vent se retrouve au Vogue dans l'espoir d'y voir jouer le prochain Nirvana. C'est en effet ici que ce groupe culte en a mis plein la vue à ces nombreux fidèles. Mais aujourd'hui la tendance a légèrement changé, et c'est plutôt la *dance music* qui y règne en tyran, au grand dam des punk-rockers de ce monde. Et la courtoisie n'est pas la marque de commerce de l'établissement. Les soirées reggae attirent une foule bigarrée.

Romper Room
106 1st Ave. N.
☎284-5003

Pour dégarnir votre portefeuille, rien de mieux qu'une tournée au Romper Room, qui propose une quinzaine de bières en fût plusieurs brassées dans l'État de Washington. Situé au sous-sol d'El Gaucho (voir p 228), cet établissement prend des allures de cabaret alors que des spectacles y sont parfois présentés. Les fumeurs frustrés en profiteront puisqu'il est parfois difficile de voir devant soi, tellement la nicotine *is in the house*!

Belltown Billiards
90 Blanchard St.
☎448-6779

Indubitablement, la meilleure salle de billard du tout Seattle est le Belltown Billiards, situé à l'angle de 1st Avenue. Les boiseries ainsi que les 12 tables de billard en superbe état se veulent des atouts inestimables pour le joueur sérieux. La bière est un tantinet coûteuse, mais la qualité du service vous fera vite oublier le prix de votre Alaskan Amber.

Belltown Pub
2322 1st Ave.
☎728-4311

Le Belltown Pub, où les résidants du quartier se retrouvent pour s'offrir quelques consommations dans une ambiance chaleureuse, mérite le prix du meilleur «bar de quartier». En effet, le service hors pair et, surtout, les beaux murs de brique qui sous-tendent les hauts

Sorties

plafonds invitent à la détente.

Five Point Cafe
415 Cedar St.
☎448-9993

Le Five Point Cafe, un bar-restaurant de quartier, n'offre pas grand-chose à sa clientèle, si ce n'est de la vue sur la statue du Chief Sealth depuis ses fenêtres.

Chief Sealth Fountain

Les non-fumeurs s'y sentiront fort mal à l'aise. En effet, on peut y lire le slogan : *Smokers Welcome, Non-Smokers Beware* (bienvenue aux fumeurs, attention, non-fumeurs). Comme quoi l'entièreté de la ville n'a pas été infecté par le fléau de la rectitude politique...

Hurricane Cafe
2230 7th Ave.
☎623-5750

Malgré son ambiance des plus quelconques, le Hurri-cane Cafe accueille des habitués 24 heures par jour Décoré de photos d'époque, cet établissement rappelle le *diner* de *Natural Born Killers*, et le service lent et absent de toute cordialité lui confère une atmosphère qui plaira aux plus blasés de la planète.

211 Billiard Club
2304 2nd Ave.
☎443-1211

Le plus vieux club de billard de la ville à pignon sur rue sur 2nd Avenue. C'est là que le 211 Billiard Club, un établissement sans prétention, accueille des joueurs de tout acabit qui se réjouissent des prix les bas en ville pour pratiquer ce loisir où jouer la boule noirepeut être autant synonyme de victoire que de défaite. Les excités et les dépravés n'y sont pas tolérés, le personnel s'avisant de remettre à leur place les joueurs qui manqueraient de savoir-vivre.

Lower Queen Anne

T.S. McHugh's
21 Mercer St.
☎282-1910

L'ambiance typique des pubs irlandais est vivement ressentie au T.S. McHugh's, qui fait également office de restaurant. Vous pourrez y savourer une quinzaine de bières pression dans une atmosphère enjouée, alors

que les bruyants clients de cet établissement savourent une Guinness en regardant un match télévisé.

Slaeggers Juice and Gelato
1 Mercer St.
☎285-7557

Si l'alcool n'est pas votre fort, rendez-vous au Slaeggers Juice and Gelato, où vous pourrez vous délecter de délicieux jus de fruits. Le décor vif et enivrant de l'établissement le rend encore plus agréable à fréquenter.

Capitol Hill (boîtes gays)

Bauhaus Books and Coffee
301 E. Pine St.
☎625-1600

Avec ses jeux de société et son bon *latté*, le Bauhaus Books and Coffee se veut un établissement agréable où l'on peut feuilleter un livre, jouer aux échecs ou, parfois, regarder un concert d'artistes locaux.

Rudy's Barbershop
614 E. Pine St.
☎329-3008

Si l'envie de vous faire tatouer vous prend,

rendez-vous au Rudy's Barbershop, où, en plus de faire régner l'icône de votre choix sur votre peau et ce, pour toujours vous pourrez vous faire coiffer. Vous pouvez aussi y acheter des billets pour des concerts locaux.

ARO.space
925 E. Pike St.
☎320-0424

L'ultime expérience en matière de musique techno et de danse jusqu'aux petites heures du matin, l'ARO.space accueille essentiellement une clientèle gay, quoique les *straights* y soient admis sans problème. Ce fabuleux cabaret, que fréquentent les plus branchés des danseurs, propose aussi des concerts de musique électronique et techno, des groupes s'apparentant à Daft Punk s'y produisant sur une base régulière.

Neighbours
1509 Broadway
☎324-5358

La clientèle gay affectionne particulièrement le Neighbours, où l'énorme piste de danse s'avère l'atout principal. Vous pouvez aussi y faire quelques parties de billard ou de *pinball*;

chaque soirée a son thème assigné et vous pourrez y entendre de la techno, du disco, du *drum and base* ainsi que de vieux tubes des années dites *New Wave*.

R Place
619 E. Pine St.
☎*322-8828*

Réparti sur trois étages, R Place se veut l'établissement idéal pour quiconque voudrait faire quelques parties de billard, regarder des vidéoclips ou s'époumoner à imiter Madonna ou George Michael, alors que des soirées de karaoké sont organisées le dimanche soir à l'étage supérieur. La convivialité et le look très relax lui confèrent une ambiance unique tandis que des hommes dans la vingtaine

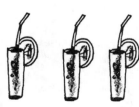

draguent de façon non agressive.

Beatbox
722 E. Pike St.
☎*322-4024*

Un des *afterhours* les plus prisés des résidants de Seattle est le Beatbox, qu'une clientèle jeune et *trendy* fréquente. L'établissement ouvre ses portes à 22h et les ferment aux premières heures du matin, et vous pourrez y danser sur de la *old house*, du funk et toutes sortes de *beats* inimaginables.

C.C. Attle's
1501 E. Madison St.
☎*323-4017*

Le C.C. Attle's est l'établissement par excellence pour quiconque arbore le look «pantalon-blouson-et-casquette de cuir». Une foule d'hommes de tous âges s'y agglutinent, et il est parfois difficile de se frayer un chemin parmi cette faune désireuse de draguer et d'avaler de la bière payée peu chère.

Thumper's
1500 E. Madison St.
☎328-3700
Situé en face du C.C.
Attle's, le Thumper's est
l'antithèse totale de ce dernier, alors que des hommes
viennent boire quelques
bières dans une ambiance
qui rappelle celle des
tavernes. Un foyer à
l'entrée de l'établissement
réchauffe les convives.

Rosebud Restaurant and Bar
719 E. Pike St.
☎323-6636
Ne se voulant aucunement
une référence au
célébrissime *Citizen Kane*
d'Orson Welles, le Rosebud
Restaurant and Bar
s'adresse à une clientèle
féminine qui vient pour
savourer quelques plats
frais, et son *happy hour* est
fort couru puisque les
consommations s'envolent
pour 2$.

Four Angels Cafe
1400 14th Ave.
☎329-4066
Une clientèle gay et
lesbienne investit le Four
Angels Cafe, où sont
présentés du *spoken word* et
des concerts la fin de
semaine. On peut aussi y
manger quelques salades et
sandwichs. Notez que
l'établissement ferme tôt,
soit à 23h.

Elysian Brewery
1221 E. Pike St.
☎860-1920
Venez déguster les bières
que brasse l'Elysian Brewery, cet établissement
accueillant une clientèle
mixte qui s'assied soit par
terre, soit sur une chaise
(s'il y en a de disponibles!)
pour écouter un groupe de
musique local. Les hauts
plafonds et les grandes
fenêtres lui confèrent une
atmosphère légère et la
bière y coule à flots.

Quartier universitaire

Big Time Brewery and Alehouse
4133 University Way NE
☎545-4509
Pour ingurgiter des bières
maison, rendez-vous à la
Big Time Brewery and
Alehouse, où de
nombreuses bières comme
l'Atlas Amber, la Coal Creek
et la Bhagwan Bitter
disparaissent à la vitesse de
l'éclair. Les boiseries et la
petite salle à l'arrière de
l'établissement attirent une
clientèle estudiantine qui
grille des Marlboro.

Sports professionnels

KeyArena
angle 1st Ave. N. et N. Harrison St.
☎684-7200
≈684-7342
L'un des billets les plus

Sorties

chauds en ville est celui qui vous permet d'assister aux matchs des **Supersonics**, l'équipe de la Ligue nationale de basket-ball (NBA) de Seattle. Leurs parties locales se disputent au KeyArena, où les plus grands chanteurs de l'heure se produisent également. C'est aussi dans cet amphithéâtre que vous pourrez voir à l'œuvre les **Thunderbirds**, qui font partie de Ligue de hockey junior de l'Ouest. Même si cette équipe n'est composée que de jeunes joueurs âgés pour la plupart entre 17 et 21 ans, le spectacle proposé s'avère aussi excitant (sinon plus) que les matchs des équipes de hockey professionnelles disputés dans la LNH.

Safeco Field
au sud du Kingdome, 201 S. King St.
☎*346-4001*
☎*(206) 682-2800*
Les **Mariners**, pour leur part, font partie de la Ligue américaine de baseball et font face à leurs rivaux au tout nouveau Safeco Field. Il a ouvert ses portes le 15 juillet 1999 et les stars que sont Ken Griffey Jr,. Alex Rodriguez et Jay Buhner offriront sûrement un «festival offensif» à ceux et celles qui désirent regarder un match de baseball à ciel ouvert.

Kingdome
201 S. King St.
☎*(206)682-2800*
L'équipe de football américain des **Seahawks** joue ses parties locales au Kingdome, qui a ouvert en 1977 mais qui devrait fermer en janvier 2000. Un nouvel amphithéâtre, le **Safeco Field** (voir ci-dessus), est situé juste au sud du Kingdome, et ce, depuis juillet 1999.

Festivals et événements annuels

Les fêtards consulteront avec grande attention la liste des événements annuels et des festivals qui se déroulent à Seattle tout au long de l'année. Communiquez avec les différents organismes pour connaître les dates exactes des différents événements puisque ces dates changent chaque année.

Janvier

Seattle Boat Show
dernière semaine de janvier 7,50$ laissez-passer de trois jours 9,95$
☎*634-0911*
www.seattle-boatshow.com
Cette exposition de bateaux se déroule

simultanément à deux endroits, soit au New Exhibition Center (*201 S. King St.*) et au Pier 66 (*2205 Alaskan Way*).

Chinese New Year's Celebration
mi-janvier
☎ *382-1197*
Un défilé mettant en vedette les traditionnels dragons et des activités se déroulent à travers la ville, mais surtout dans l'International District.

Martin Luther King Celebration
mi-janvier
☎ *684-7284*
La mémoire du célèbre leader noir est honorée lors de festivités au Seattle Center.

Février

Northwest Flower & Garden Show
première semaine de février
☎ *789-5333*
☎ *800-229-6311*
www.gardensbow.
com/nw/index.html
Cette exposition annuelle a attiré plus de 80 000

personnes en 1999 et est une des plus populaires de la ville. Elle a lieu au Washington State Convention & Trade

Center (*angle Pike St. et 9th Ave.*).

Festival Sundiata
mi-février
entrée libre
Seattle Center
☎ *684-7200*
On y célèbre la culture afro-américaine sous tous ses angles, avec des expositions et des artistes s'y mettant en scène. Certains concerts demandent toutefois un prix d'entrée.

Fat Tuesday
mi-février
Pioneer Square
☎ *622-0209*
C'est le Mardi gras de Seattle, alors que, pendant une semaine, le quartier historique prend des allures louisianaises.

Mars

Irish Week
mi-mars
☎ *(425) 865-9134*
www.irishclub.org /stpats.htm
Une dizaine d'activités sont organisées dont un festival de films et un autre de musique celtique, le tout étant couronné par la fête de la Saint-Patrick.

Annual Oyster Olympics
fin mars
65$
15h30 à 21h
Anthony's HomePort
6135 Seaview NW
☎*286-1309*

On vient ici pour se régaler d'huîtres, mais aussi pour admirer le «magicien aux huîtres enchantées», et pour assister à un «concours de mode d'huîtres»!

Avril

Seattle Cherry Blossom
mi-avril
Seattle Center
☎*684-7200*

C'est lors de ce festival que l'on célèbre les traditions et l'art japonais, vous pourrez assister à une cérémonie du thé, ou regarder les œuvres de brillants calligraphes.

Mai

Ouverture de la saison du yachting
premier samedi de mai
Seattle Yacht Club
1807 E. Hamlin St.
☎*325-1000*
seattleyachtclub.com

Plus de 200 000 personnes assistent bon an mal an à l'ouverture de la saison de la navigation, alors que yachts et kayaks se précipitent sur les eaux du Montlake Cut.

Maritime Week Waterfront
mi-mai
du Pier 48 au Pier 70
☎*443-3830*

Des festivités ont lieu pendant deux semaines sur le front de mer, alors que des compétitions maritimes et des concerts amusent ceux et celles qui s'y rendent.

Seattle International Film Festival
mi-mai à début juin
7,50$
laissez-passer pour six films 39$, laissez-passer pour une semaine 125$
☎*324-9996*
≈*324-9998*
www.seattlefilm.com/siff/default

Films américains et étrangers sont présentés lors de ce festival à travers la ville (General Cinema Pacific Place 11 Theatre, Cinerama Theater, The Egyptian Theater, Harvard Exit Theater et Broadway Performance Hall). En 1999, ce festival célébrait son 25 [e] anniversaire et depuis quatre ans, il accueille un forum pendant lequel différents cinéastes parlent de leur art.

University District Street Fair
mi-mai

Dans les rues du quartier universitaire se déroule une grande foire, alors que les étudiants et les commerçants proposent marchandises et victuailles.

Northwest Folklife Festival
du 26 au 29 mai 2000
du 25 au 28 mai 2001
entrée libre
305 Harrison St., Seattle
WA 98109-4696
☎ *684-7300*
⇄ *684-7190*
www.nwfolklife.org/folklife
Ce festival est l'un des plus
grands événements qui
traite des arts traditionnels.
Plus de 6 000 artistes y
participent, et quelque
200 000 personnes se
retrouvent au Seattle Center
pour vibrer au son de
musiciens ou pour
s'intéresser à l'art visuel, à
la danse, etc. Des ateliers y
sont aussi proposés.

Pike Place Market Festival
*fin de semaine du Memorial
Day*
Plusieurs activités sont au
centre de ce festival qui
rappelle que ce marché
historique a presque été
anéanti, il y a de cela
presque 30 ans. Des spectacles de blues et de jazz y
sont présentés; les plus
jeunes, pour leur part,
voudront s'amuser en
fabriquant des
marionnettes, des colliers
ou des cerfs-volants.

L'artisanat et la cuisine
prennent également une
large place à ce festival.

Greek Festival
fin mai et début juin
St. Demetrios Greek Orthodox Church
2100 Boyer Ave., Seattle,
WA 98112
☎ *325-4347*
☎ *706-4144*
www.greece. org/FDF/
sympseat1.html
La culture grecque, vous
l'aurez deviné, est mise en
évidence lors de ce festival
où des symposiums et des
ateliers sont organisés.

Juin

**Seattle International Music
Festival**
mi-juin à début juillet
☎ *233-0993*
La musique de chambre, et
de la musique classique en
général, résonnent à travers
Seattle pendant ce festival
qui s'étend sur deux
semaines.

Fremont Fair
mi-juin
dans le centre-ville de Fremont, près
du Washington State Ship Canal
☎ *633-4409*
www.speakeasy.org/frefair
Cette foire annuelle, qui
accueille toutes sortes
d'artistes, se veut la plus
éclectique des célébrations
à Seattle. Vous pourrez y
entendre les plus récentes
trouvailles de musiciens
talentueux et voir de belles

Sorties

pièces d'artisanat. Plusieurs organismes sans but lucratif y participent et donnent des renseignements sur leurs fonctions sociales. Une foule des plus énergiques assiste à cette foire, plus de 100 000 personnes la visitant chaque année.

Northwest Microbrewery Festival

fin de semaine de la fête des Pères
Depuis Seattle, empruntez l'autoroute 90 East jusqu'à la sortie 22, qui indique Preston/Fall City. Traversez ensuite Preston jusqu'à Fall City. Lorsque vous atteindrez une voie qui forme un Y, tournez à gauche et passez le pont vert. La Herbfarm, qui accueille le festival, est située environ 1 km plus loin.
☎784-2222
☎800-866-4372
www.nwbrewfest.com
Plus de 50 microbrasseurs locaux viennent célébrer la période estivale en ingurgitant de très bonnes bières, qui n'ont rien à voir avec la célèbre Budweiser...

Bite of Seattle

mi-juillet
entrée libre
Seattle Center
☎684-7200
Plus de 400 000 personnes viennent déguster de petits plats peu coûteux (tous les plats disparaissent pour moins de 5$). Une cinquantaine de restaurateurs sont sur place et

n'attendent que de vous régaler!

Août

ArtsBallard

mi-août
☎782-4596
www.inballard.com
C'est sous le thème *Industrealizingart* que ce festival présente des groupes musicaux, du *spoken word*, des pièces de théâtre ainsi que des films projetés sur grand écran dans les rues du quartier de Ballard.

Seattle Boats Afloat Show

dernière semaine d'août
6$
mer-ven 12h à 20h, sam 10h à 20h, dim 10h à 18h
Shilshole Bay Marina
7000 Seaview Ave. NW
www.seattle-boatshow.com
Vous y verrez exposer des yachts, et des spécialistes fournissent une foule de renseignements sur la navigation en général.

Septembre

Bumbershoot

fin de semaine de la fête du Travail
☎281-7788
www.bumbershoot.com
Ce festival clôt la saison estivale de belle manière. En effet, plus de 2 000 artistes y participent, dont plusieurs musiciens, artisans

et écrivains, le tout se déroulant au Seattle Center pendant quatre jours. Un laissez-passer d'une journée coûte 14$ (10$ si achetée à l'avance), un laissez-passer de deux jours, 18$, et un de quatre jours, 32$.

Octobre

Coffe Fest
fin octobre
Seattle Center Exposition Hall
☎232-2982
La capitale américaine du café se devait d'avoir un «festival de la caféine». Il se déroule au Seattle Center alors que plusieurs visiteurs découvrent le processus de la torréfaction.

Novembre

Bon Marche Holiday Parade
fin novembre
Westlake Center
☎506-7556
Le centre-ville est décoré à l'occasion de la fête de Noël, un arbre gigantesque illuminant le Westlake Center. Une parade défile sur 5th Avenue, les enfants se réjouissant de la présence du père Noël.

Décembre

Fête du jour de l'An
31 décembre
Space Needle
☎443-2111
Le tout Seattle se rejoint à la Space Needle pour célébrer le passage vers la nouvelle année.

Achats

La ville de Seattle abonde de belles boutiques où se vêtir ou se chausser relève quasiment du rêve. En effet, vous n'aurez qu'à tourner la tête pour apercevoir des commerces à perte de vue, la plupart d'entre eux étant situés au centre-ville. Ce chapitre vous aidera à vous retrouver dans ce dédale du magasinage, où les plus grands consommateurs se croiront au paradis.

Centres commerciaux

Broadway Market
Broadway E., entre E. Harrison St. et
E. Republican St.
Au cœur du quartier gay se trouve le Broadway Market, soit un centre commercial qui regroupe des boutiques à la mode, des restaurants et un grand cinéma.

City Center
1420 5th Ave.
☎624-8800
C'est au City Center que vous pourrez admirer des œuvres de verre appartenant à la Pilchuck School. Disposées un peu partout dans le centre commercial, ces pièces donnent un cachet relevé à cet antre du magasinage. Vous y trouverez, en outre, de belles boutiques, comme celle de **Benetton** (voir p 284) et d'**Ann Taylor** (voir p 283), ainsi qu'un **cinéma**.

À faire titiller les papilles

Vous êtes assuré de trouver tous les ingrédients asiatiques que vous cherchez, que ce soit pour concocter une recette de votre choix, ou simplement pour croquer dans une mangue juteuse. Il est préférable de visiter Uwajimaya l'estomac vide et de vous laisser tenter par les nombreux restaurants et marchés aux poissons qu'il abrite. Vous ne pourrez résister aux huîtres, aux crabes et aux autres produits de la mer, que vous pourrez choisir à même les réservoirs qui les maintiennent (momentanément) en vie. Cette icône de l'International District a depuis longtemps compris que le sushi deviendrait à la mode un jour ou l'autre : le menu ·pour emporter· des différents restaurants en propose depuis 70 ans! En déambulant dans les différentes allées, vous aurez sûrement une fringale : profitez-en alors pour vous offrir des *wasabis*. En gravissant les marches, vous trouverez des fleuristes auprès desquels vous pourrez vous procurer des bonsaïs et de l'ikebana. Si les kimonos et le matériels de calligraphie vous fascinent, vous en trouverez assurément. Ce vaste complexe renferme aussi la librairie Kinokuniya, une des succursales de la plus grande librairie japonaise des États-Unis.

Rainier Square
1301 5th Ave., entre 4th Ave. et 5th Ave. et University St. et Union St.
☎628-5050
Le centre commercial Rainier Square, réparti sur quatre étages, abrite, entre autres boutiques, le Channel Store 9 (voir p 274) et Eddie Bauer (voir p 283). Vous y trouverez quelques bons restaurants ainsi qu'un musée d'art autochtone.

Westlake Center
angle 4th Ave. et Pine St.
☎*467-1600*
C'est du Westlake Center
que vous pourrez prendre
le Monorail (voir p 150),
qui mène au Seattle Center.
Vous y trouverez de
nombreuses boutiques,
entre autre le **Disney Store**
(voir p 275), la librairie
Brentano's (voir p 277) et le
Jacob Laurent, SM (voir
p 280), qui vend des
montres belles et originales.

Uwajimaya
519 6th Avenue S.
☎*624-6248*
☎*800-889-1928*
≈*624-6915*
Le vaste Uwajimaya, situé
dans l'International District,
abrite de nombreux restaurants et des boutiques
d'artisanat asiatiques.

Pacific Place
600 Pine St.
☎*405-2655*
www.pacificplaceseattle.com
Tout nouveau dans le
paysage seattlois, le Pacific
Place, situé entre Pine
Street au sud et Olive Way
au nord, et entre 6th Avenue à l'ouest et 7th Avenue
à l'est, renferme plus de 50
boutiques assez bon chic
bon genre. Vous y
trouverez des magasins de
vêtements pour enfants,
pour dames et pour
hommes, la librairie Barnes
and Noble (voir p 276) ainsi
qu'un cinéma.

University Village
2673 NE University Village Mall
☎*523-0622*
L'University Village est
probablement le plus
agréable des centres
commerciaux de la ville.
Situé dans le quartier
universitaire, il prend un
look plus festif que ses
acolytes du centre-ville.
Vous y trouverez un
magasin Gap, une librairie
Barnes and Noble (voir
p 276) ainsi qu'un Eddie
Bauer (voir p 283).

Au Bon Marché
1601 3rd Ave., angle Pine St.
☎*344-2121*
Fondé en 1890, le centre
commercial Au Bon Marché
propose des vêtements
pour toute la famille, de
nombreux produits de
beauté et des jouets pour
enfants.

Galeries d'art

Un véritable engouement
pour l'art en général a pris
Seattle de plein fouet il y a
quelques années. C'est entre autres grâce au succès
de la Pilchuck Glass School
qu'un intérêt plus que respectable pour l'art, et
surtout pour les galeries
d'art, a emporté les
résidants de Seattle à la
recherche de
l'inexprimable. La ville a
même instauré le *Gallery
Walk*, qui a lieu tous les
premiers jeudis de chaque

Achats

mois. Vous pouvez alors visiter gratuitement une quinzaine de galeries d'art, où l'on offre parfois des rafraîchissement alcoolisés (vin et bière) et des amuse-gueule (sandwichs et pâtés). Vous pourrez aussi visiter le Seattle Art Museum (voir p 142) gratuitement. Voici les galeries qui participent au *Gallery Walk* dans le Pioneer Square :

Azuma Gallery
530 1st Avenue South
Seattle, WA 98104
☎ *622-5599*

Bryan Ohno Gallery
155 South Main Street
Seattle, WA 98104
☎ *667-9572*

Collusion Unlimited
163 South Jackson Street
Seattle, WA 98104
☎ *382-1173*

D'Adamo/Hill Gallery
303 Occidental Avenue South
Seattle, WA 98104
☎ *652-4414*

Emerald City Fine Arts
317 1st Avenue South
Seattle, WA 98104
☎ *623-1550*

Flury and Company Ltd.
322 1st Avenue South
Seattle, WA 98104
☎ *587-0260*

Foto Circle Gallery
163 South Jackson Street
Seattle, WA 98104
☎ *624-2645*

Foster/Whyte Gallery
123 South Jackson Street
Seattle, WA 98104
☎ *622-2833*
1420 5th Avenue, Suite 214
Seattle, WA 98101
☎ *340-8025*

G. Gibson Gallery
122 South Jackson Street
Seattle, WA 98104
☎ *587-4032*

Garde Rail Gallery
312 1st Avenue South, #5
Seattle, WA 98104
☎ *623-3004*

Glasshouse Studio Gallery
311 Occidental Avenue South
Seattle, WA 98104
☎ *682-9939*

Greg Kucera Gallery
212 3rd Avenue South
Seattle, WA 98104
☎ *624-0770*

Kurt Lidke Gallery
318 2nd Avenue South
Seattle, WA 98104
☎ *623-5082*

Legends Gallery
116 S. Washington Street
Seattle, WA 98104
☎ *621-9475*

Linda Hodges Gallery
410 Occidental Avenue South
Seattle, WA 98104
☎ *624-3034*

Northwest Gallery of Fine Woodworking
101 South Jackson Street
Seattle, WA 98104
☎ *625-0542*

Stonington Gallery
119 South Jackson Street
Seattle, WA 98104
☎ *405-4040*

Tule Gallery
316 1st Avenue South
Seattle, WA 98104
☎ *748-9904*

Lisa Harris Gallery
1922 Pike Place
☎ *443-3315*
Cependant, une de nos galeries préférées est située dans le Pike Place Market, soit la Lisa Harris Gallery, où sont présentées des peintures d'artistes locaux et internationaux. Lors de notre passage, une exposition très austère prenait l'affiche et rappelait les œuvres de Ernst Ludwig Kirchner, un des fondateurs de l'école expressionniste *Die Brücke* (le pont) en Allemagne.

Articles de voyage

La Valise Luggage
1902 4th Ave.
☎ *340-0066*
University Village
☎ *525-9055*
Si, par malchance, vous vous faites voler vos bagages, vous pourrez toujours aller vous consoler à La Valise Luggage, qui se spécialise en valises de cuir et en attachés-cases de bonne qualité.

Antiquités et curiosités

Antique Importers
fermé dim
640 Alaskan Way
☎ *628-8905*
Situé en face du Pier 54, l'Antique Importers, ce capharnaüm de vieilleries, n'a pas son égal lorsque l'on recherche une armoire, une raquette de tennis en bois ou un coffre «magique» datant d'une époque lointaine.

Ye Olde Curiosity Shop
Pier 54, 1001 Alaskan Way
☎ *682-5844*
Le plus célèbre des magasins de curiosités de Seattle est sans aucun doute le Ye Olde Curiosity Shop, où momies et têtes réduites volent la vedette aux articles plus «courants».

Achats

Rugs and Arts of Asia
213 1st Ave. S.
☎ 622-0102

Vous trouverez nombre de magasins où les tapis sont le point de mire dans le quartier du Pioneer Square. Un de ceux-là est le Rugs and Arts of Asia, qui se présente comme un grand magasin au haut plafond où vous pourrez vous procurer des pièces d'artisanat asiatique ou d'immenses tapis.

Bijoux et accessoires de luxe

Goldman's Jewelers
1521 1st Ave.
☎ 682-0237
www.goldmansjewelers.com
Chez Goldman's Jewelers, vous trouverez un choix varié de confection alliant finesse et grâce; le consommateur plus discret voudra se procurer un bracelet simple et dépourvu d'ornements, le bijoutier affectionnant autant les formes classiques que les plus minimalistes.

Swissa
1518 5th Ave.
☎ 625-9202
⊕ 625-0215
www.swissa.com
Le joaillier Swissa est en activité depuis 1973. Cette entreprise familiale se spécialise dans la fabrication de bagues, de pendentifs et de boucles d'oreilles en or et en platine. Les diamants occupent aussi une place importante dans cette joaillerie reconnue pour ses prix raisonnables.

Ben Bridge Jewelers
angle 4th Ave. et Pike St.
☎ 628-6800
Une autre bijouterie où vous trouverez de tout pour combler votre tendre moitié, Ben Bridge Jewelers, fondée en 1912, est parfaitement située à l'angle de deux des rues les plus passantes de la ville.

Chapeaux

Eclipse Hat Shop
1517 1st Ave.
☎ 623-2926
Sharon Hagerty, la propriétaire de l'Eclipse Hat Shop, rénove et répare de vieux chapeaux pour en faire de merveilleux couvre-chefs pour dames et pour hommes. Des chapeaux neufs y sont également disponibles.

Chaussures

Clog Factory
217 1st Ave. S.
☎ *682-CLOG*
⇝ *624-1617*
Si vous recherchez des
chaussures confortables à
des prix raisonnables,
rendez-vous à la Clog Factory, qui propose une
intéressante sélection de

souliers de marque Kickers
et Dr. Martens. Vous y
trouverez aussi des sabots
ainsi que toutes sortes de
souliers branchés.

Chocolatier

Godiva
400 Pine St., Suite 214
☎ *622-0280*
Vous ne savez que
rapporter à votre tendre
moitié? Le chocolatier
Godiva devrait répondre à
vos attentes, alors que la
réputation des chocolats
hauts de gamme qu'il pro-

pose n'est plus à faire en
Amérique du Nord.

Bernard C. Chocolates
1420 5th Ave.
☎ *340-0396*
Si vous avez une envie de
pralines et de chocolat
belge, dirigez-vous au Bernard C. Chocolates, qui a
remporté moult prix pour la
qualité de son chocolat. Un
délice pour le palais!

Cigares

Cigar Pavilion
1501 Western Ave., Suite 301
☎ *621-1980*
En descendant les marches
qui mènent au Waterfront
depuis le Pike Place Market
(voir p 124), vous croiserez
le Cigar Pavilion, où vous
pourrez vous procurer tous
les articles imaginables
concernant les joyaux du
pays de Fidel; plusieurs
marques de cigarettes y
sont également disponibles.

Préservatifs et sex-shops

Cigar Pavilion
1501 Western Ave., Suite 301
☎ *621-1980*
Le magasin de condoms le
plus original de Seattle est
certes le Cigar Pavilion,
dont le slogan est *Save the
Humans* (sauvons les
humains). Vous y trouverez
des condoms de toutes les

Achats

couleurs et aux saveurs aphrodisiaques; on y vend également des condoms ordinaires, si vous préférez vous abstenir de toute témérité.

Toys in Babeland
711 E. Pike St.
☎*328-2914*
Vainquez vos inhibitions et visitez le Toys in Babeland, un sex-shop qui sort de l'ordinaire. En effet, on n'y retrouve pas l'ambiance morose des établissements de ce genre, et c'est avec plaisir que vous pourrez admirer et peut-être acheter un gadget à votre goût.

Dépanneur (magasin général)

Louie's on the Pike
1926 Pike Place Market
☎*443-1035*
≈*443-0389*
Chez Louie's on the Pike, vous trouverez tout ce qu'il vous faut pour vous dépanner : vin peu dispendieux, craquelins et croustilles et même de la bière québécoise! Bref, un bon endroit pratique situé au cœur de l'activité marchande du marché historique.

Éclectique

Channel Store 9
1308 4th Ave., angle Union St.
☎*682-8198*
2560 NE University Village
☎*526-5074*
Non, le Channel Store 9 n'est nullement associé avec les célébrissimes parfums. On y vend plutôt, entre autres articles, des livres de voyage, de la poésie magnétique et des cartes lunaires! Ce sympathique magasin vient en aide à la chaîne locale de télévision publique, soit KCTS.

Fleuriste

R.D. Adams Flowers
1001 4th Ave. Plaza, Suite 525
☎*623-9649*
☎*800-753-5695*
≈*340-1304*
www.rdavidadams.com
Rien de mieux qu'un bouquet de fleurs pour égayer une journée pluvieuse. Et R.D. Adams Flowers constitue l'option la plus logique pour vous procurer de belles roses, à conserver ou à offrir...

Jouets et jeux de société

Westlake Disney Store
400 Pine St., Suite 238
☎622-3323
Pour faire plaisir aux bambins, rien de mieux que de se procurer un *Mickey* ou un *Goofy* au Westlake Disney Store, où les produits du célèbre créateur de Donald Duck se vendent à prix abordable.

Turn Off the TV
400 Pine St., suite 230
☎521-0564
L'un des magasins les plus particuliers de Seattle est sans nul doute Turn Off the TV, qui, comme son nom l'indique en anglais, favorise les jeux de société au détriment du petit écran. Vous y trouverez de nombreux jeux éducatifs, des casse-tête et des jeux interactifs.

FAO Schwartz
1420 5th Ave.
☎442-9500
↪343-9040
www.faoschwartz.com
Vous vous souvenez du magasin de jouets dans lequel Macauley Culkin pénètre lors de son impro-bable voyage à New York dans *Maman j'ai encore raté l'avion*? Le FAO Schwartz de Seattle, plus modeste, ne laissera pas les enfants indifférents, son énorme ourson trônant à l'extérieur du magasin. C'est ici que vous serez investi de l'envie d'acheter une figurine Star Wars, pour vos enfants ou pour vous!

Warner Bros. Studio Store
1516 5th Ave.
☎467-1810
↪467-9728
Le plus grand con-current du Disney Store est probable-ment le Warner Bros. Studio Store, une gigantesque reproduction de Daffy Duck trônant à l'entrée du magasin. C'est là que vous trouverez des chandails, des pyjamas et d'autres articles en rapport avec la grande famille de *Bugs Bunny* et d'*Elmer* Fudd.

Journaux

Read All About It
angle 1st Avenue et Pike Street
☎624-0140
Pour vous procurer des journaux étrangers, le kiosque Read All About It devrait satisfaire vos exigences de lecture.

Achats

Lampes

Antique Lighting Company
1000 Lenora St., Suite 314, angle
Boren Ave.
☎*622-8298*
⇉*233-0237*
L'Antique Lighting Company tient en stock un choix impressionnant de lampes en tout genre, et son personnel saura sûrement vous suggérer un lustre ou un plafonnier qui complétera à merveille la décoration de votre salon ou de votre chambre à coucher.

Z Gallerie
1308 4th Ave., angle Union
St.☎*749-9906*
L'un des meilleurs choix de meubles, de lampes, de bibelots et d'articles de cuisine se trouvent à la Z Gallerie, située au cœur du Rainier Square (voir p 144, 268). Ce grand magasin plaira à ceux et celles qui ne recherchent pas un service fort attentionné...

Librairies et disquaires

Barnes and Noble
600 Pine St., Suite 107
☎*264-0156*
⇉*264-0489*
2700 NE University Village
☎*517-4107*
Située dans le tout récent Pacific Plaza (voir p 269), la librairie Barnes and Noble est probablement la plus impressionnante du genre à Seattle, répartie sur deux immenses étages : il serait surprenant que vous n'y trouviez pas le livre tant convoité. Si vous cherchez des titres d'auteurs de Seattle, demandez à un commis de vous indiquer où se trouvent les ouvrages de Tess Gallagher, Tom Robbins, Ann Rule et Earl Emerson.

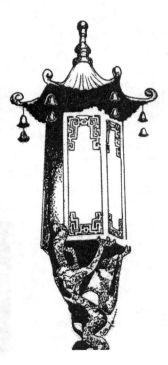

Beyond the Closet Bookstore
518 E. Pike St.
☎322-4609
La plus importante librairie gay de Seattle est certes le Beyond the Closet Bookstore où vous trouverez des titres d'auteurs gays et lesbiennes, des biographies ainsi que des *safe-sex guides*.

BLMF
☎621-7894
Au troisième sous-sol du Pike Place Market, la librairie BLMF propose une bonne gamme de livres usagés traitant autant de la musique contemporaine que de l'ésotérisme, en passant par la cuisine et les biographies. Cette librairie fait aussi office de salon littéraire.

Borders Books and Music
1501 4th Ave.
☎622-4599
☎622-6799
⊷622-8570
L'une des meilleures librairies de Seattle est certes la Borders Books and Music, qui, à l'instar de la Barnes and Noble, propose une kyrielle de livres traitant de tous les sujets. Vous pouvez aussi vous y procurer les plus récents albums de Céline Dion et de Cypress Hill.

Brentano's
222 Westlake Center
400 Pine St.
☎467-9626

Le Mayflower Park Hotel (voir p 188) communique directement avec le Westlake Center, là où vous pourrez bouquiner à la librairie Brentano's. Vous y trouverez plusieurs guides de voyage sur la région ainsi que des best-sellers et des romans noirs et d'horreur.

Disc Go Round
532 Queen Anne Ave. N.
☎285-4605
111 Broadway E.
☎323-7374
4527 University Way NE.
☎632-7713
Si vous avez un faible pour les années quatre-vingt et que vous êtes toujours branché, rendez-vous au Disc Go Round, un disquaire alternatif où les disques des groupes The Smiths, Siouxsie and the Banshees et autres icones *British*, ainsi que les plus récents *remix* de Björk, se vendent moitié prix.

Elliott Bay Book Company
101 S. Main St.
☎624-6600
⊷343-9558
www.elliottbaybook.com
Fondée en 1973 par Edgar Carr, l'Elliott Bay Book Company se veut la Mecque des librairies de Seattle, tous genres confondus. Cette sublime librairie, que les murs de brique rendent très chaleureuse, est composée de cinq pièces où se

retrouvent des ouvrages de fiction, de religion, des livres pour enfants, de psychologie, etc. De nombreuses lectures d'ouvrages s'y déroulent et des auteurs célèbres y font des séances de signatures. Vous pouvez prendre un café et lire un livre au café de la librairie situé au sous-sol, l'Elliott Bay Cafe (voir p 277).

Left Hand Books
92 Pike St.
☎ *622-0195*
Le Left Hand Books est la librairie de gauche de Seattle, et elle tient en stock nombre d'ouvrages sur les différentes ethnies, les gays et les lesbiennes, la politique de gauche, etc. On y trouve aussi des chandails arborant des inscriptions acides en rapport au féminisme et au blues. Une bonne section est réservée aux *Beats*, à la santé féminine, à la nutrition et aux Afro-Américains. Le journalisme, le jazz, le cinéma, les livres pour enfants ainsi que la poésie sont également au centre de l'activité livresque de cette librairie sans égale.

Marco Polo Travel Resource
713 Broadway E.
☎ *860-3736*
Si vous êtes à la recherche de cartes touristiques, rendez-vous chez Marco Polo, qui peut également vous conseiller des guides

de voyage. Cette entreprise agit aussi en tant qu'agent de voyage.

Metsker Maps of Seattle
702 1st Ave.
☎ *623-8747*
Une autre librairie de voyage, Metsker Maps of Seattle propose une bonne gamme de cartes touristiques ainsi que quelques guides de voyage.

Sub Pop Records
1514 Pike Place, Suite 14
☎ *652-4356*
⇆ *441-8441*
www.subpop.com
Le Sub Pop Records, c'est la maison de production qui a entre autres lancé Nirvana. Son petit magasin ne tient en stock que des disques de groupes qu'il enregistre et distribue : inutile de dire qu'ici la marginalité est érigée en système. Décoré de moult photos des musiciens que cette entreprise découvre, ce disquaire alternatif est un rendez-vous incontournable de la faune musicale seattleoise.

Tooth & Nail
108 Occidental Ave. S.
☎ *624-4211*
⇆ *624-4207*
www.toothandnail.com/thestore
L'un des hauts lieux de la contre-culture seattleoise est le disquaire Tooth & Nail, qui se targue de tenir en stock les plus récentes parutions punk,

contemporaines, ainsi que des vinyles cultes. C'est là que vous pourrez dénicher les disques de Black & White World, Fluffy, Acoustic Shack, Windy Lyre, Slava Compilation, Wigtop ou de Breakfast With Amy, sans parler de démos ou des CD de nombreux groupes locaux.

Tower Books
tlj 9h à minuit
20 Mercer St.
☎283-6333
📠285-2118

Vous trouverez l'une des plus grandes sélections de livres de tout acabit chez Tower Books, succursale de la chaîne américaine ayant pignon sur rue dans les plus grandes villes étasuniennes. Des livres d'histoires, des bestsellers, des romans ainsi que des disques dernier cri sont proposés à prix respectable.

Tower Record/Video
500 Mercer St.
☎283-4456

Vous trouverez la succursale Tower Record/Video tout juste au nord-est du Seattle Center (voir p 145), où les plus récents succès

radiophoniques et de plus obscurs composent l'essentiel de la sélection proposée. Vous pouvez aussi y acheter des billets pour des concerts au Key Arena (voir p 154).

University Bookstore
fermé dim
1225 4th Ave.
☎545-9230
📠224-9976
4326 University Way NE
☎634-3400
☎800-335-READ
📠634-0810
www.bookstore.washington.edu

À l'University Bookstore, vous trouverez, évidemment, des manuel scolaires. Mais cette librairie tient aussi en stock des romans et des recueils de poésie à prix réduit.

University Bookstore Computers & Electronics
4300 University Way NE
☎656-4382

Une autre succursale, l'University Bookstore Computers & Electronics, se spécialise dans les manuels informatiques et les logiciels.

Wide World Books and Maps
1911 N. 45th St.
☎634-3453
www.travelbooksandmaps.com

Achats

Wide World Books and Maps, la première librairie de voyage en Amérique du Nord, a été fondée en 1976. Elle regroupe plus de 14 000 cartes touristiques et guides de voyage, et peut être fort utile si vous décidez d'investir de l'argent dans des guides sur la région ou d'ailleurs. Un catalogue «en ligne» fait en sorte que vous pouvez acheter l'article de votre choix par l'entremise de l'Internet.

Montres

Jacob Laurent, SM
400 Pine St.
☎*382-7259*
La petite boutique Jacob Laurent, SM, localisé dans le Westlake Center (voir p 269), propose une excellente gamme de montres pour tous les budgets, les marques Kenneth Cole, ESQ, Roven Dino, Anne Klein et G-Shock étant les plus populaires.

Musique (instruments)

Capitol Music Center
fermé dim
718 Virginia St.
☎*622-0171*
☎*800-426-9846*
⇒*622-6983*
www.capiotlmusiccenter.com

Le Capitol Music Center comblera l'amateur de musique, alors que nombre de guitares et de claviers n'attendent qu'un acheteur potentiel. Vous y trouverez également une bonne sélection de partitions de musique et de karaoké.

Planches à neige

Snowboard Connection
604 Alaskan Way
☎467-8545
Quoique le ville de Seattle
ne dispose pas de centre de
ski dans la région
métropolitaine, Snowboard
Connection se spécialise
dans ce sport très apprécié
des résidants. Vous y
trouverez des bottes, des
vêtements et des planches;
on y fait aussi des
réparations et la location
d'équipement.

Salon de coiffure

Vain
2222 2nd Ave.
☎441-3441
≈441-3299
www.vain.com
Pour une coupe de
cheveux hors de l'ordinaire,
allez chez Vain, où vous
trouverez aussi des produits
de beauté et des perruques.

Souvenirs

Simply Seattle
1600 1st Ave.
☎448-2207
≈448-9143
La boutique Simply Seattle
est la plus intéressante du
genre. Vous y trouverez de
nombreux livres sur
l'histoire de Seattle, en plus

des traditionnels chandails à
l'effigie de la Space Needle.

Articles de sport

Seahawks EndZone Store
88 S. King St.
☎682-2900
≈808-8314
Pour vous procurer des
chandails aux couleurs des
Seahawks, l'équipe de football professionnelle de Seattle, rendez-vous au
Seahawks EndZone Store
situé en face du défunt
Kingdome, remplacé depuis
juillet 1999 par le Safeco
Field (voir p 110, 260).

**Fairways and Greens Golf
Center**
1301 5th Ave.
☎341-9193
≈341-9151
L'amateur de golf voudra
sûrement faire un tour au
Fairways and Greens Golf
Center, situé dans le couloir
piétonnier du Rainier
Square (voir p 144, 268).
On y vend des bâtons pour
tous les budgets ainsi que
des balles, et un spécialiste,
Kevin Wiggins, saura vous
suggérer l'équipement qui
vous siéra le mieux.

Mariners Clubhouse
1800 4th Ave.
☎346-4327
≈346-4330
Vous cherchez un chandail
de Ken Griffey, Jr.? Rendez-
vous au Mariners Club-
house, où des chandails,

Achats

des fanions et même des vêtements pour enfants arborant le nom des vedettes de l'équipe de base-ball, sauront plaire aux néophytes ou aux vrais amateurs du sport national américain.

Niketown
1500 6th Ave.
☎447-6453
≈447-4725
Adjacent au célèbre Planet Hollywood, Niketown met en valeur tous les produits sportifs que Michael Jordan a aidé à faire connaître à travers la planète. C'est ici que vous trouverez les plus récents revêtements sportifs, espadrilles et casquettes en rapport aux sports professionnels.

North Face
1023 1st Ave.
☎622-4111
Les amateurs de plein air se dirigeront au magasin North Face, qui tient en stock une quantité impressionnante de sacs à dos, d'équipements de randonnée, de parkas, etc. Attendez-vous toutefois à débourser plusieurs billets verts...

Patagonia
2100 1st Ave.
☎622-9700
☎800-336-9090
www.patagonia.com
La chaîne de magasins Patagonia, qui possède des succursales à Denver, New York et Atlanta (pour ne nommer que celles-là), est depuis longtemps synonyme de qualité lorsque vient le temps de se munir d'équipement de plein air. Vous y trouverez de tout, que ce soit des chaussures, des sacs de couchage ou des manteaux chauds.

Vêtements pour enfants

Lil' People
400 Pine St., Suite 324
☎623-4463
☎888-454-5736
≈283-3753
Si vous ne savez plus que rapporter à votre enfant, rendez-vous sans hésiter au magasin Lil' People, qui, selon plusieurs observateurs, propose le meilleur rapport qualité/prix en ville. Vous y trouverez des vêtements pour les enfants jusqu'à huit ans, des salopettes, des jupes aux couleurs joyeuses ainsi que plusieurs chapeaux de formes fort différentes les unes des autres.

Vêtements pour femmes

Talbots
413 Union St.
☎464-1456

Le magasin Talbots plaira aux dames à la recherche de vêtements chics et de bon goût. On y tient exclusivement la ligne de vêtements David Brooks, de beaux pantalons de corduroy, des jupes et des blouses composant l'essentiel de la collection du designer de mode de la région seattleoise.

Ann
1420 5th Ave.
☎ 623-4818
La boutique Ann, située dans le complexe City Center (voir p 267), vend exclusivement la ligne de vêtements du même nom, composée essentiellement de vêtements pour dames de très bonne qualité, que les femmes d'affaires comme les citadines branchées affectionnent.

BCBG
600 Pine St.
☎ 447-3400
www.bcbg.com
Le magasin BCBG propose une très belle gamme de vêtements pour dames. Le style bon chic bon genre, comme l'indique le nom de l'entreprise, est fortement ressenti.

Vêtements pour hommes

Brooks Brothers
1335 5th Ave.
☎ 624-4400
⇆ 233-9313
Cravates et complets sont l'affaire du magasin Brooks Brothers, fondé en 1818, que les hommes d'affaires affectionnent particulièrement. Mais vous y trouverez également des pantalons et des chemises décontractées.

Europa for Men
1420 5th Ave., Suite 203
☎ 621-0350
⇆ 587-0420
Les hommes soucieux de leur apparence souhaiteront faire quelques achats au magasin Europa for Men. Des vêtements de qualité comme des chandails Coogi ou des lainages St. Croix, ainsi que des vêtements de cuir de marque Torras & Spain, satisferont les plus exigeants des consommateurs.

Vêtements unisexes

Eddie Bauer
1330 5th Ave.
☎ 622-2766
2720 University Village NE
☎ 527-2646
www.eddiebauer.com
La réputation du magasin Eddie Bauer n'est plus à

Achats

faire, puisque cette institution est en activité depuis 1920. Les hommes comme les femmes y trouveront leur compte, s'ils recherchent des vêtements de style décontracté et sport. Vous pourrez aussi vous procurer des articles pour la maison et des souliers de marche.

Burberrys
409 Pike St.
☎*621-2000*
Pour les vêtements classiques, aucun magasin ne peut battre la sélection que propose Burberrys, où les dames se vêtent de superbes jupes et blouses, tandis que les hommes se munissent d'un imperméable qui a fait la renommée de l'institution.

Original Levi's Store
1500 6th Ave.
☎*467-5152*
☎*800-USA-LEVI*
≈*467-5154*
À la recherche de jeans, vous ne trouverez pas mieux que l'Original Levi's Store, alors que, vous l'aurez deviné, ce magasin ne tient en stock que la marque la plus célèbre de toutes.

Benetton
1420 5th Ave., Suite 210
☎*382-9393*
≈*464-1166*
Le magasin Benetton, que les publicités fort frappantes ont aidé à

édifier, propose la gamme usuelle de vêtements amples et décontractés, aux couleurs rayonnantes ou sobres.

Northwest Pendleton
fermé dim
1313 4th Ave.
☎*682-4430*
La chaîne de magasins Northwest Pendleton propose des lainages pour dames ainsi que des pantalons et des chemises pour hommes. Une clientèle dans la quarantaine apprécie ces tenues sans façon mais de qualité.

Nordstrom
1601 2nd Ave.
☎*448-8522*
500 Pine St.
☎*373-2111*
www.nordstrom.com
Le magasin Nordstrom satisfera les amateurs de magasinage puisque, en effet, vous y trouverez de tout : vêtements pour hommes, pour dames et pour enfants. La qualité et la quantité ne font pas questionner, et les prix fort raisonnables font de ce magasin l'un des favoris des résidants de Seattle.

Gap University Village
2730 University Village NE.
☎*525-1559*
Le célèbre magasin Gap a pignon sur rue dans l'University Village (voir p 167). Vous y trouverez de

beaux vêtements amples ou serrés qu'une clientèle assez jeune affectionne.

Vêtements branchés

Experience
912 Alaskan Way
☎624-0960
✆624-0967
www.experienceshoes.com
Vous cherchez les célèbres souliers du Dr. Martens? Ne cherchez plus et magasiner chez Experience, où une panoplie incroyable de chaussures aux couleurs affriolantes ainsi que des vêtements à la limite du choquant (parfaits pour les ravers et amants de la danse) sont disponibles à des prix parfois élevés, parfois très abordables.

Retro Viva
1511 1st Ave.
☎624-2529
Au Retro Viva, on vous accueillera par un «Hello Darling!» fort sympathique. On y vend des vêtements usagés que la jeune clientèle aimera bien : lunettes fumées, chandails, t-shirts pour hommes et femmes, souliers. Le service très cool, offert par de jeunes gens in, comblera les plus jeunes d'esprit.

Banana Republic
500 Pike St.
☎622-2303
✆343-7080
Aménagé dans l'ancien Coliseum Theater complètement revampé, le magasin Banana Republic a un look superbe. Vous y trouverez de beaux vêtements pour toutes les occasions et plusieurs articles en solde.

Vins et spiritueux

Champion Wine Cellars
fermé dim
108 Denny Way
☎284-8306
✆483-6534
Les vins de l'État de Washington, de France et d'Italie sont savamment disposés au Champion Wine Cellars, où le choix et les prix s'avèrent fort alléchants.

Pike and Western Wine Shop
☎441-1307
✆441-1308
Établi dans les alentours du marché depuis 1975, le Pike and Western Wine Shop propose une sélection de vins et de spiritueux de la région seattloise et d'ailleurs. Vous y trouverez, entre autres, un bon choix de merlot et de cabernet sauvignon.

LEXIQUE

PRÉSENTATIONS

Salut!	*Hi!*
Comment ça va?	*How are you?*
Ça va bien	*I'm fine*
Bonjour (la journée)	*Hello*
Bonsoir	*Good evening/night*
Bonjour, au revoir,	*Goodbye,*
à la prochaine	*See you later*
Oui	*Yes*
Non	*No*
Peut-être	*Maybe*
S'il vous plaît	*Please*
Merci	*Thank you*
De rien, bienvenue	*You're welcome*
Excusez-moi	*Excuse me*
Je suis touriste	*I am a tourist*
Je suis américain(e)	*I am American*
Je suis canadien(ne)	*I am Canadian*
Je suis britannique	*I am British*
Je suis allemand(e)	*I am German*
Je suis italien(ne)	*I am Italian*
Je suis belge	*I am Belgian*
Je suis français(e)	*I am French*
Je suis suisse	*I am Swiss*
Je suis désolé(e), je ne parle pas anglais	*I am sorry, I don't speak English*
Parlez-vous français?	*Do you speak French?*
Plus lentement, s'il vous plaît	*Slower, please*
Quel est votre nom?	*What is your name?*
Je m'appelle...	*My name is...*
époux(se)	*spouse*
frère, sœur	*brother, sister*
ami(e)	*friend*
garçon	*son, boy*
fille	*daughter, girl*
père	*father*
mère	*mother*
célibataire	*single*
marié(e)	*married*

divorcé(e)	*divorced*
veuf(ve)	*widower/widow*

DIRECTION

Est-ce qu'il y a un bureau de tourisme près d'ici?	*Is there a tourist office near here?*
Il n'y a pas de..., nous n'avons pas de...	*There is no..., we have no...*
Où est le/la ...?	*Where is...?*

tout droit	*straight ahead*
à droite	*to the right*
à gauche	*to the left*
à côté de	*beside*
près de	*near*
ici	*here*
là, là-bas	*there, over there*
à l'intérieur	*into, inside*
à l'extérieur	*outside*
loin de	*far from*
entre	*between*
devant	*in front of*
derrière	*behind*

POUR S'Y RETROUVER SANS MAL

aéroport	*airport*
à l'heure	*on time*
en retard	*late*
annulé	*cancelled*
l'avion	*plane*
la voiture	*car*
le train	*train*
le bateau	*boat*
la bicyclette, le vélo	*bicycle*
l'autobus	*bus*
la gare	*train station*
un arrêt d'autobus	*bus stop*
L'arrêt, s'il vous plaît	*The bus stop, please*

rue	*street*
avenue	*avenue*
route, chemin	*road*
autoroute	*highway*
rang	*rural route*

sentier	*path, trail*
coin	*corner*
quartier	*neighbourhood*
place	*square*
bureau de tourisme	*tourist office*
pont	*bridge*
immeuble	*building*
sécuritaire	*safe*
rapide	*fast*
bagages	*baggage*
horaire	*schedule*
aller simple	*one way ticket*
aller-retour	*return ticket*
arrivée	*arrival*
retour	*return*
départ	*departure*
nord	*north*
sud	*south*
est	*east*
ouest	*west*

LA VOITURE

à louer	*for rent*
un arrêt	*a stop*
autoroute	*highway*
attention	*danger, be careful*
défense de doubler	*no passing*
stationnement interdit	*no parking*
impasse	*no exit*
arrêtez!	*stop!*
stationnement	*parking*
piétons	*pedestrians*
essence	*gas*
ralentir	*slow down*
feu de circulation	*traffic light*
station-service	*service station*
limite de vitesse	*speed limit*

L'ARGENT

banque	*bank*
caisse populaire	*credit union*
change	*exchange*
argent	*money*
Je n'ai pas d'argent	*I don't have any money*
carte de crédit	*credit card*

chèques de voyage	*traveller's cheques*
L'addition, s'il vous plaît	*The bill please*
reçu	*receipt*

L'HÉBERGEMENT

auberge	*inn*
auberge de jeunesse	*youth hostel*
chambre d'hôte,	*bed and breakfast*
logement chez l'habitant	
eau chaude	*hot water*
climatisation	*air conditioning*
logement, hébergement	*accommodation*
ascenseur	*elevator*
toilettes, salle de bain	*bathroom*
lit	*bed*
déjeuner	*breakfast*
gérant, propriétaire	*manager, owner*
chambre	*bedroom*
piscine	*pool*
étage	*floor (first, second...)*
rez-de-chaussée	*main floor*
haute saison	*high season*
basse saison	*off season*
ventilateur	*fan*

LE MAGASIN

ouvert(e)	*open*
fermé(e)	*closed*
C'est combien?	*How much is this?*
Je voudrais...	*I would like...*
J'ai besoin de...	*I need...*

un magasin	*a store*
un magasin à rayons	*a department store*
le marché	*the market*
vendeur(se)	*salesperson*
le/la client(e)	*the customer*
acheter	*to buy*
vendre	*to sell*

un t-shirt	*T-shirt*
une jupe	*skirt*
une chemise	*shirt*
un jeans	*jeans*
un pantalon	*pants*

un blouson	*jacket*
une blouse	*blouse*
des souliers	*shoes*
des sandales	*sandals*
un chapeau	*hat*
des lunettes	*eyeglasses*
un sac	*handbag*

cadeaux	*gifts*
artisanat local	*local crafts*
crèmes solaires	*sunscreen*
cosmétiques et parfums	*cosmetics and perfumes*
appareil photo	*camera*
pellicule	*film*
disques, cassettes	*records, cassettes*
journaux	*newspapers*
revues, magazines	*magazines*
piles	*batteries*

montres	*watches*
bijouterie	*jewellery*
or	*gold*
argent	*silver*
pierres précieuses	*precious stones*
tissu	*fabric*
laine	*wool*
coton	*cotton*
cuir	*leather*

DIVERS

nouveau	*new*
vieux	*old*
cher, dispendieux	*expensive*
pas cher	*inexpensive*
joli	*pretty*
beau	*beautiful*
laid(e)	*ugly*
grand(e)	*big, tall*
petit(e)	*small, short*
court(e)	*short*
bas(se)	*low*
large	*wide*
étroit(e)	*narrow*
foncé	*dark*
clair	*light*
gros(se)	*fat*

mince	slim, skinny
peu	a little
beaucoup	a lot
quelque chose	something
rien	nothing
bon	good
mauvais	bad
plus	more
moins	less
ne pas toucher	do not touch
vite	quickly
lentement	slowly
grand	big
petit	small
chaud	hot
froid	cold

Je suis malade	I am ill
pharmacie	pharmacy, drugstore
J'ai faim	I am hungry
J'ai soif	I am thirsty
Qu'est-ce que c'est?	What is this?
Où?	Where?

LA TEMPÉRATURE

pluie	rain
nuages	clouds
soleil	sun
Il fait chaud	It is hot out
Il fait froid	It is cold out

LE TEMPS

Quand?	When?
Quelle heure est-il?	What time is it?
minute	minute
heure	hour
jour	day
semaine	week
mois	month
année	year
hier	yesterday
aujourd'hui	today
demain	tomorrow
le matin	morning
l'après-midi	afternoon

le soir	*evening*
la nuit	*night*
maintenant	*now*
jamais	*never*
dimanche	*Sunday*
lundi	*Monday*
mardi	*Tuesday*
mercredi	*Wednesday*
jeudi	*Thursday*
vendredi	*Friday*
samedi	*Saturday*
janvier	*January*
février	*February*
mars	*March*
avril	*April*
mai	*May*
juin	*June*
juillet	*July*
août	*August*
septembre	*September*
octobre	*October*
novembre	*November*
décembre	*December*

LES COMMUNICATIONS

bureau de poste	*post office*
par avion	*air mail*
timbres	*stamps*
enveloppe	*envelope*
bottin téléphonique	*telephone book*
appel outre-mer, interur-bain	*long distance call*
appel à frais virés (PCV)	*collect call*
télécopieur, fax	*fax*
télégramme	*telegram*
tarif	*rate*
composer l'indicatif régional	*dial the area code*
attendre la tonalité	*wait for the tone*

LES ACTIVITÉS

la baignade	*swimming*
plage	*beach*
la plongée sous-marine	*scuba diving*
la plongée-tuba	*snorkelling*
la pêche	*fishing*
navigation de plaisance	*sailing, pleasure-boating*
la planche à voile	*windsurfing*
faire du vélo	*bicycling*
vélo tout-terrain (VTT)	*mountain bike*
équitation	*horseback riding*
la randonnée pédestre	*hiking*
se promener	*to walk around*
musée	*museum, gallery*
centre culturel	*cultural centre*
cinéma	*cinema*

TOURISME

fleuve, rivière	*river*
chutes	*waterfalls*
belvédère	*lookout point*
colline	*hill*
jardin	*garden*
réserve faunique	*wildlife reserve*
péninsule, presqu'île	*peninsula*
côte sud/nord	*south/north shore*
hôtel de ville	*town or city hall*
palais de justice	*court house*
église	*church*
maison	*house*
manoir	*manor*
pont	*bridge*
bassin	*basin*
barrage	*dam*
atelier	*workshop*
lieu historique	*historic site*
gare	*train station*
écuries	*stables*
couvent	*convent*
porte	*door, archway, gate*
douane	*customs house*
écluses	*locks*
marché	*market*
canal	*canal*

chenal	*channel*
voie maritime	*seaway*
cimetière	*cemetery*
moulin	*mill*
moulin à vent	*windmill*
école secondaire	*high school*
phare	*lighthouse*
grange	*barn*
chute(s)	*waterfall(s)*
batture	*sandbank*
faubourg	*neighbourhood, region*

GASTRONOMIE

Pomme	*Apple*
Boeuf	*Beef*
Pain	*Bread*
Beurre	*Butter*
Chou	*Cabbage*
Fromage	*Cheese*
Poulet	*Chicken*
Maïs	*Corn*
Palourde	*Clam*
Crabe	*Crab*
Oeuf	*Egg*
Poisson	*Fish*
Fruits	*Fruits*
Jambon	*Ham*
Agneau	*Lamb*
Homard	*Lobster*
Huître	*Oyster*
Viande	*Meat*
Lait	*Milk*
Noix	*Nut*
Pomme de terre	*Potato*
Pétoncle	*Scallop*
Langouste	*Scampi*
Fruits de mer	*Seafood*
Crevette	*Shrimp*
Calmar	*Squid*
Dinde	*Turkey*
Légumes	*Vegetables*
Eau	*Water*

INDEX

2000 Seattle Boat Show 260
5th Avenue Theatre . . 238
A Contemporary Theatre 238
Accès à la ville 58
Achats 267
Aéroport 60
Afro-Américains 40
Against, Adjacent, Upon
    (Waterfront) 124
Aînés 83
Allen Library (University
    of Washington) 169
Amazon.com 35
Ambassades 64
Annex Theatre 239
Annual Oyster Olympics 261
Antiquités 271
Arboretum Waterfront
    Trail (First Hill,
    Capitol Hill) 160
Architecture 41
Art public 45
Articles de voyage . . . 271
ArtsBalla 264
Asiatiques 134, 165
Assurances 73
Attraits touristiques 99
    Belltown et
        Seattle Center . . 145
    International district 131
    Nord de Seattle . . . 171
    Nord-ouest de Seattle 173
    Pike Place Market . 124
    Pioneer Square . . . 102
    Quartier des affaires 137
    Quartier universitaire 167
    Sud de Seattle 176
    Waterfront 111
Autocar 63
Autochtones 17, 40
Avion 58
Bainbridge Island . 92, 113

Balades en avion 95
Ballard Locks
    (Nord-ouest de Seattle) 175
Banlieue 33
Banques 78
Bars 83
Bars et pubs
    (Quartier universitaire)
    Big Time Brewery
        and Alehouse . . . 259
Bars et pubs (Belltown) 252
    211 Billiard Club . . 256
    2218 253
    Belltown Billiards . 255
    Belltown Pub 255
    Dimitriou's Jazz Alley 252
    Five Point Cafe . . . 256
    Hurricane Cafe . . . 256
    Lava Lounge 252
    Romper Room 255
    Sit & Spin 253
    Speakeasy Cafe . . . 253
    The Vogue 254
    Timberline Tavern . 252
    Two Bells Tavern . 253
    Virginia Inn 253
Bars et pubs
    (Capitol Hill) 257
    ARO.space 257
    Bauhaus Books
        and Coffee 257
    Beatbox 258
    C.C. Attle's 258
    Elysian Brewery . . . 259
    Four Angels Cafe . . 259
    Neighbours 257
    Place 258
    Rosebud Restaurant
        and Bar 259
    Rudy's Barbershop . 257
    Thumper's 258

Index

Bars et pubs
(Centre-ville) 251
    Elephant and Castle
    Pub and Restaurant 251
    Jersey's Sports Bar
    and Grill 251
    Oliver's 252
    Red Robbin Pub . . 251
    Rock Bottom
    Brewery and
    Restaurant 251
Bars et pubs
(Lower Queen Anne) 256
    Slaeggers Juice and
    Gelato 257
    T.S. McHugh's 256
Bars et pubs
(Pike Place Market) . 248
    Alibi Room 249
    Athenian Inn 248
    Campagne 249
    Il Bistro 249
    Pike Pub 249
    Place Pigalle 248
    Shea's Lounge 249
    The Owl 'n Thistle 248
    The Pink Door . . . 249
Bars et pubs
(Pionoeer Square) . . 244
    Bohemian Cafe . . . 244
    Central Saloon 246
    Colourbox 247
    Doc Maynard's Pub 247
    Fenix 247
    Fenix Underground 247
    Larry's Greenfront
    Cafe 245
    Ned's 248
    New Orleans
    Restaurant 245
    Old Timer's Cafe . . 245
    Pioneer Square
    Saloon 244
    Rock Pasta 244
    Torrefazione Italia
    Cafe 244
    Zasu 245
Bars et pubs (Quartier
universitaire) 259
Bars et pubs
(Waterfront) 248
    Elliott's 248
Baseball 50
Basket-ball 47, 259
Battle Point 92
Bell Harbor International
Conference Center . . . 38
Bell Harbour Conference
Center (Waterfront) . 121
Bell Street Fish Market
(Waterfront) 121
Bell Street Pier
(Waterfront) 119
Belltown Theatre Center 239
Benaroya Hall 238
Bicycle Saturdays
and Sundays 90
Bijoux 272
Biotechnologie 36
Bite of Seattle 264
Black Sun 47
Blake Island Marine
State Park (Waterfront) 115
Boeing . . . 31, 37, 100, 139
Bois 35
Boîtes gays 257
Bon Marche Holiday
Parade 265
Broadway Market 267
Broadway
Performance Hall . . 239
Bronze Pig (Pike Place
Market) 128
Brown Bag Theatre . . . 239
Bumbershoot 264
Bureaux de change 79
Bureaux de poste 77
Cabaret de Paris at
Crepe de Paris 238
Center House
(Belltown) 152
Centre d'information
(Pike Place Market) . 128
Centres commerciaux . 267

Center on Contemporary
  Art (Belltown) 148
Champion, Stormy Seas 121
Change 78
Chapeaux 272
Chaussures 273
Chemin de fer 20, 35
Children's Museum
  (Belltown) 153
Children's Museum
  Theatre 239
Chinatown 39
Chinese New Year's
  Celebration 260
Chinese Room
  (Quartier des affaires) 141
Chocolatier 273
Cigares 273
Cinéma 238
  911 Media Arts
    Center 240
  Boeing IMAX
    Theater 241
  Broadway Market
    Cinemas 242
  Cinerama Theatre . 240
  City Centre Cinemas 242
  Egyptian Theatre . . 243
  Harvard Exit Theatre 243
  Laser Fantasy
    Theater 242
  Little Theatre 243
  Meridian 16 Cinemas 242
  Omnidome 242
  Pacific Plaza 11 . . . 242
  Uptown Cinemas . . 242
Cinémas 240
City Center 267
Climat 75
Cochon
  (Pike Place Market) . 128
Coffe Fest 265
Colman Dock
  (Waterfront) 114
Columbia Seafirst Center
  (Quartier des affaires) 141
Commerce international 38

Compagnie aérienne . . . 61
Comptoirs Ticket Master 237
Concurrence de Seattle
  et Tacoma 21
Conservatoire de verre 165
Corner Market
  (Pike Place Market) . 127
Cornish College
  of the Arts 240
Décalage horaire 84
Dépanneur 274
Déplacements 67
Discothèques 83
Disquaires 276
Donald G. Graham
  Visitors Center 159
Douane 55
Drogues 84
Duwamish 17, 40
Économie 35
Economy Market
  (Pike Place Market) . 128
Électricité 84
Elliot Bay Park
  (Waterfront) 124
Elliott Bay Book
  Company 105
Enfants 82
Ethnies 31, 39, 131
Événements 260
Excursions 66
Exportation 38
Fat Tuesday 261
Federal Courthouse
  (Quartier des affaires) 142
Femmes voyageant
  seules 75
Festival Sundiata 261
Festivals 260
Fête du jour de l'An . . 265
Fire Station no. 10 . . . 110
Firefighter's Memorial
  (Pioneer Square) . . 110
First Hill à Capitol Hill 155
Flag Plaza (Belltown) . 154
Fleuriste 274
Football 260

Football américain 52
Formalités d'entrée 55
Fort Lawton 90
Fort Ward 92
Foster Island
  (First Hill,Capitol Hill) 161
Freeway Park
  (Quartier des affaires) 144
Fremont Fair 263
Galeries d'art 269
Gallery Walk
  (Pioneer Square) . . . 110
Gates, Bill 37
Géographie 13
Golf 92
Greek Festival 263
Green Lake
  (Nord de Seattle) . . . 171
Guerre 27
Hammering Man 46
Hébergement 79, 177
    Homewood 187
    Inn 182
  Alexis Hotel 191
  Belltown 192
  Best Western
    Executive Inn . . . 194
  Best Western
    Loyal Inn 193
  Cavanaughs on
    Fifth Avenue . . . 188
  Centre-ville 183
  Chambered Nautilus
    Bed and Breakfast 201
  Claremont Hotel . . 186
  Clarion Hotel 203
  Comfort Inn & Suites 202
  Commodore
    Motel Hotel 192
  Crowne Plaza 187
  Days Inn 194, 203
  Denny Regrade . . . 192
  Doubletree Hotel . . 204
  First Hill 199
  Georgetown Inn . . 202
  Green Tortoise
    Hostel 182

Hébergement (suite)
  Holiday Inn - Sea-Tac 203
  Holiday Inn Express 195
  Hostelling
    International Seattle 183
  Hotel Monaco 190
  Hotel Seattle 183
  Hotel Vintage Park . 191
  Inn at Queen Anne 197
  Inn at the Mart 182
  Kings Inn 193
  Madison
    Renaissance Hotel 189
  MarQueen Hotel . . 197
  Mayflower Park Hotel 188
  Pacific Plaza Hotel . 185
  Paramount Hotel,
    A WestCoast 190
  Pike Place Market . 182
  Pioneer Square . . . 179
  Pioneer Square
    Hotel 179
  près de l'aéroport . 202
  Quality Inn &
    Suites City Center 193
  Queen Anne 197
  Radisson Hotel
    Seattle Airport . . 203
  Ramada Inn
    Downtown Seattle 195
  Seattle Center 192
  Seattle Hilton 189
  Seattle Inn 193
  Sheraton Hotel
    and Resorts 186
  Silver Cloud Inn
    University 202
  Sixth Avenue Inn . 194
  Sorrento Hotel . . . 199
  The Edgewater . . . 180
  The Roosevelt,
    A WestCoast 186
  The Warwick 196
  Travelodge 196
  University Inn 201
  University of
    Washington District 199

Hébergement (suite)
  University Plaza
    Hotel   199
    Vagabond Inn   193
    Vermont Inn   197
    Wall Street Inn . . .   196
    Waterfront   180
    Westin Hotel   192
    YWCA   183
Henry Art Gallery
  (University of
    Washington)   171
Heures d'ouverture   79
Highliner   121
Hing Hay Park
  (International district)   135
Histoire   14
Hockey   54
Hockey junior . . .   54, 260
Hydraulis   46
IMAX 116, 152
In the Event   46
Incendie   41
Infrastructure touristique   37
International Fountain
  (Belltown)   154
Irish Week   261
Japanese Tea Garden
  (First Hill, Capitol Hill) 159
Japonais   31
Jouets   275
Journaux 84, 275
Journaux culturels   236
Kayak de mer   97
Key Arena (Belltown) .   154
KeyArena   259
Kingdome   260
Kingdome
(Pioneer Square)   110
Klondike Or   108
Kobe Terrace Park
  (International district)   136
Lake Union
  (Nord de Seattle) . . .   171
Lake View Cemetary
  (First Hill, Capitol Hill)   163
Lampes   276

Left Bank Books
  (Pike Place Market) .   127
Lexique   285
Librairies   276
Location de voitures . . .   61
Lopez Island   91
Louisa Boren View Park
  (First Hill, Capitol Hill)   163
Magasins   79
Main Arcade
  (Pike Place Market) .   127
Mariners 50, 110, 260
Maritime Week
  Waterfront   262
Martin Luther King
  Celebration   261
Maynard, Doc   41
Médias   84
Metro   67
Meydenbauer Center . . .   38
Microsoft . 35, 37, 100, 139
Monnaie   77
Monorail   35
Monorail (Belltown) . .   150
Montres   280
Museum of Flight
  (Sud de Seattle)   176
Museum of History and
  Industry (First Hill,
    Capitol Hill)   161
Musique   280
Musique classique   238
Myrtle Edwards Park
  (Waterfront)   122
Nirvana 35, 99
Nordic Heritage
  Museum (Nord-ouest)   175
Nordstrom   35
Northwest Flower
  & Garden Show . . .   261
Northwest Folklife
  Festival 262, 263
Northwest Microbrewery
  Festival   264
Observation de baleines   97
Occidental Park
  (Pioneer Square) . . .   109

Odyssey, The Maritime
  Discovery Center
  (Waterfront) 121
Olmsted 27, 164, 169
Olympic Illiad
  (Belltown) 151
Omnidome (Waterfront) 115
Opera House 238
Opera House (Belltown) 154
Or 24, 108
Pacific Northwest Ballet 238
Pacific Place 269
Pacific Science Center
  (Belltown) 152
Parcs 87
  Carkeek Park 88
  Discovery Park 89
  Gas Works Park 88
  Magnuson Park 87
  Seward Park 88
Passeport 55
Pearl Jam 35, 99
Pêche 95
Personnes handicapées . 83
Pier 48 (Waterfront) .. 113
Pier 56 (Waterfront) .. 115
Pier 70 (Waterfront) .. 122
Pike Place Market 42
Pike Place Market
  Festival 263
Pioneer Square Building
  (Pioneer Square) .. 107
Pioneer Square Park
  (Pioneer Square) .. 105
Pionniers 17
Planches à neige 281
Plein air 87
Population 38
Portrait 11
Pourboire 82
Premiers arrivants 14
Price Costco 35
Public Aquarium 44
Quartier de Ballard
  (Nord-ouest) 174
Raciste 31
Rafting 98

Rainier Club
  (Quartier des affaires) 141
Rainier Square
  (Quartier des
  affaires) 144, 268
Randonnée pédestre ... 96
  Burke-Gilman Trail .. 96
  Green Lake Trails .. 96
  Seward Park Loop .. 96
Read All About It 128
Red Square (University
  of Washington) 170
Regatta 121
Renseignements
  généraux 55
Renseignements
  touristiques 65
Restaurants 81, 205
  B&O Espresso ... 209
  Belltown et
    Seattle Center ... 225
  Centre-ville 221
  Cinnamon Works .. 213
  Elliott's 212
  First Hill 231
  Four Seas Restaurant 210
  Il Terrazzo Carmine 211
  Ivar's Acres of Clams 211
  La Buca 210
  Le Panier Very
    French Bakery .. 214
  Les Crêpes de France 214
  Lower Queen Anne 229
  McCoy's Firehouse . 209
  Mr. D's Greek Deli 214
  No Boundaries Cafe 214
  Old Timer's Cafe . 210
  Pike Place Bagel's . 214
  Pike Place Market . 212
  Pioneer Square ... 209
  Rock Pasta 210
  Starbucks 211
  Torrefazione Italia
    Cafe 210
  Umberto's 211
  University District . 232
  Waterfront 211

Ruée vers l'or 24, 108
San Juan Islands 113
Safeco Field 260
Safeco Field
(Pioneer Square) . . . 110
Salon de coiffure 281
Sanitary Market
(Pike Place Market) . 127
Sanitary Market Building
(Pike Place Market) . 127
Santé 74
Scandinave 39, 174
Scandinaves 175
Sea-Tac International
Airport 60
Seahawks 52
Seattle Aquarium
(Waterfront) 117
Seattle Art Museum
(Quartier des affaires) 142
Seattle Boats
Afloat Show 264
Seattle Cherry Blossom 262
Seattle International
Film Festival 262
Seattle International
Music Festival 263
Sécurité 74
Sex-shops 273
Smith Tower
(Quartier des affaires) 140
Sorties 235
South Jackson Street
(International District) 133
Souvenirs 281
Space Needle 35
Sport 281
Sports 47
Sports professionnels . 259
Starbucks 35
Supersonics de Seattle . . 47
Suquamish 17, 40
Suzzallo Library
(Uni. of Washington) 170
Suzzallo Library
(Uni. of Washington) 169
Taxi 61, 72

Télécommunication . . . 77
Téléphone 77
Théâtre 238
Thunderbirds 54, 259
Tillicum Place Park
(Belltown) 149
Tillicum Village
(Waterfront) 115
Totem 35
Tours guidés 66
Train 63
Tramway 111, 122
Transports en commun . 67
Travail 37
Traversiers . . . 73, 113, 122
Underground Tour
(Pioneer Square) . . . 108
Union Station
(International District) 133
University District
Street Fair 262
University
of Washington 168
University Village . . . 269
Uwajimaya 269
Uwajimaya
(International District) 133
Valises 75
Vancouver 113
Vashon Island 113, 114
Vélo 90
Velvet Elvis
Lounge Theatre 239
Vêtements 274
Victor Steinbrueck Park
(Pike Place Market) . 129
Victoria 113
Vins 285
Visa 55
Voiture 62, 69
code de la route . . . 70
permis de conduire . 69
Postes d'essence . . . 72
Voiture (suite)
Vols et délits 72
Volunteer Park
(First Hill, Capitol Hill) 163

Waiting for
  the Interurban 46
Washington Park
  Arboretum (First Hill,
    Capitol Hill)   157
Washington State
  Convention and
    Trade Center 139
Washington State
  Ferry Terminal
    (Waterfront) 114
Washington State Trade
  and Convention Center 144
Washington Street
  Public Boat Landing
    (Waterfront) 113
Waterfall Garden
  (Pioneer Square) . . . 109
Waterfront 44

Waterfront Park
  (Waterfront) 117
Waterfront Streetcar
  (Waterfront) 111
Westlake Center 269
Westlake Park
  (Quartier des affaires) 139
Weyerhaeuser 35
Whidbey Island 113
Wing Luke Asian
  Museum (International
    District) 134
Woodland Park Rose
  Garden (Nord) 173
Woodland Park Zoo
  (Nord) 173
Ye Olde Curiosity Shop
  (Waterfront) 114
Yesler, Henri 41

BON DE COMMANDE

GUIDES DE VOYAGE ULYSSE

☐ Abitibi-Témiscamingue et Grand Nord	22,95 $	☐ Hôtels et bonnes tables Au Québec	17,95 $
☐ Arizona et Grand Canyon	24,95 $	☐ Jamaïque	24,95 $
☐ Bahamas	24,95 $	☐ La Nouvelle-Orléans	17,95 $
☐ Belize	16,95 $	☐ Lisbonne	18,95 $
☐ Boston	17,95 $	☐ Louisiane	29,95 $
☐ Calgary	16,95 $	☐ Martinique	24,95 $
☐ Californie	29,95 $	☐ Miami	18,95 $
☐ Canada	29,95 $	☐ Montréal	19,95 $
☐ Charlevoix Saguenay – Lac-Saint-Jean	22,95 $	☐ New York	19,95 $
☐ Chicago	19,95 $	☐ Nicaragua	24,95 $
☐ Chili	27,95 $	☐ Nouvelle-Angleterre	29,95 $
☐ Colombie	29,95 $	☐ Ontario	27,95 $
☐ Costa Rica	27,95 $	☐ Ottawa	16,95 $
☐ Côte-Nord – Duplessis – Manicouagan	22,95 $	☐ Ouest canadien	29,95 $
☐ Cuba	24,95 $	☐ Panamá	24,95 $
☐ Cuisine régionale au Québec	16,95 $	☐ Pérou	27,95 $
		☐ Plages du Maine	12,95 $
☐ Disney World	19,95 $	☐ Portugal	24,95 $
☐ El Salvador	22,95 $	☐ Provence – Côte-d'Azur	29,95 $
☐ Équateur – Îles Galápagos	24,95 $	☐ Provinces Atlantiques du Canada	24,95 $
☐ Floride	29,95 $	☐ Puerto Rico	24,95 $
☐ Gaspésie – Bas-Saint-Laurent - Îles-de-la-Madeleine	22,95 $	☐ Le Québec	29,95 $
		☐ République dominicaine	24,95 $
☐ Gîtes du Passant au Québec	13,95 $	☐ San Francisco	17,95 $
		☐ Seattle	17,95 $
☐ Guadeloupe	24,95 $	☐ Toronto	18,95 $
☐ Guatemala	24,95 $	☐ Vancouver	17,95 $
☐ Honduras	24,95 $	☐ Venezuela	29,95 $
		☐ Ville de Québec	17,95 $
		☐ Washington, D.C.	18,95 $

ULYSSE PLEIN SUD

☐ Acapulco	14,95 $	☐ Puerto Vallarta	14,95 $
☐ Cancún et la Riviera Maya	19,95 $	☐ Puerto Plata–Sosua	14,95 $
☐ Cape Cod – Nantucket	16,95 $	☐ Saint-Martin – Saint-Barthélemy	16,95 $
☐ Carthagène (Colombie)	12,95 $		
☐ Los Cabos et La Paz	14,95 $		

ESPACES VERTS

☐ Cyclotourisme en France	22,95 $	☐ Le Québec cyclable	19,95 $
☐ Motoneige au Québec	22,95 $		

☐ Randonnée pédestre
   Montréal et environs   19,95 $
☐ Randonnée pédestre
   Nord-est des États-Unis 19,95 $

☐ Ski de fond au Québec   22,95 $
☐ Randonnée pédestre
   au Québec   22,95 $

GUIDES DE CONVERSATION

☐ L'Anglais pour mieux voyager
   en Amérique   9,95 $
☐ L'Espagnol pour mieux voyager
   en Amérique latine   9,95 $

☐ Le Québécois
   pour mieux voyager   9,95 $

JOURNAUX DE VOYAGE ULYSSE

☐ Journal de voyage Ulysse
   (spirale) bleu – vert – rouge
   ou jaune   11,95 $

☐ Journal de voyage Ulysse
   (format de poche) bleu – vert –
   rouge – jaune ou «sextant» 9,95 $

Budget • zone

☐ •zone Amérique centrale 14,95 $
☐ •zone le Québec   14,95 $

☐ Stagiaires Sans Frontières 14,95 $

TITRE	QUANTITÉ	PRIX	TOTAL

Nom _____	Total partiel	
Adresse _____	Postes-Canada*	4,00 $
_____	Total partiel	
_____		
Paiement : ☐ Comptant ☐ Visa ☐ MasterCard	TPS 7%	
Numéro de carte_____		
Date d'expiration_____	TOTAL	
Signature_____		

ULYSSE L'ÉDITEUR DU VOYAGE
4176, rue Saint-Denis, Montréal (Québec) H2W 2M5
☎ (514) 843-9447, fax (514) 843-9448
Pour l'Europe, s'adresser aux distributeurs, voir liste p 2.
* Pour l'étranger, compter 15$ de frais d'envoi.